古代美術史研究

四 編

第 **19** 冊

明初書法與臺閣體之研究

黃昭祥 著

花木蘭文化事業有限公司

國家圖書館出版品預行編目資料

明初書法與臺閣體之研究／黃昭祥 著 — 初版 — 新北市：花
木蘭文化事業有限公司，2019〔民108〕
目 6+200 面；19×26 公分
（古代美術史研究 四編；第 19 冊）
ISBN 978-986-485-768-5（精裝）
1. 書法 2. 文體 3. 明代
618   108001566

ISBN-978-986-485-768-5

古代美術史研究
四 編 第十九冊   ISBN：978-986-485-768-5

明初書法與臺閣體之研究

著　　者　黃昭祥
總 編 輯　杜潔祥
副總編輯　楊嘉樂
編　　輯　許郁翎、王筑　美術編輯　陳逸婷
出　　版　花木蘭文化事業有限公司
發 行 人　高小娟
聯絡地址　235 新北市中和區中安街七二號十三樓
　　　　　電話：02-2923-1455／傳真：02-2923-1452
網　　址　http://www.huamulan.tw 信箱 hml 810518@gmail.com
印　　刷　普羅文化出版廣告事業
初　　版　2019 年 3 月
全書字數　140246 字
定　　價　四編 23 冊（精裝）台幣 66,000 元

明初書法與臺閣體之研究

黃昭祥　著

作者簡介

黃昭祥

歷任：南投縣慕陶書法學會理事長

學歷：國立中興大學中文研究所

作品經歷：

1995 年聯青杯第三名

1995 年聖壽杯第三名

1995 年至聖杯第二名

1996 年第二屆台南市美展第二名

1997 年第四十四屆中部美展第二名

1997 年台灣區國語文競賽第三名

1999 年主席杯全國書法比賽第一名

1999 年全國青年書畫展第三名

2000 年第五十五屆全省美展第三名

2001 年第五十六屆全省美展第二名

2002 年第六屆大墩美展大墩獎

2002 年玉山美展玉山獎

2003 年全國春聯大賽第二名

2004 年屏東縣美展第一名

2004 年第十七屆南瀛美展優選

2005 年第五十九屆全省美展第二名

2005 年第十七屆全國美展第三名

2006 年第六十屆全省美展第二名

2006 年第六屆明宗獎首獎

2006 年第十八屆南瀛美展南瀛獎

提　　要

　　臺閣體，爲長久以來一直被書家忽略且聚訟的問題。然書法發展絕非朝代更替而一言以蔽之。元末明初的書家如：危素、楊維楨、倪瓚、宋濂、宋克等。他們引領著明初的書法潮流，也因循著趙孟頫、康里子山的書風，對明初書壇扮演著承先啓後的角色。明初諸帝，雅好翰墨，還於朝中設立專門機構，以蓄能書之人。文士也因善書授予中書舍人一職，成爲御用書家。其中備受寵遇，榮耀天下者莫過於三宋、二沈。他們的書法，蔚爲時尚，與當時文壇以楊士奇爲代表的臺閣體文風相呼應。卻也因朝廷的宣導，促使了明初行草的昌熾與小楷的繁榮。

　　臺閣士人向來以鳴盛頌世爲特徵，以文辭修飾爲職事。長久以來，一直被認爲是翰林文人感恩逞技心態之體現。在這讓人忽略且無可避及的年代，筆者試圖一探時代氛圍，就人物、政治、社會、典章制度及《永樂大典》之編修，分五章論述，庶幾還原明初書法與臺閣體之本質。

致謝辭

　　數年前，承蒙柳炎辰老師引薦，有幸面謁陳欽忠教授。當時對陳師謙和嚴謹的處事態度，與深厚的人文內涵，印象深刻，也衷心折服。不過當時只敢以私淑弟子自居，不敢做非分之想。

　　五年前，叨天之幸，考取興大中文研究所，忝列陳師門下，可說一償宿願。課席間親炙陳師，陳師以書法美學與前賢品藻提點後進，宛如醍醐灌頂，讓人油然而生仰瞻之心，真有入寶山之感。

　　後來為論文題目幾度躊躇，難以定奪，在陳師鼓勵、引導之下，以「明初書法與臺閣體之研究」為題，方向遂定。迨著手進行後，以資料取得不易，數度陷於停滯，因為諸多書法史論及明初書法率皆草草帶過，遑論「臺閣體」。在資料闕如下，頓時不知所措，幾度萌生另立研究題目的念頭。在茫然之際，業師陳欽忠先生親臨寒舍，當面提點，確立整篇論文架構，不勝感激。

　　我資質駑鈍，撰寫期間，若非諸多師長、好友鼎力協助，是篇論文勢必難產。在資料蒐集上，洪秀宗先生發揮其電腦長才，幫助我蒐羅古籍、整理資料，堪稱殫精竭智；得過師鐸獎的黃清輝先生以其專業的學養、敬業的態度，不憚其煩，一再幫我校對；業師簡銘山先生、蕭世瓊先生針對書法風格與形式多加提點；好友耀宗、嘉勇、哲彥、述勤、高全則有如及時雨的角色，經常救我燃眉之急；劉瑩教授在論文格式上諸多修正，黃忠義教授句斟酌字，是篇論文得以完整。以上師長好友的恩澤，我銘感五內，不敢或忘。

　　此外，由衷感謝家慈與內人美淋的惇勉關照。美淋默默的肩負家中一切

責任，無怨無悔，甘之如飴，讓我無後顧之憂，成爲支持我最堅實的力量，是我此生的知己，對她，豈感謝二字所能表達於萬一。

　　論文即將付梓之際，誠摯的對指導我、幫助我、關心我的人致上最敬禮。「賢師良友在其側，詩書禮樂陳於前，棄而爲不善者，鮮矣。」是我此刻的心情。

黃昭祥謹識於南投四寧草堂　2014.01.12

表一　明代前期書法發展一覽表（筆者整理）

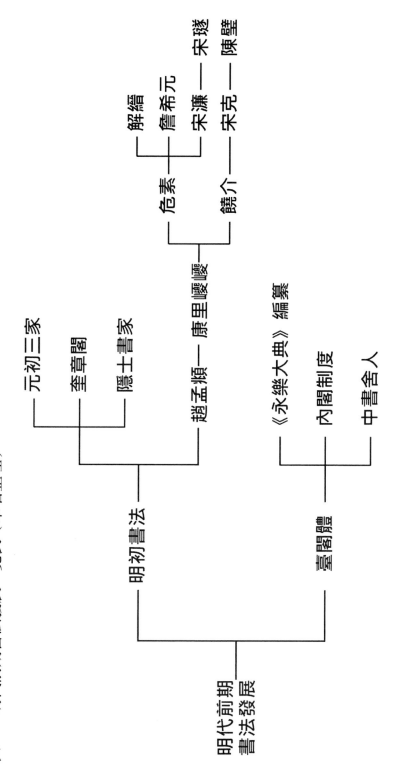

明代前期
書法發展

明初書法
- 元初三家
- 奎章閣
- 隱士書家
- 趙孟頫 — 康里巎巎
  - 危素 — 解縉
    - 詹希元
  - 饒介 — 宋濂 — 宋璲
    - 宋克 — 陳壁

臺閣體
- 《永樂大典》編纂
- 內閣制度
- 中書舍人

目次

圖目次

表目次

第一章　緒　論

　　明代立國之初，統治者爲除元朝弊政，在思想上排除雜書異說，大規模編纂《五經大全》、《四書大全》、《性理大全》三部理學巨著，確立了程朱理學爲士大夫信仰的圭臬，進而將書法的法度與儒家的人品相結合。

　　在繪畫上，因帝王的政治考量，南宋院體畫順勢取代元代文人畫，浙派與院體成爲當時畫壇主流，他們師法南宋畫風，用筆粗簡放縱卻不失嚴謹，世俗化的審美取向受到宮廷、貴族、市民階層的普遍認可，可謂開一代新風，引領畫壇近百餘年。

　　在書法風格上，因明初諸帝對書法的雅好。蔚成一股習書風尙，也帶動帖學大行，匯刻叢帖成風，書風妍美，幾越唐宋。

　　然而，一般史學家習慣將明代書學發展以前、中、晚三期劃分，各分期間的上下限並未作嚴格界定，籠統的說，明代前期是以三宋二沈爲代表。今觀明初名賢手筆，皆俱面貌，可謂流派紛呈。絕非王世貞所言：「我明書法，國初尙亦有人，以勝國之習，頗工臨池故耳。嗣後雷同，影響未見軼塵。」〔註1〕其影響深遠在眾多論述中，不可言喻。

第一節　研究動機

　　明初的書法可說是元代書法的繼承和延續，在崇重法帖的時代氛圍下，名家林立。明初諸帝對藝術文化的好惡表現甚是強烈，也表現在書法中。明

〔註1〕　王世貞，《弇州四部稿》卷一百五十四，收錄於《欽定閣四庫全書》集部，別集類（臺灣商務印書館，1986年），頁14。

太祖曾寫過「第一山」榜書立於鳳陽龍興寺；仁宗日理萬機之暇仍留心翰墨；孝宗酷愛沈度書，並日習百字自娛。在皇室的引領下，培養了不少的書法人才，其中代表人物有三宋、二沈、陳璧、張弼、陳獻章等。他們上承趙孟頫、康里子山、饒介之門牆，遠追魏晉古樸之風，近取唐宋；明人書法雖未能越度晉、唐、宋三朝，但在重視規矩繩墨，亦能變革出新，自抒己意，也各自代表著明初書風的風格趨向。

明初取士制度顯現出對書法的厚愛，表現在兩方面：首先，擅書者可直接入仕，甚至授與中書舍人一職；其次，科舉考試制度中有「明書」一項，意味書法好壞攸關仕途蹇順，也因此，小楷的興起成為明初書法的主要成就。

近溯至元代，趙孟頫提倡復古，唯鍾、王之書是尚，在當時掀起一波狂潮。由於帝王的愛好，以及編纂《永樂大典》，加上小楷又多用於公牘，時人能作小楷者眾，不知名者亦有可觀之處。這種通行於廟堂的書體，從永樂至宣德年間引領書壇三十餘年的統治地位，洎至成化、弘治年間始逐漸衰落，非關才氣而已，實亦時代使然。其風靡之久、範圍之廣，甚至超越唐宋時代的院體書法，對明代中後期書法發展產生極大影響。有鑑於此，加以業師陳欽忠先生「為臺閣體翻案吧！」之鼓勵，筆者乃有意蠡測臺閣體之本質於萬一。管窺之見，不揣孤陋，試申言之。

第二節　研究方法與限制

一、研究方法

歷來論明代初期書風多與元代書風相提並論，為了解明代書風之本質，本文析論明初書法風格，分二路探討：

第一路線，從第二章《元代書風遺響》與第三章《明代前期書風》，就當時書風之升降，探文獻分析法，將人物、政治、時代背景、典章制度及各相關文獻史料予以彙整，以了解元末明初行草書風之遞嬗，試圖釐清時人常將明初書法風格，等同於元末書風的遺緒，有助於與明代中期及晚明書風做清楚定位。

第二路線，從第四章《永樂大典與內閣制度對臺閣體的影響》，就《永樂大典》的編纂，探考證法，以了解《永樂大典》的存廢問題，進一步了解

當時的書法風尚；在內閣、翰林院、庶吉士與中書舍人的制度，採統計法，援引相關文獻作介紹，清楚了解臺閣士人的出身背景、因果關係與書風的形成。

　　第五章《臺閣體之興衰》，進一步將臺閣體做分期；分別為：臺閣體初起時期（1402～1424）、臺閣體鼎盛時期（1425～1449）、臺閣體衰落時期（1450～1516）等三期，並列舉代表性書家，力矯臺閣體為筆簪干祿的刻板印象。

二、研究限制

　　明代從永樂到弘治一百多年間，書壇與文壇上籠罩著一種體裁，內容上歌功頌德、形式上平穩工整、風格上雍容典雅的審美特徵。由於參與者大都是朝廷政府機構的官員，歷來學者多以「臺閣體」名之。

　　通行的書學教材普遍認為，臺閣體為當時內閣文臣楊士奇、楊榮、楊溥等代表的一種創作風格，甚至認為流行於明、清，且書寫嚴整精工、端正秀雅的小楷即為「臺閣體」；一些研究者也承襲了這種說法，如孫學堂在《從臺閣體到復古派》一文中說：「臺閣體即館閣體，指館閣官員的文風，是以職緣而論。」〔註2〕清代書法家周星蓮甚至將「臺閣體」書法排除在真楷書之外：「近來書生筆墨，臺閣文章，偏旁佈置，窮工極巧，其實不過寫正體字，非真楷書也。」〔註3〕近人馬宗霍則認為：「然館閣之體以庸為工，亦但宜簪筆干祿耳。」〔註4〕張佃新《從館閣體看書法的繼承與創新》認為：「那種工整匀稱，平正圓潤的臺閣體和匀圓規矩的館閣體與晉唐小楷一樣，同樣也能給人一種明晰而比目的美感享受。」〔註5〕諸家之言，各持己見。雖然，面對這存在長達百年的書體，歷代論書者褒貶不一，有專書論述者闕如。

　　文學史方面，論及臺閣體專書，如郭預衡《中國古代文學史》、章培恒和駱玉明《中國文學史》、傅璇瓊和蔣寅《中國古代文學通論·明代卷》、宋佩韋《明代文學史》……皆對臺閣體的背景成因、興起、發展作論述；論文方面，孫燕娜《臺閣體之美頌》於二〇一二年發表。其他短篇論文率多不予置喙。

〔註2〕　孫學堂，〈從臺閣體到復古派〉，收錄於《陝西師範大學學報》，4（2002）。
〔註3〕　周星蓮，〈臨池管見〉，收錄於《歷代書法論文選》（上海，2004），頁676～677。
〔註4〕　馬宗霍，《書林藻鑑》（臺灣商務印書館，1982年5月第二版），頁284。
〔註5〕　張佃新，〈從館閣體看書法的繼承與創新〉，收錄於《書法導報》，6（2001）。

在書法方面，如黃惇《中國書法史‧元明卷》、郭芳忠《明代書法風格研究》、傅申《書法與書蹟》、傅紅展《明代宮廷書畫珍藏》、張啓亞《中國書法藝術》……對明初書法風格無不見解獨到，立論精闢，惜乎對臺閣體著墨不多。

在短篇論文方面，有徐伯鴻〈臺閣體不能等同館閣體辨析〉、王曉光〈姜立綱與明前期臺閣體書法略論〉、李潔冰〈詹希元——明初臺閣體先導〉等，其中又以收錄於《中國書法全集》，由楚默撰寫〈明初書法概論〉、〈明代內閣制的興衰與臺閣大臣書法〉兩篇，對臺閣體的形成背景、風格、影響做了分析，並進一步將臺閣體分期，是目前談論臺閣體書法最完整的文章。其他對臺閣體專書或論文則少見，在可參考資料與文獻有限，無疑增加撰寫此文的難度。筆者既不揣譾陋，深知疏漏在所難免，失當之處，尚祈方家同好不吝指教是幸。

第三節　預期研究成果

一、本論文所涵蓋的範圍從元代開始（1241）至李東陽卒（1516），計二百七十五年，針對明初書風格與臺閣體做分析。

二、針對長期以來，嚴整精工、端正秀雅的小楷即為「臺閣體」予以釐清。

三、本文歸納其代表性人物，就成長背景、著作、與書風做探討，俾了解臺閣體其實兼具實用性與藝術性，絕非千筆一腔。

四、若能拋磚引玉，接續對臺閣體的研究，並獲得更深入的成果，則幸甚！

第二章　元代書風遺響

第一節　元代的政治氛圍與忽必烈的用人與取才

十三世紀，驃悍勇猛的蒙古人在漠北崛起，結束了中原數百年的分裂局面，建立了一個空前統一的大帝國。蒙古統治者根據征服的先後和臣服的程度，將國人分為四等：國人（蒙古人）、色目人（西域人）、漢人、南人（南宋境內漢人）。以至史家論及當時儒生地位時有所謂「一官、二吏、三僧、四道、五醫、六工、七獵、八民、九儒、十丐」的說法。此看法實有失偏頗，「吏進」入仕的漢人中不乏士人階層，絕非一般不習儒業的刀筆之徒。世祖時科舉尚未制定，吏進為普遍的入仕要途，到仁宗行科舉以後，始多增士人之出路。本文謹就元代各帝王間政治氣氛與士人身處地位分述之。

忽必烈本人沒有種族主義者的徵象。忽必烈在位期間雖也重用漢人，但主要體現在漢法與儒治方面。《元史・世祖本紀》說：

> 歲甲辰（1244），帝在潛邸，思大有為於天下，延藩府舊臣及四方文
> 學之士，問以治道。[註1]

並延攬僧子聰、張文謙、竇默、李德輝……等漢儒，匯聚其幕下，為講述儒家經典，或陳述治國良策。

中統二年（1261），忽必烈命許衡為國子祭酒，設立諸路提舉學校官，委選博學老儒提舉本路學校。至元八年（1271）命設國子學，增司業、博士、助教各一員，選蒙古貴族子弟及漢人子孫俊秀者充生徒。許衡親執教事，教

〔註1〕 宋濂、王禕，《元史・本紀》卷第四（台灣商務印書館，2010 年 12 月），頁 1
　　　 上。

授朱子《小學》，以改蒙古學生舊習，對漢族的優秀文化和傳統起了很好的作用。忽必烈不僅堅持各級官僚務必熟悉文牘，本人也身體力行。

以忽必烈爲首的蒙古統治階層，在當時還沒有發展出一套治理中國的成熟方法，他統治中國，不是靠西域人就是靠漢人，因此在這兩大集團間依違徘徊。他只希望造成一種通過諸族之間的統治，而不使蒙古人因人數過少而吃虧。可是在他統治期間，未曾設法創造一種以文墨爲主、中國式的文官官僚制度，也未曾主持過一次文官考試。在他的教育系統內，蒙古文字至少與漢字均等。而幾無例外的，元政府裡，各單位的首長總是蒙古人。〔註2〕

王明蓀在《元代的士人與政治》一書中，針對元代三品以上官員各族分配，指出：

> 雖然漢人所占比例較大，大致可與蒙古、西域的聯合來平分秋色，
> 不過半數是在中、下統治階層之中，易言之，即有半數未能躋身於
> 大政參決的階層之中。現在再將元代三品以上官員的分配情形來
> 看……蒙古人出仕爲官者，約接近四分之三可至高位，西域人則可
> 達五分之三以上，漢人則有一半略多可進入三品以上之官位。就各
> 自的比例來看，大慨是蒙古、西域、漢人依次排列。〔註3〕

在漢人占絕對優勢的氛圍下，漢士有大量納用之趨勢，如中統元年（1260）所公佈的中央宰執是以中書省爲主的，其名單如下：

> 帝是其言，改館典，以兵衛送之，仍敕其境内。夏四月戊戌朔，立
> 中書省以王文統爲平章政事，張文謙爲左丞。以八春、廉希憲、商
> 挺爲陝西四川等路宣撫使，趙良弼參議司事，粘合南合、張啓元爲
> 西京等處宣撫使。……〔註4〕

但忽必烈是有計畫的用漢士行漢法，他逐漸將蒙古帝國之重心，由北亞轉移到漢地。在中統初年的人事名單上，可以看出漢人勢力的抬頭，壓倒了之前西域人始終佔優勢之局面。然好景不常，王文統事變〔註5〕破壞了這個契

〔註2〕 黃仁宇，《中國大歷史》（聯經出版社，2002 年 8 月初版第四十一刷），頁 200。

〔註3〕 王明蓀，《元代的士人與政治》（臺灣學生書局，1992 年 3 月初版），頁 95～98。

〔註4〕 宋濂、王禕，《元史・本紀》卷四（台灣商務印書館，2010 年 12 月），頁 6。

〔註5〕 王文統初爲李壇幕僚，曾把女兒嫁給李壇。忽必烈即位後，任王文統爲中書平章政事，行省事於燕京。中統三年（1260）益都路行省、江淮大都督李壇突然叛蒙，以獻三城取信並歸投於宋。有人揭發王文統曾派兒子王蕘與李壇通消息。忽必烈查出王文統與李壇的通信，内有"期甲子"語，王文統與子

機，不僅士人在中央難有伸展之機會，地方漢人藩臣的權力也被收回。朝廷對漢人的防制之心進一步引發「西域派」與「漢化派」的摩擦。

第二節　忽必烈以後帝王的儒治方針

忽必烈死後，元朝的幾個國君沿用世祖漢法與儒治的方針。成宗即位，有賴朝廷中實力派之擁護與周密之佈置始得完成。士人參與此次事變，扮演著緊要的部分，即有關傳國璽之進獻。蓋無國璽，則無法行文出命。參與此事之士人為崔彧、楊桓、張九思等，他們使成宗能合法行使御印以宣詔。這些人並特別指示，把漢人中年高望重的文士王惲、閻復、趙與票、耶律有尚等安置在翰林、集賢，優加奉養。大德八年（1304）更實施國子貢試法，國子生考試及格者即可任官。此舉對蒙古貴族子弟學習漢學看似有激勵作用，〔註6〕實質上卻是消極保守。據《元史・宰相表》載，元貞元年（1295）宰執十三人，分別為：

　　右　丞　相：完澤（蒙古人）
　　平章政事：賽典赤（色目人）　帖可（色目人）　刺眞（色目人）
　　　　　　　麥術督丁（色目人）　不忽木（色目人）
　　右　　　丞：何榮祖（漢人）　阿裡（色目人）　張九思（漢人）
　　右　　　丞：梁暗都剌（即梁德珪，漢人）　楊炎龍（漢人）
　　參知政事：阿老瓦丁（色目人）　何瑋（漢人）

從這以後，色目、漢、南三個等級在宰執分配上的格局，大體就是依據這個標準定下來，南人被完全排除在中央諸機構負責職位之外，漢人極少能躋位平章政事，色目人的地位則愈趨重要。〔註7〕

武宗於大德十一年（1307），曾詔中外崇奉孔子為「大成至聖文宣王」，將孔子的地位提到空前的高度。但武宗因在位期間濫肆封賞，《元史・武宗紀贊》指其秕政「封爵太盛而遙授之官眾，錫賚太隆而泛賞之恩溥」〔註8〕。這

王莬均被處死。此次事件加劇了忽必烈對漢人儒士的疏遠而開始重用色目人。中央實權逐漸落入阿合馬等人手中。
〔註6〕 宋濂、王禕，《元史・志》卷八一（台灣商務印書館，2010 年 12 月），頁 16 上～16 下。
〔註7〕 宋濂、王禕，《元史・表》卷六上（台灣商務印書館，2010 年 12 月），頁 10 上～10 下。
〔註8〕 參見宋濂、王禕，《元史・武宗本紀》卷二十三（台灣商務印書館，2010 年

些做法都加深了政治的混亂與腐敗。他的政權班底主要還是圍繞在一批驍勇的蒙古、色目將軍及世臣子弟，政治與漢文化的修養普遍缺乏。

仁宗朝行漢法儒治尤爲顯著，除行科舉外，如譯《貞觀政要》、《大學衍義》爲蒙文，以便蒙古、西域人閱讀，視爲經世治國之學，對《大學》則曰：「治天下此一書足矣！」〔註9〕

仁宗最爲世人稱道的是實行科舉，是否眞如所言，見吏弊之病而有意劑除之？縱然如此，其牽涉層面恐非科舉即能解決。仁宗皇慶二年（1313）十一月，以行科舉詔頒天下，定每三年舉行一次，以朱熹集注的《四書》爲科舉考試者的指定用書，並以朱熹和其他宋儒註釋的《五經》爲漢人科舉考試者增試科目的指定用書，促使程朱理學成爲官方的統治思想。

元代的科舉制度基本沿襲前朝舊制，以「經義」、「經疑」爲題述文，分鄉試、會試、殿試等階段。與唐宋科舉不同的是，元代科舉只考德行明經一科，但分成左右榜。右榜供蒙古人、色目人應考；鄉試時只考兩場，要求相對簡單；左榜供漢人、南人應考，鄉試時考三場，要求相對嚴格。〔註10〕

仁宗朝開科，不久又被罷舉。從延祐二年至元末，時斷時續舉行了十六次，即使通過科舉致仕，蒙古人、色目人佔先，漢人南人實爲陪襯。《元史》〈韓鏞傳〉：

> 由進士入官者僅百之一，由吏致位顯要者常十之九。〔註11〕

果如上述，不免有誇張之嫌，卻也顯露出蒙漢間的階級差異。元代士人面對仕進多歧、銓衡無定的環境，仍將科舉視爲正途。他們前仆後繼，所爭的非單純入仕而已，而是一種漢化的意識，一種士人的榮譽感。

陶宗儀《輟耕錄》中說：

> 國朝儒者，自戊戌（1238）選試後，所在不務存恤，往往混爲編氓。〔註12〕

更進一步說明這些士人進入統治階級的行政體系，仍得不到重用。加上忽必

---

12 月），頁 27 上。

〔註9〕參見宋濂、王禕，《元史·仁宗本紀》卷二十四（台灣商務印書館，2010 年 12 月），頁 2 下、11 上。

〔註10〕參見宋濂、王禕，《元史·選舉志》卷三十一（台灣商務印書館，2010 年 12 月），頁 4 上～6 上。

〔註11〕宋濂、王禕，《元史》卷七十二（台灣商務印書館，2010 年 12 月），頁 10 上～10 下。

〔註12〕陶宗儀，《輟耕錄》卷二（北京：文化藝術出版社，1998 年 8 月），頁 26。

烈以後，規定南人不得任省台之職，考中進士也不能爲御史、尚書。排斥、
猜忌更使那些在朝者開始心懷不滿，於是出現了大量的遊士。〔註13〕他們
積極尋找寄託，卻帶動書畫的發展，這部分此處不多贅述，下一章節再深入
探討。

　　文宗的漢化成就遠高於先前元代帝王，《經世大典》即奉其命而修，後人
對其治績頗有推崇之詞，諸如開奎章閣以延攬文藝之士，馬宗霍於《書林藻
鑑》說：

> 傳至文宗，則書法之聖，度越前代帝王矣。又《輟耕錄》稱天曆初，
> 建奎章閣設書吏一名，專一鑑辨書畫。文宗之御奎章日，學士虞集
> 博士柯九思常侍從以討論法書名畫爲事，蓋翰墨之盛，以文宗時爲
> 最。〔註14〕

客觀而言，文宗對儒學與書法的推動起了引領的作用。

　　元末之順帝亦有用儒之傾向。朝廷更化，徵用老成，初期確有尚儒治的
現象，他本人與其餘諸帝一樣亦懂些漢學，程度如何不得確知，但初期所用
之人，不少漢化人士，如太師、右丞相馬箚兒臺，右丞相脫脫、知樞密院事
也先帖木兒父子，受教於士人吳直方，右丞相別兒怯不花、左丞相鐵木兒塔
識、平章政事達識帖睦爾等皆出身國學，有極好的漢學基礎，加上元末漢人
左丞相太平（賀惟一），使得順帝初政頗具漢化傾向的規模。〔註15〕元末國政
日衰，因政治衝突引發龐大黨爭已非漢法儒治所能挽回；各地人民反抗風
起，元廷申禁漢人、南人、高麗人不得執持兵器，伯顏甚至向順帝建議，請
殺張、王、劉、李、趙五姓漢人，〔註16〕雖順帝不允，卻已擴大了民族間的
矛盾，更加速了帝國的滅亡。

　　綜觀元代諸帝，如同漢人各代帝王一樣，總要表明對賢才之渴望，似乎
已成爲定制。賢才能否爲大用是歷代以來的問題，它關係著時代背景與統治
者的睿智。就元代對漢儒的統治政策，他們沿襲世祖的儒治方略，大量使用

〔註13〕 楚默，《元代書法的復興與新變》，收錄於《中國書法全集·47元代名家》（北
　　　　京：榮寶齋出版社，2001年9月第一版），頁5。所謂「遊士」就是指既不能
　　　　爲「仕」，又不屑混爲編氓的儒士，他們各處遊歷，奔走於名士公卿之間，論
　　　　時談藝，賞鼎撫琴。
〔註14〕 馬宗霍，《書林藻鑑》（臺灣商務印書館，1982年5月第二版），頁255。
〔註15〕 王明蓀，《元代的士人與政治》（臺灣學生書局，1992年3月初版），頁221。
〔註16〕 伯顏專權期間因瞧不起漢人和南人，爲防止漢人、南人造反，考慮到漢人中
　　　　以張、王、劉、李、趙五個姓氏人員最多，欲想殺光五個大姓的漢族人民。

漢人官僚並以西域人來制衡漢人，一可避免權力落入漢人之手，又可轉移或減輕漢人敵視的對象。士人以儒自居，受兩宋思想影響甚大。由於民族色彩之故，士人已失去傳統社會地位，在政治上受到一定的限制。元代用人取士頗受苛評，表面上雖崇儒，實則刻薄限制。科舉及各種選法等，其用意在籠絡而不予士人正當出路，這幾乎成了元代諸帝的模式。一言以蔽之，元之好儒，空有其名而無其實。

第三節　元代書法發展

　　元代書法的發展與明初頗為不同，非帝王朝臣引領風尚。元代統一，造就了許多新一代的南北方漢人書家，蒙古、色目、高昌等地的書家也紛紛崛起，如遼宗室耶律楚材（1190～1244）、趙世延（1260～1336）、貫雲石（1286～1324）、康里子山（1295～1345）等。此外，皇室如仁宗、英宗、文宗、順帝等皆善書；鮮于樞（1246～1302）、鄧文原（1258～1328）、李倜（生卒年不詳）、虞集（1272～1348）等俱屬一時翹楚。

　　大德、延祐年間，趙孟頫（1254～1322）堪稱主盟壇坫。趙孟頫以精妙絕倫的書畫贏得元世祖的聖恩寵及朝野的好評，榮際五朝，官居一品，提倡復古，以師法二王為宗，影響甚大。

　　元代的書家除趙孟頫，尚有隱士一脈。這些隱士書家，有別於趙氏書法的風格特徵，他們身處出仕與入仕的矛盾情結，只能寄情於書法，風格上因而更能發揮己性，如吳鎮（1280～1354）、楊維楨（1296～1370）、倪瓚（1301～1374）、陸居仁（1326～1377）……等。〔註17〕影響力雖不及趙孟頫，但身處朝代更迭之際，更成為明代前期書家仿效的對象。

一、元代前期書風

　　元代的書法，大抵可以趙孟頫為前後期的分野。大體而言，趙孟頫之前的書壇，仍是金與南宋的延續。元代前期書家當數耶律楚材。耶律楚材（1190～1244），字晉卿，號湛然居士，契丹族人，遼宗室。其父耶律履，金代大臣，官至尚書右丞。楚材自幼苦讀，博及群書，旁通天文、地理、律曆、術數及釋老、醫藥之說。他信佛排道，多與僧人往來。《元史》本傳載：

〔註17〕黃惇，《中國書法史·元明卷》（江蘇教育出版社，2002 年 11 月第一版），頁4。

　　貞祐二年（1214），宣宗遷汴，完顏復興行中書事，留守燕京辟爲左
右司員外郎。太祖（1215）定燕，聞其名，召見之。元太宗即位（1229）
後拜中書令，贈太師、上柱國，追封黃寧郡王。卒後諡文正。著有
《湛然居士集》《西遊錄》《皇極經世義》《先知大數》等。〔註18〕
耶律楚材有文名，按其生卒年時，與南宋張即之（1186～1266）及趙孟堅爲同
一時人。耶律楚材少年時受金代文化影響至深，在趙孟頫將前朝的復古伏流
引爲元代正宗之前，耶律楚材的書法具有一定的代表性。觀其尚存墨跡《送
劉滿詩卷》（附圖一）。

附圖一：耶律楚材《送劉滿詩卷》局部

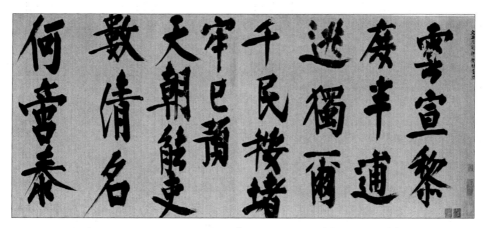

（尺幅：36.5cm×274.5cm）取自：文物出版社《中國法書全集》

　　此卷寫於年五十一歲（1240），書風近顏魯公。宋濂云：

　　耶律文正晚年所作字畫尤勁健，如鑄鐵所成，剛毅之氣，至老不
　　衰。〔註19〕

足見漢代書法文化對少數民族之影響何等深厚。

　　劉秉忠（1216～1274），字仲晦，初名侃，敕賜名秉忠，金國瑞州人（今遼
寧省綏中縣前衛鎮）；元朝忽必烈可汗宰相，工書翰。所撰《藏春集》自稱：

　　楷書以魯公筆法爲正，草書則取二王爲專門之學。〔註20〕

〔註18〕宋濂、王禕，《元史·列傳》卷三十三（台灣商務印書館，2010年12月），頁
　　　　一上、十一上。
〔註19〕馬宗霍，《書林藻鑑》（臺灣商務印書館，1982年5月第二版），頁257。
〔註20〕馬宗霍，《書林藻鑑》（臺灣商務印書館，1982年5月第二版），頁257。

徐世隆在《祭太保劉公文》中云：

　　字畫清勁，筆中法具。誰其似之？黃山文孺。〔註21〕

大體而言，趙孟頫前的書風可說是金與南宋的延續。文人進呈奏摺或譯釋儒家著作，最主要的是讓異族主人看懂，這也決定了書法的實用性和世俗性。不僅耶律楚材學顏，同時期的張即之與趙孟堅學顏，元代初期如劉秉忠、許衡、康里回回、孫德口、釋溥光……等，無不宗法於顏魯公，以至顏整太過，失之於拘。

二、復古主義的形成與興盛

　　陶宗儀在《輟耕錄》中，記載許衡與劉因二人的志趣不同：

　　中統元年，（許衡）應召赴都日，道謁文靖公靜修劉先生，因謂曰：
　　「公一聘而起，毋乃太速乎？」答曰：「不如此，則道不行。」至元
　　二十年，徵劉先生至，以為贊善大夫。未幾，辭去。又召為集賢學
　　士，復以疾辭。或問之，乃曰：「不如此，則道不尊。」〔註22〕

一個處在朝代更迭之際，許、劉二人道行與道尊的態度，說明元代士人隱與仕的問題與思想本質。元初儒士，以許衡為首。許衡力主漢法，以《小學》作為學習儒學的啟蒙，以朱學為正統，也就是先學朱熹輯定的立教、明倫、敬身、稽古的語錄及嘉言善行，復學四書、五經。這種淺近易知的思想體系，合於下學上達之效。在充分掌握實學要義的基礎下，元代儒士鮮有精微入理論述。

　　就當政者而言，朝廷多用雜霸之流以解決時政，視儒業宜從事教育或文采藝術，以備帝王之顧問。士人面對時局，所持理想不外乎為道之行而仕，或為道之尊而隱。至此，一部分儒士雖身在統治機構，卻難以施展，只能寄情於詩文書畫。大部分士人拒於朝野，隱於書畫，於是通過別的途徑實現自我。關漢卿筆下的「雜劇班頭」、白樸眼下的「煙波釣叟」，正是社會現實的反映改變了審美觀點。元代詩歌中的宗唐復古如此，書畫亦然。

　　南宋因襲時人之風盛行，隨意用筆，任筆賦形。當時已有人意識到這種書學時弊。趙構《翰墨志》：

　　本朝士人自國初至今，殊乏以字畫名世，縱有，不過一、二數，誠

〔註21〕馬宗霍，《書林藻鑑》（臺灣商務印書館，1982年5月第二版），頁257。
〔註22〕陶宗儀，《輟耕錄》卷二（北京：文化藝術出版社，1998年8月），頁23。

非有唐可比。……本朝承五季之後，無復字畫可稱。〔註23〕

從趙構到姜夔，再到趙孟堅，在書學思想無不推崇六朝翰墨，趙孟堅更明確提出由唐入晉的書學思想。由於時代的局限，復古思潮終未成氣候，直至趙孟頫以借古開今的新格局爲「復古書風」掀起時代潮流，屹然爲正宗，甚至影響明清兩代，不免爲康南海所譏：

> 自是四百年間，文人才士縱極馳騁，莫有出吳興之範圍也。故兩朝
> 之書，率姿媚多而剛健少。〔註24〕

時人論及元代復古主義，多歸功於趙孟頫。從鮮于樞、鄧文原、楊載、虞集、黃溍、俞和……以下，無不風行草偃。將趙孟頫視爲復古運動之主將未嘗不可，若將此一運動爲趙氏所創則言過其實。何故？趙孟頫提出復古的書學主張已在他五十五歲以後，所產生的影響並非人們想像的大。傅申認爲：

> 蓋此一復古之種子，實綿綿不絕於前代，但被自由的個人主義之洪
> 流所淹。至宋末，此一洪流漸漸消竭，衰鄙日甚。待蒙元入主中國
> 之後，在新一代的政治與地理因素之下，而有鮮于樞、趙孟頫等書
> 家將南宋以來復古伏流引導爲元代的主流，爲習書者建立了新的標
> 竿，挽救了鄙陋的殘局。〔註25〕

趙孟頫死後，在一大批理論家和書家的合力推動之下，復古主義才深化爲主流。誠如前言所述，其實早在南宋時就掀起復古暗流。董其昌《九歌》曾評吳說其書：

> 昔人稱吳眞書爲宋朝第一，今觀所書九歌應規入矩，深得蘭亭、洛
> 神遺意，高宗洞經書法，至爲閣筆歎賞，不虛也。〔註26〕

其後有姜夔，傳世眞跡有小楷長跋王獻之《保母志》，嚴整遒勁近於率更，然其《續書譜》中尊魏晉、推鍾王，並指出時弊：

> 縱逸甚易，收斂甚難。人心意流，宜其書之不古，甚者反以學古爲
> 拘，良可嘆也。〔註27〕

以趙孟頫、鮮于樞及鄧文原爲首的文人，則更多地談論古法。虞集曾評說：

〔註23〕楊家駱，《宋元人書學論著》（世界書局有限公司，1972年10月），頁2。

〔註24〕《歷代書法論文選》（上海書畫出版社，2004年7月第6次印刷），頁777。

〔註25〕傅申，《書史與書法蹟——傅申書法論文集》（二）（國立歷史博物館，2004年7月），頁65。

〔註26〕馬宗霍，《書林藻鑑》（臺灣商務印書館，1982年5月第二版），頁204。

〔註27〕姜夔，《續書譜》（江蘇美術出版社，2008年1月），頁9。

大德、延祐間，漁陽（鮮于樞）、吳興（趙孟頫）、巴西（鄧文原）翰墨擅一代。〔註28〕

他們彼此間不受限於以二王爲宗的復古主義，對五代與南宋著名書家也加以珍視，這種出入晉唐而兼有其妙的學習態度，使其各雄一方、並立於當代，遂成爲時代風尚，也就不足爲奇了。

三、「元初三家」的書風形成與影響

鮮于樞（1246～1302），字伯機，自號困學民，又號直寄老人、虎林隱吏。原籍河北漁陽（今北京），生於宋末元初的金國領地汴梁（今河南開封），曾宦居揚州，與趙孟頫相識，遂成終身莫逆。趙孟頫形容他：

氣豪聲若鐘，意憤髯屢戟。談諧雜叫嘯，議論造精核。巍煌商鼎制，駔駿漢馬式。〔註29〕

他詼諧幽默，體態魁梧，喜憂形色，亦能洞精入微。在復古書風勃興的時代，他與趙孟頫對《蘭亭》的推崇、對晉人風流的崇尚，是無庸置疑的。彼此不同的是，趙孟頫身爲南宋皇室後裔，備受元廷籠絡；更使他有機會經眼晉唐名跡，在眾多墨跡潤養和自身的努力之下，成爲一代巨擘；以致明清閣體大抵不出趙孟頫所囿，遞相模仿，此恐非趙孟頫所能預料。

相形之下，鮮于樞從唐宋上窺魏晉堂奧。明解縉《春雨雜述》云：

王廷筠以南宮之甥擅名於金，傳子澹遊，至張天錫，元初鮮于樞伯機得之。〔註30〕

元劉致跋鮮于樞《進學解》云：

鮮於困學之書，始學奧周敦卿，後學姚魯公雪齋，爲湖南司憲經歷，見李北海《嶽麓寺碑》乃有所得。至江浙，與故承旨趙公子昂諸人遊處，其書遂大進。〔註31〕

有元一代崇尚復古，與南宋帖學大興贗書亂之有關。馬宗霍論及宋代書風時說：

〔註28〕 虞集，《道園學古錄》（二）卷十（台灣商務印書館，1968 年），頁 188。
〔註29〕 趙孟頫，《哀鮮于伯機》，收錄於《松雪齋文集》（臺灣學生書局，1970 年 6 月），頁 111。
〔註30〕 解縉等撰，《春雨雜述》，收錄於《明人書學論著》（臺北：世界書局股份有限公司，2010 年 7 月第四版），頁 5。
〔註31〕 楊美莉等，《中華五千年文物集刊——法書篇·八》（臺北：中華五千年文物集刊編輯委員會，1986 年），頁 124。

終宋之世，帖學大行，而書道乃陵遲矣。……朱子謂本朝名勝相傳，亦不過以唐人爲法，似猶以未能取法乎古爲嫌。董玄宰亦謂宋人書取意，自以其意爲書，非能有古人之意，此則皆過論也。[註32]

鮮于樞論書崇尙魏晉古意，對二王推崇備至便是很自然的了。

　　鮮于樞傳世的墨蹟大約有四十多件。這些書作中大多是四十歲後居多，楷、行、草皆善；楷書方面大體上受到顏眞卿、耶律楚材、張即之的影響，如：《跋顏眞卿祭姪文稿》、《跋蘭亭獨孤本》、《老子道德經》及《麻九疇透光古鏡歌楷書冊》……等。值得一提的《老子道德經》（附圖二），雖不及趙孟頫精熟，然全文落筆不苟，清麗瀟灑，饒富古意。《麻九疇透光古鏡歌楷書冊》自出機杼之意，剛健並重，溫潤有力。行書方面，總體來說，行偏楷的作品，提按分明，端莊俊秀（附圖三）。如《跋徐浩書朱巨川告身卷》、《韓愈送李願歸盤穀序卷》、《袁易錢塘詩跋》……等；行偏草的作品則筆勢縱橫，機械妙用，婉轉無窮。如《杜甫行次昭陵詩卷》（附圖四）、《韓愈進學解卷》、《王安石雜詩卷》、《行書詩贊卷》，其中《韓愈石鼓文卷》堪稱佳作。

附圖二：鮮于樞《道德經卷》局部

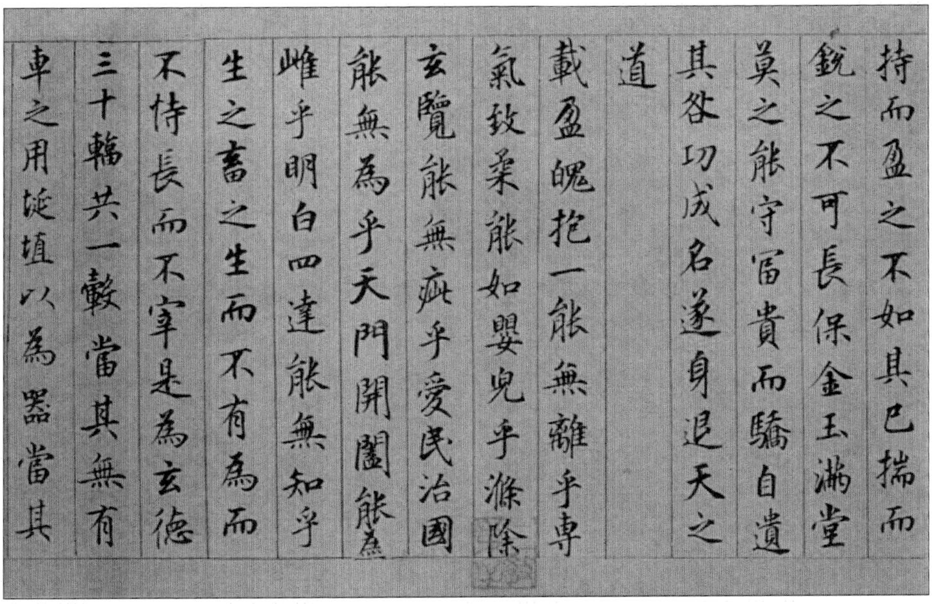

（尺幅：26.7cm×642.5cm）取自：文物出版社《中國法書全集》10

〔註32〕馬宗霍，《書林藻鑑》（臺灣商務印書館，1982 年 5 月第二版），頁 187。

鮮于樞草書可說是鎔鑄晉唐，推古出新；用筆疾遲輕重，跌宕生姿，極富節奏感。

主要有作品有：《杜甫茅屋爲秋風所破歌草書卷》、《論草書帖》、《杜甫魏將軍歌草書卷》等。馬宗霍於《書林藻鑑》云：

> 然伯機惟以草勝，不若趙知多擅。要其仗氣負奇；骨力崖岸，則趙殊當讓之爾。〔註33〕

梁於寅云：

> 伯機自書其迎詔三詩，其行草之精，固吳興趙公幹昔所推遜者。而此紙筆意尤幾妙，固非率遽而書之耶。仰亦天機之精到，雖出於率遽，非他人所及也。〔註34〕

皆對鮮于樞草書予以高度肯定，在書法領域上，與趙孟頫、鄧文原相互切磋唱和，更爲當時書學愛好者趨之若鶩。《書史會要》記載：

> 吳裡，字處人，號逸民，錢唐人。官至江陰州儒學教授，草書師鮮于太常〔註35〕

> 邊武，字伯京，隴西人。行草專學鮮于太常，時有亂眞者。〔註36〕

> 董復，字君復，沂州人。居鎮江，書學鮮于太常。〔註37〕

不僅於此，明初的宋濂、吳寬，與文徵明等對鮮于樞皆推崇備至，所提的「復古」與對晉唐書風的繼承，奠定了元末明初行草書法的基本格局。

附圖三：鮮于樞
《麻徵君透光古鏡歌冊》局部

（尺幅：30.5cm×19.8cm）
選自：《中國法書全集》10

〔註33〕馬宗霍，《書林藻鑑》（臺灣商務印書館，1982年5月第二版），頁256。
〔註34〕馬宗霍，《書林藻鑑》（臺灣商務印書館，1982年5月第二版），頁267。
〔註35〕陶宗儀，《書史會要》卷七（上海出版社，1984年11月），頁9。
〔註36〕陶宗儀，《書史會要》卷七（上海出版社，1984年11月），頁12。
〔註37〕陶宗儀，《書史會要》卷七（上海出版社，1984年11月），頁12。

附圖四：鮮于樞《杜甫行次昭陵詩卷》局部

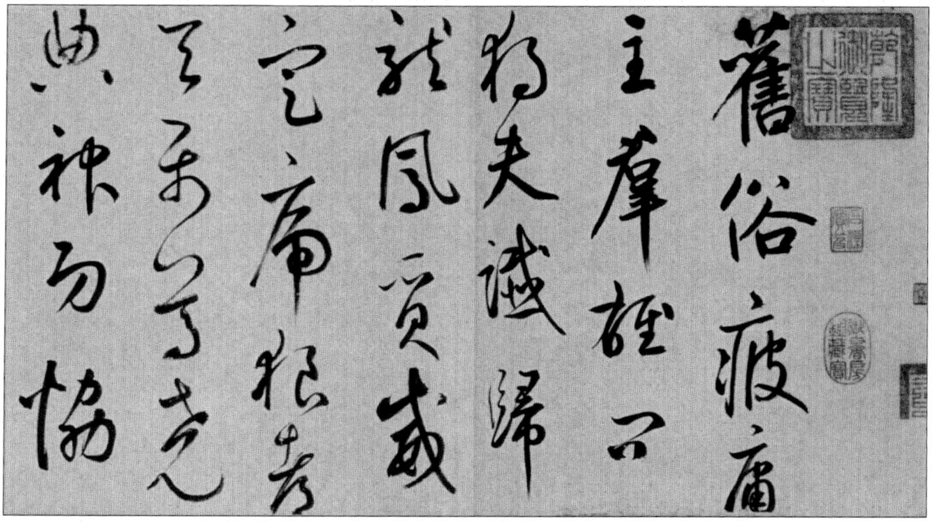

（尺幅：43.5cm×876.4cm）選自：文物出版社《中國法書全集》10

　　趙孟頫（1254～1322），字子昂，號松雪道人、水精宮道人等，湖州人（今浙江吳興），係宋太祖趙匡胤十一世孫，其四世祖趙伯圭是宋孝宗的胞弟。從趙伯圭起，以王侯之室被賜第湖州，是爲宋代宗室。趙孟頫以宗室入仕元朝，歷任翰林學士承旨、集賢學士、封榮祿大夫等職，爲官清正，敢於直諫。卒後封魏國公，諡文敏。著有《松雪齋集》。

　　趙孟頫一生備受元帝恩寵，深得忽必烈賞識，世祖屢欲重用皆因議者難之而未果。大德二年（1298）春，成宗召孟頫入大都書金字《藏經》，並許趙孟頫舉薦二十多位善書者隨其入京抄經。這些書家包括鄧文原、邱子正、金江正……等，後皆賜得官。這一江南儒士借徑文藝致身的事件，在當時產生了很大的反響，趙孟頫也因此成爲南北方及朝野共同確認的書壇領袖。〔註38〕武宗至大三年（1310）召至京師，以翰林侍讀學士。仁宗繼位，至大四年（1311）升爲集賢侍講學士，中奉大夫，官從二品。延祐元年（1314），改翰林侍講學士，遷集賢侍講學士資德大夫。延祐三年（1316），再拜翰林學士承旨、榮祿大夫，官至一品，推恩三代。仁宗嘗曰：

　　　文學之士，以孟頫比唐李白、宋蘇子瞻。又嘗稱孟頫操履純正，博

────────────────

〔註38〕黃惇，《中國書法史・元明卷》（江蘇教育出版社，2002年11月第一版），頁14。

學多聞，書畫絕倫，旁通佛老之旨，皆人所不及。〔註39〕
可謂榮際五朝，名滿四海。

　　在書法上初學趙構、智永，晚年受李北海影響極深。以崇古為尚，由魏
晉上溯兩漢，歸宗二王；他廣涉行、楷、今草、章草、隸書、小篆乃至籀書，
引領各種書體得以發展，一掃元初北方書法以顏魯公為法的衰微局面。在給
杭州友人王芝《子慶》的信中說：

　　近世又隨俗皆好學顏書，顏書是書家大變，童子習之，直至白首，
　　往往不能化，遂成一種臃腫多肉之疾，無藥可差，是皆慕名而不求
　　實。當始學書二王，忠節似顏又如何？吾每懷此意，未嘗敢以語不
　　知者，流俗不察，便謂毀短顏魯公，殊可發大方一笑。〔註40〕

促使元代書風為之一變，借古開今，猶如唐宋八大家之古文運動；影響之大，
元、明、清三朝可謂無出其右。元人盧熊評趙孟頫書法云：

　　識趣高遠，跨越古人，根柢鍾王，而出入晉唐，不為近代習尚所窘
　　束，海內書法為之一變，後進咸宗師之。〔註41〕

歷代書家習趙孟頫書法者眾，成就卻不盡相同。有學趙者，力求形神兼備，
以致個人面目不甚彰顯者，如管夫人、趙雍、俞和、虞集；有善於變通，後
出轉精，終能成自家面目者，如張雨、宋克、文徵明、祝允明等；有激烈地
批判，經反思之後，又懾服於趙孟頫書法者，如董其昌。

　　趙孟頫四體兼備，其中對明初書法的影響，又以小楷與行書最為後世所
重視。小楷方面：傳世作品有《書楔帖源流卷》、《洛神賦》、《過秦論》、《漢
汲黯傳》……。另有大量的佛道經卷，如《老子道德經卷》、《大乘妙法蓮華
經卷》〔註42〕（附圖五）、《心經》（附圖六）、《黃庭經》、《金剛經》、《參同契》、
《高上大洞玉經》（附圖七）、《陰符經》……等。至於其影響，傅申於《書史
與書蹟》一書中提到：

　　賁危素均善小楷，而其中最為重要，對明初書壇最有影響力的書家則
　　為宋克。其書集元末小楷之大成，純用中鋒，用筆圓勁光潔，筋勝於

〔註39〕宋濂、王禕，《元史‧列傳》卷五十九（台灣商務印書館，2010 年 12 月），頁
　　　　九上。
〔註40〕趙孟頫，《與王芝書》，收錄於遼寧省博物館：《宋代名人詩箋冊》第一期（北
　　　　京文物出版社，1992 年），頁 96。
〔註41〕馬宗霍，《書林藻鑑》（臺灣商務印書館，1982 年 5 月第二版），頁 259～260。
〔註42〕秋鳳玉，《清宮珍密別藏圖錄》（倦勤齋藝術有限公司，1997 年 7 月初版），頁
　　　　47。

肉，在結體上亦已脫離子昂之籠罩，雖稍乏清秀俊逸之氣，然而沖和圓勁，開明初臺閣體之先河。……在這一段期間內，小楷書家輩出，爲有宋代所無。字大者如指頭，小者如蠅頭，皆彬彬可觀。〔註43〕

附圖五：趙孟頫　　　　　　　　　　附圖六：
《大乘妙法蓮華經卷》局部　　　　趙孟頫《心經》局部

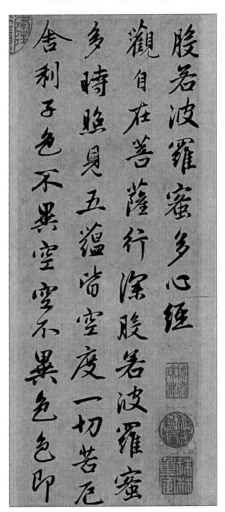

（尺幅：27cm×698cm）　　　　　（每頁尺幅：28.8cm×10.8cm）
取自：《清宮珍密別藏圖錄》　　　　選自：吉林文史出版社
　　　　　　　　　　　　　　　　《趙孟頫墨跡精品選》13

〔註43〕　傅申，《書史與書法蹟——傅申書法論文集》（二）（國立歷史博物館，2004年7月），頁96。

行書方面：趙孟頫成就最大者當首推行草，傳世作品有《杜甫秋興詩》、《高峰禪師行狀》、《吳興賦》、《赤壁二賦》、《閒居賦》、《蘭亭十三跋》（附圖八）、《酒德頌》、《煙江疊嶂圖詩》、《歸去來辭》、《致民瞻十劄卷》……等。王鏊云：

> 近世以書名家者，惟松雪翁得二王筆法，幾所謂未達一間者。〔註44〕

歷代名跡中，凡學大王者，用筆多內擫而收斂，故森嚴而有法度；學小王者，多用筆外拓而開廓，故散朗而多姿。趙孟頫以二王爲宗，廣泛汲取晉、唐、宋諸家，行書多取法大王，小楷則取法小王較多。有明一代，帖學大行，即使不知名者皆能行草，而大抵不出子昂範圍。趙孟頫一派代代轉相傳授，促使明初書風爲三宋二沈爲所籠罩，終至臺閣之末，流於庸俗甜熟，恐非趙孟頫始料所及。

附圖七：
趙孟頫《高上大洞玉經》局部

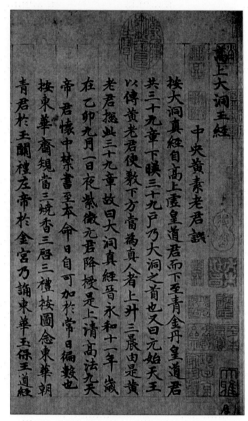

（尺幅：29.7cm×457cm）
選自：吉林攝影出版社《歷代小楷精品》

鄧文原（1258～1328），字善之，一字匪石，人稱素履先生，博學工古文，其先祖本長安人，先遷蜀之綿州（今四川錦陽），再遷浙之錢塘，遂爲杭州人。因錦州地屬巴蜀西部，鄧氏自署常冠以「巴西」二字，示不忘本也。

鄧文原在元初即負有盛名，與趙孟頫常相過從。大德二年（1298）春，成宗召趙孟頫入大都書金字《藏經》，許舉能書者廿餘人，鄧文原爲首選，書名因大顯朝野。經史百氏之書無不究極其根柢，爲文精深典雅，亦爲當時文壇領袖，有《巴西集》傳世。在書法上與趙孟頫一致皆主張法古，其正行草書，早法二王，後法李北海，工筆劄。與趙孟頫齊名。虞集云：

〔註44〕馬宗霍，《書林藻鑑》（臺灣商務印書館，1982年5月第二版），頁259。

附圖八：趙孟頫《蘭亭十三跋》局部

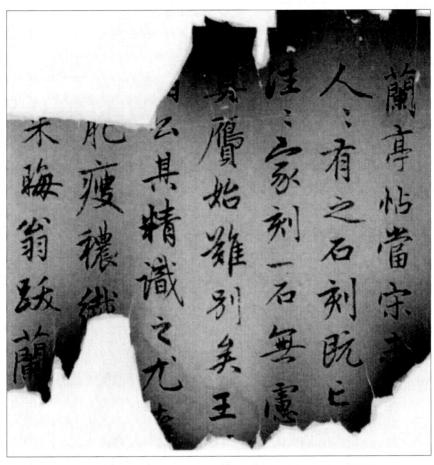

（尺幅：31cm×211cm）選自：文物出版社《中國法書全集》9

大德延祐之間，稱善書者必歸巴西鄧、漁陽鮮于、吳興趙。〔註45〕
明末王世貞嘗評書云：

> 元人趙吳興外，鮮于伯機聲價與之齊，人或謂勝之。極圓健，不甚
> 去俗。鄧文原有晉人意而微近粗，嶧嶧子山有氣韻而結法少。疎然
> 是三人者，吳興流亞也。〔註46〕

鄧文原傳世作品不多。按傅申於《鄧文原？莫是龍！現存日本之問題中國書
跡研究之一》一文，將鄧文原傳世作品分成四類：

〔註45〕 馬宗霍，《書林藻鑑》（臺灣商務印書館，1982年5月第二版），頁269。
〔註46〕 卞永譽纂集，《式古堂寄畫彙考》（一）卷二（正中書局，1958年），頁135。

（一）紀年書跡：作品有 1287（至元丁亥）《跋王獻之保母志》、1294（至元甲午）《唐人摹蘭亭敘》、1307（大德丁未）跋《跋定武蘭亭敘》、1309（至大己酉）跋張仲壽書《歸去來辭》何澄《歸莊圖卷》、131（延祐 5 年）《清居院記》、1323（至治 3 年）題黃庭堅書《松風閣詩卷》。

（二）無紀年書跡：作品有跋《子昂補唐人臨王羲之瞻近漢時二帖》、跋《蘇軾東武帖》、《致景良郎中尺牘》、題高克恭《雲橫秀嶺圖軸》、題趙令穰《柳塘遊鵝圖卷》、跋鮮于樞書《御史箴卷》。

（三）叢帖中鄧氏書跡：〈題高尚書畫七古〉（《東書堂集古法帖》卷10）、〈書青山七絕〉（《寶賢堂集古法帖》卷 11）、〈與伯長學士書〉（《停雲館法帖》卷 9）、〈與簡齋相公書〉（《停雲館法帖》卷 9，《玉煙堂帖》卷 20，《懋勤殿法帖》卷 17）、〈家書二通〉（《三希堂法帖》第 25 冊）、〈與仲彬總管書〉（《滋惠堂墨寶》第 8）、〈與仲彬治中書〉（《經訓堂法書》第 8 冊）、〈與賢妻縣君書〉（《太虛齋珍藏法帖》角集）、〈題海岸圖七絕〉（《海山仙館藏眞續刻》卷 16）、〈題文同竹詩〉（《嶽雪樓鑑眞法帖》末冊）、〈題趙孟頫黃庭經〉（《過雲樓藏帖》第 6 集）、〈褚遂良墨跡觀款〉（《海山仙館禊敘帖》1 卷）、〈題保母磚五古〉（《契蘭堂法帖》卷 7）。〔註47〕

（四）僞鄧文原書跡：在此不贅述。

在《瞻近漢時二帖》與《黃庭堅松風閣詩卷》跋文中酷似趙書，可看出文原受趙孟頫書風的影響。在《臨章草急就章》（附圖九）作品中，時爲

附圖九：
鄧文原《臨章草急就章》局部

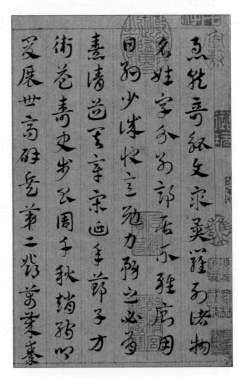

（尺幅：23.3cm×368.7cm）
選自：文物出版社《中國法書全集》10

〔註47〕傅申，《書史與書法蹟——傅申書法論文集》（二）（國立歷史博物館，2004年 7 月），頁 140～145。

四十二歲，筆法嫺熟精練，清健出塵，堪稱成熟之作。袁華跋此卷後云：

　　觀其運筆，若神蜦出海，飛翔自如。〔註48〕

大德以後，鄧氏因政事而疏於翰墨，傳世作品亦少；在鮮于樞、趙孟頫相繼去世後，鄧氏獨領書壇六年，亦藉甚一時，與子昂伯機相鼎足當而無愧。

四、奎章閣學士書家群像

　　元代以武功煜耀中外，雄霸世界一半以上之地，然席有華土遂漸染華風，大儒耶律楚材、許衡、郝經、姚樞⋯⋯等皆被重用，卻因政治因素所囿，促使元儒重實用而薄空談，藝文之事當無從暇顧。

　　趙孟頫以宗室應召仕元，詩、書、畫無不精擅，堪稱一代宗工，然在朝三十年間，其職責多與藝術無關。其他善書者，如李衍、高恭克、康里巙巙⋯⋯等人，雖身處要職，亦始終未提藝術相關設施的建議。

　　傳至文宗（1304～1332），為元諸帝中精通漢學藝文之傑出者；在南宋內府收藏與各地收羅的書籍圖畫的基礎上，於天曆二年（1329）二月設奎章閣學士院於京師。〔註49〕奎章閣創立之初，規模較為單純，後因實際需要隨時增設，愈形複雜。其性質是多方面的，一方面乃文宗召近臣商討治亂得失之所。陶宗儀《輟耕錄・卷二》：

　　幾無一日而不御於斯，於是宰輔有所奏請，宥密有所圖同，諍臣有
　　所繩料，侍從有所獻替，以次入對，從容密勿，蓋中日焉。」〔註50〕

另一方面也是為珍藏、鑒賞歷代書畫的處所。陶宗儀《輟耕錄・卷七》：

　　文宗之御奎章日，學士虞集、博士柯九思常侍從，以討論法書名畫
　　為事。時授經郎揭傒斯亦在列，其寵譽不及集、九思也。〔註51〕

奎章閣學士書家為一泛指概念，從天曆初建奎章閣至文宗去世（1332），柯九思被逐出京師，罷奎章閣；順帝時改為宣文閣，唯授經郎其及監書博士之職；後再擴增部分，則為端本堂。〔註52〕虞集、柯九思、揭傒斯、康里子山、周

〔註48〕馬宗霍，《書林藻鑑》（臺灣商務印書館，1982年5月第二版），頁270。
〔註49〕傅申先生於《元代皇室書畫收藏史略》一書中第二章《元文宗與奎章閣》分為三個部分：一、元文宗與奎章閣。二、奎章閣年譜初稿。三、奎章閣時代的書畫收藏。對奎章閣中之藝術活動、管理制度與柯九思的擢升，及對古書畫的進呈與鑒定作了清晰的記錄，在此不做贅述。
〔註50〕陶宗儀，《輟耕錄》卷二（北京：文化藝術出版社，1998年8月），頁32。
〔註51〕陶宗儀，《輟耕錄》卷七（北京：文化藝術出版社，1998年8月），頁102。
〔註52〕隨著文宗之薨及柯九思等的去職，奎章閣頻臨絕亡之邊緣。後由原任奎章閣

馳⋯⋯等獲擔要職，他們自處於復古的浪潮之中，一時眼界大開，獨具隻眼，也各成風貌。從歷代名跡中的題跋可獲得證明，更體現元代中期復古書風的典型特徵。本文所指奎章閣學士書家包括此三部門。茲分述之：

虞集（1272～1348），字伯生，號邵庵，晚稱翁生。其先祖爲隆州仁壽（今四川眉山地區仁壽）人，徙居蜀郡（今四川成都地區）。後隨父僑居江西臨川崇仁。虞集系出虞仲世家，遠祖虞世南爲唐初名臣，爲宋丞相虞允文五世孫。先祖入宋後代代入朝爲官，顯赫一時。

大德六年（1302）薦授大都路儒學教授，遷秘書少監。仁宗延祐年間，與趙孟頫同官翰林院，深受趙孟頫影響。泰定帝時累遷至翰林直學士兼國子監祭酒。文宗繼位後授以奎章閣侍書學士。進翰林侍講學士，預修《經世大典》，爲總裁官。〔註53〕虞集宏才博識，以文學、政事爲務，與楊載、範梈、揭傒斯並稱爲「元代四大家」，又與揭溪斯、黃溍、柳貫並稱「儒林四傑」。虞集精通書畫，品題甚多，書學觀點多見於題跋。著有《道園學古錄》五十卷，《道園類稿》五十卷和《道園遺稿》六卷，又有書論文字《論書》、《論隸書》、《論草書》等。

在書法上，虞集可說是繼趙孟頫後復古書風的倡導者。從虞集《道園學古錄》卷十、十一及卷四十的題跋和其他散見的虞集書論，我們可以得出其書學觀點。他在《題吳傳朋並李唐山水跋》中說：

> 大抵宋人書自蔡君謨以上，猶有前代意，其後坡、谷出，遂風靡從之，而魏晉之法盡矣。米元章、薛紹彭、黃長睿諸公，方知古法，而長睿所書不逮所言，紹彭最佳而世遂不傳，米氏父子書最盛行，舉世學其奇怪，不惟江南爲然，金朝有用其法者，亦以善書得名，而流弊南方特盛，遂有千湖之險，至於即之之惡謬極矣，至元初士大夫多學顏書，雖刻鵠不成，尚可類鶩。而宋末知張之謬者，乃多尚歐率更書，纖弱僅如編葦，亦氣運使然焉，自吳興趙公子昂出，學書者始知晉名書。〔註54〕

監群玉內司康里巎巎堅持下於（1340～1341）成立宣文閣，一直維持了二十多年，與元代帝國共存亡。至正九年（1349）十月，又成立端本堂，以爲皇子肄業之所，與宣文閣同時並存。參見傅申，《元代皇室書畫收藏史略》第三章宣文閣與端本堂（國立故宮博物院，1981年1月），頁62～67。

〔註53〕參見宋濂、王禕，《元史·列傳》卷六十八（台灣商務印書館，2010年12月）。

〔註54〕虞集，《道園學古錄》卷十一《題吳傳朋並李唐山水跋》，收錄於（四庫全書

唐宋兩代以後，天下皆學米、顏、柳諸家，翕以爲宗，導致鍾王之法益微。
遂使虞集發出「近時怒張筋脈，屈折生柴之態」的感歎，進而推崇復古視趙
孟頫爲書家典範。

　　從史料上雖無法證明趙孟頫與虞集是否存在著師生關係，但從彼此唱和
之作中不難看出對趙氏的推崇；據安岐《墨緣匯觀》記載，《唐臨右軍二帖》
是《十七帖》中《瞻近》、《漢時》兩帖，兩帖皆爲趙孟頫補足，神采煥然，
用筆有入木三分之妙。〔註55〕虞集在題跋中說：

　　　　觀補書者之難能，則知臨者之不可及；觀臨者之不可及，則知想像

　　　　所臨者如飛仙神龍之不可測識矣。〔註56〕

隨著趙孟頫名聲鵲起，世人轉相模仿，不脫文敏家法；虞集擔憂學顏、米之
弊再起，遂再次重申：

　　　　國朝惟吳興趙公遂擅一代學者，瀾倒忽見朱侯作此古法，令人執卷

　　　　周然。臨池者，尚三思斯言哉。〔註57〕

旨哉斯言！莫惟趙吳興是從，臨池前當三思而後行。

　　從現存的虞集作品來看，有明確記年是至大二年（1309）《跋徐熙花卉草
蟲卷》，最晚則是至正五年（1345）《題趙文敏秋林平遠圖》和《題柯九思古
木幽草圖》，大部分作品多集中於 1323 至 1333 年間，說明奎章閣時期堪稱創
作巔峰。〔註58〕傳世作品以行草書最具代表性，《致丹丘博士箚》、《白雲法師
帖》（附圖十）、《蔣山寺詩並序卷》和《不及入閣帖》……等。清朗韻藉深得
二王法度，堪稱代表之作。

　　楷書方面，虞集加強了對魏晉古法的追索，如《趙孟順〈重江疊嶂圖〉》、
《題杞菊軒詩帖》、《題周文矩〈蘇李別意〉》、《奉記都運大參相公帖》、《劉垓
神道碑》、《跋趙孟頫〈靈隱大川濟禪師塔銘〉》……等。清眞雅正，氣息高古，
所作《題杞菊軒詩帖》字距疏朗，深得楊凝式眞趣。

　　　　菁要，集部，別集類），頁 12。

〔註55〕安岐，《墨緣匯觀》卷一，收錄於《中國書畫全書》第 10 冊（上海書畫出版
　　　　社，1993～1999 年），頁 332。

〔註56〕吳榮光，《辛醜銷夏記》卷一《唐臨右軍二帖》，收錄於《中國書畫全書》第
　　　　13 冊（上海書畫出版社，1993～1999 年），頁 837。

〔註57〕虞集，《道園學古錄》在朝稿六《題朱侯所臨智永千文》（臺灣華文書局），頁
　　　　883。

〔註58〕參見譚國亮《虞集書學思想及書法實踐研究》，按虞集作品流傳甚多，姜一涵
　　　　《元代奎章閣及奎章人物》將有記年作品羅列三十二件，可補其不足之處。

附圖十：虞集《白雲法師帖頁》

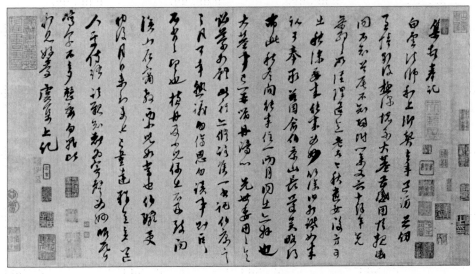

（尺幅：30.7cm×51.8cm）選自：文物出版社《中國法書全集》10

又如《劉垓神道碑》（附圖十一）為大字眞書，用筆規摹唐人，有別於趙孟頫清和艷麗。

附圖十一：虞集《劉垓神道碑卷》局部

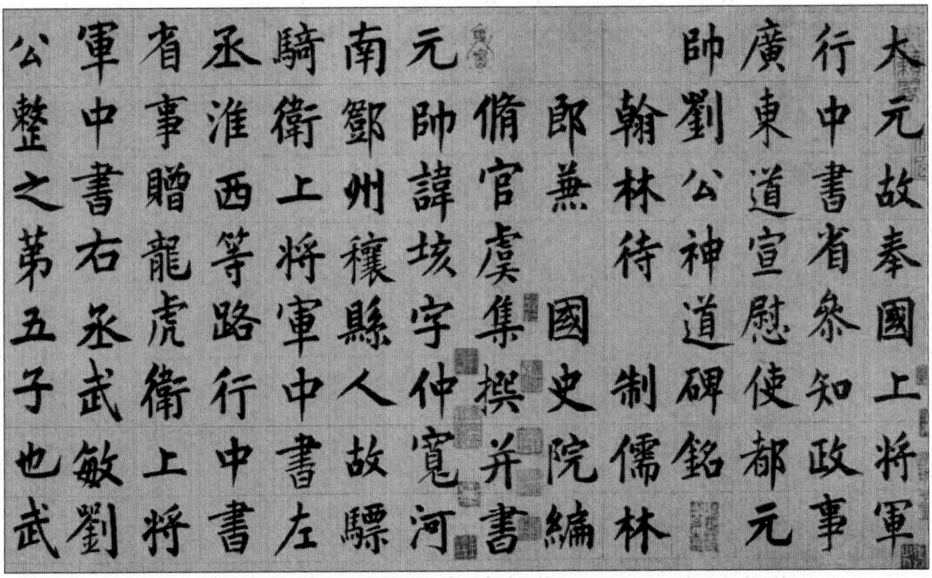

（尺幅：35cm×764cm）選自：文物出版社《中國法書全集》10

篆隸兩體自漢代後逐被書家所偏
廢，元人隸書多從魏晉隸書入手，學之
不善，易流於板刻單薄。虞集認爲最近
古的方式是由古隸中得來，自己也取得
一定的成就。《書史會要》稱：

> 眞行草篆皆有法度，古隸爲當代
> 第一。〔註59〕

從《飲酒八仙歌》題跋與《趙孟頫草書
陶詩跋》（附圖十二）窺知，深得《受禪
碑》旨趣。在奉文宗命爲柯九思父親柯
謙撰並書的《賜碑贊》，通篇挺勁方整，
質樸之氣上探古隸之風規。明人王世貞
跋云：

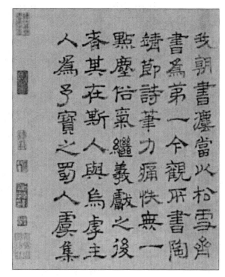

附圖十二：
虞集《趙孟頫草書陶詩跋》

（尺幅：24.2cm×43cm）
選自：文物出版社《中國法書全集》10

> 道園先生正書八分，俱入能品，
> 其爲柯九思博士作賜碑贊，用筆
> 若草草，而中自遒勁，有古挑截
> 法。又云：先生書法可甲乙孅趙……。〔註60〕

面對元初以來，時人視趙書爲復古書學正道，學者瀾倒。虞集窺透宋代後期
之流弊，以魏晉古法爲宗，取法乎上，在奎章閣書家中居重要地位，促使元
代中期書家開始對復古重新反思，令後學者幡然醒悟，並世書家，眞少有能
及者。

柯九思（1290～1343），字敬仲，號丹丘生，別號五雲閣吏，晚號非幻道
者，台州仙居人，出身於儒士家庭。文宗爲懷王時，相識於金陵，並知遇於
其潛邸，且日相從遊。文宗繼位後設奎章閣，封柯九思爲典瑞院都事，秩從
七品及奎章閣學士院參書文林郎，直拔擢至奎章閣鑒書博士，秩正五品。凡
內府所藏法書名畫，銜命鑒定。天曆三年（1330），文宗將王獻之《鴨頭丸帖》
賜予柯九思，曾「賜牙章」，使其可以「通籍禁署」。〔註61〕元文宗對其邀幸，
招來眾多忌言。至順二年（1331）九月，橫遭御史台臣以「奎章閣鑒書博士

〔註59〕陶宗儀，《書史會要》卷七（上海出版社，1984年11月），頁3。
〔註60〕馬宗霍，《書林藻鑑》（臺灣商務印書館，1982年5月第二版），頁271。
〔註61〕黃惇，《中國書法史》元明卷（江蘇教育出版社，2002年11月第一版），頁
46。

柯九思，性非純良，行極矯譎，挾其末技，趨附權門，請罷黜之。」〔註62〕
參劾。後流寓吳中，與張雨、倪瓚等文人相互交遊。至正三年（1343）暴卒，
時年五十四。

柯九思詩文、繪畫、書法、鑑賞歷代書畫古物均享時名，書法為其繪畫
所掩，亦被時人所贊譽，所流傳書作除《老人星賦》、《上京宮詞》之外，多
散見於題跋。《上京宮詞》（附圖十三）是柯九思現存作品中，文字最多、最
具標格之作。結體謹嚴瘦硬，崛起削成，帶有歐陽詢《夢奠帖》結字之奧妙。
與之不同的，柯氏以扁取勢，線條中和。

附圖十三：柯九思《上京宮詞》

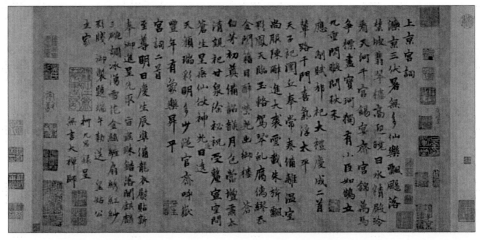

（尺幅：30.5cm×53cm）選自：文物出版社《中國法書全集》10

上述所言，柯九思以晉人風遒化歐陽之法的特徵，尤為時人所重，亦說
明元人書法的普遍風氣。

柯九思於奎章閣期間，曾留下諸多題跋，如《定武五字損本蘭亭》、張旭
《四詩帖》、褚遂良《臨大令飛鳥帖》、蘇東坡《橘頌帖》、《天際烏雲帖》、米

〔註62〕按姜一涵《元代奎章閣及奎章人物》一書中，對柯九思遭劾有下列分析，第
　　　一、元代中央組織至文宗猶未制度化，奎章閣為新設機構，不但參與議事，
　　　並負責編修經世大典、教育皇室弟子，且主事者之官階由正三品陞為正二品。
　　　第二、奎章閣中高級閣員，多為兼職，但已不能見容於其他侍臣。第三、柯
　　　九思以不於一年餘累擢五品，以不能服人，加以與皇帝日夕廝混，互相投贈，
　　　猶不免受嫉遭謗。《元代奎章閣及奎章人物》（聯經出版事業公司，1981年4
　　　月），頁31。

芾《蕭閑堂記帖》，以及《唐人臨十七帖》、趙孟頫《黃庭經》……等，可謂閱之甚廣。

縱觀柯氏題跋，其早期書風多專法於魏晉，格調頗高。虞集在《題蔡端明蘇東坡墨蹟後》曾云：

> 丹丘柯敬仲，多蓄魏晉法書。至宋人書，殆百十函，隨以與人，弗留也。〔註63〕

此見奎章閣時代的柯九思，師法唐人上朔魏晉風度。直至晚年，其崇古思想愈加濃厚，也體現於諸多傳世《蘭亭》題跋上。柯九思曾題《定武五字損本蘭亭》云：

> 世傳蘭亭石刻甚多，如月印千江在處，可愛葉世昌考之備矣。此卷五字殘本，紙精墨妙，又有僧隆茂宗所畫蕭翼賺蘭亭圖於後，誠為佳玩。至順四年十月柯九思跋。〔註64〕

柯九思把《定武蘭亭五字損本》易出後的第三年，又題《定武蘭亭隆茂本》；至元二年（1336）十月為曹世長題《蘭亭獨孤本》（附圖十四）。四十九歲時題《蘭亭》舊刻並《賺蘭亭圖》，同年重題《定武蘭亭獨孤本》，五十歲時題《陸繼之摹蘭亭序》有曰：

> 予平日所見，何嘗數十本，求其弄翰能存右軍筆意者，蓋止二三耳，此卷自褚河南本中出，飄撇蘊藉，大有古意，一洗《定武》之習，為可尚也。今世學書者，但知守《定武》刻本之法，寧知璽紙〔註65〕龍跳虎臥之遺意哉！璽紙既不可復見，得見唐摹斯可矣。唐摹世亦艱得，得保茲卷，勝世傳石刻多矣。當有精於賞鑒，以吾言為然。至元後己卯（1339）歲三月廿二日，奎章閣學士院鑒書博士柯九思跋。〔註66〕

藉由柯九思對蘭亭序多次題跋，足以看出柯氏對二王的追慕。身為奎章閣鑒書博士，當應繼趙氏之後引領時代，開一代新風，但總體而言，卻不能與趙孟頫相提並論。究其原因，柯九思備受文宗恩寵，「復古」又為文宗的文化政

〔註63〕　虞集，《道園學古錄》卷四（臺灣華文書局），頁183。
〔註64〕　《五字損本蘭亭》，據（明）郁逢慶，《書畫題跋記──續題跋記》卷三，（景印文淵閣四庫全書・子部816冊）。
〔註65〕　據上下文意，此處「璽紙」疑為義之。
〔註66〕　（元）柯九思跋《陸繼善摹蘭亭序》，據《御刻三希堂石渠寶笈法帖》，上海：上海中華圖書館印行。

附圖十四：柯九思《跋定武蘭亭序卷》

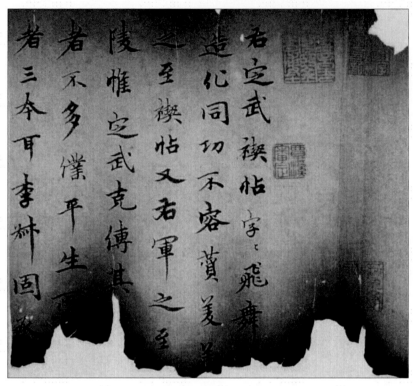

（尺幅：不詳）選自：文物出版社《中國法書全集》

策，柯氏以「全德君子」自居同時，服膺皇帝政策更勝一切，在這一正統思想作祟下，只能與同時代的人們慕古於晉唐，步趙氏後塵。儘管有諸多不足，柯九思仍不失爲奎章閣中之代表書家。觀其書風，並無驚人之變，而是藉形骸索諸古人，妙在似與不似之間。

揭傒斯（1274～1344），字曼碩，龍興富州（今江西豐城）人，幼貧而讀書尤刻，早有文名。大德年間出遊湘漢。延祐初年，受程鉅夫、盧摯器重，薦授翰林國史院編修官，遷應奉翰林文字，前後三入翰林。延祐元年（1314）由布衣授爲翰林院國史編修。至元六年（1343）爲奎章閣供奉學士，升侍講學士。總修遼、金、宋三史，爲總裁官。《遼史》成，仍督金、宋二史，留宿史館朝夕不敢休，因感染寒疾卒於史館，諡文安。又與虞集、柳貫、黃溍並稱「儒林四傑」。有《揭文安公全集》傳世。〔註67〕

〔註67〕宋濂、王禕，《元史・列傳》卷六十八（台灣商務印書館，2010年12月），頁

　　揭傒斯善詩文，貫通經史百家。元史稱其「文章敘事嚴整，語簡而當，詩尤清婉麗密」，〔註68〕與虞集齊名。書法名重當時。朝廷大典冊及元勳茂德，當得銘辭者，必以命焉。流傳書作有，《跋胡虔汲水蕃部圖》、《臨智永真草千字文》、《揭文公草書雜詩卷》、《跋陳繼善摹禊帖》、《跋趙孟頫為杜道堅書雜詩》、《跋陸柬之文賦》、《跋元人三體書無逸篇》、《題高克恭雲山圖》……等。揭傒斯真、行、草皆擅。陶宗儀《書史會要》稱：「正行書師晉人，蒼古有力。」〔註69〕傳世《揭文公草書雜詩卷》明項元汴評曰：「詞格清麗，筆法婉媚，似得晉、唐人逸韻。」〔註70〕《贈劉粹衷宰旌德序》（附圖十五）則筆勢瀾翻，鋒芒俱露，活潑多姿，更是難得佳作。在《跋陸柬之文

附圖十五：揭傒斯《贈劉粹衷宰旌德序》

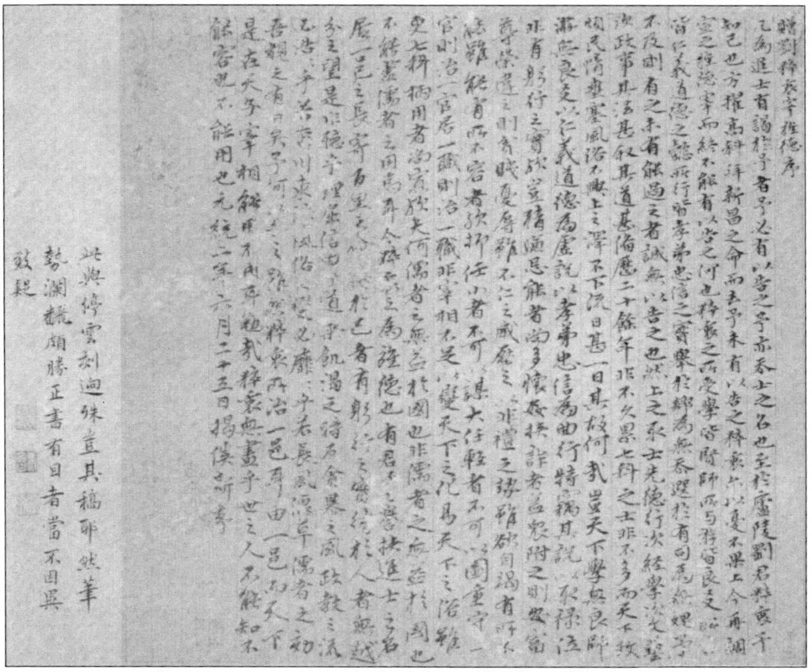

（尺幅：24.5cm×22.5cm）選自：《中國書法全集》47

15～18。

〔註68〕　宋濂、王禕，《元史・列傳》卷六十八（台灣商務印書館，2010年12月），頁18。

〔註69〕　陶宗儀，《書史會要》卷七（上海出版社，1984年11月），頁4。

〔註70〕　卞永譽纂集，《式古堂書畫彙考（二）・書考》卷十七《揭文安公雜詩卷》（正中書局，1958年），頁161。

賦》（附圖十六）說到：「唐人法書，結體遒勁，有晉人風格者，惟見此卷耳。雖若隋僧智永，猶恨嫵媚太多，齊整太過也。」〔註71〕認爲書法當以晉人風格爲尚。

附圖十六：揭傒斯《跋陸柬之文賦》

（尺幅：25.7cm×19.7cm）取自：《故宮法書新編》四

晚年所書《臨智永眞草二體千字文》則筆法婉媚，精熟過人。明人劉瑞於卷尾跋云：

〔註71〕劉正成，《中國書法全集47·元代名家》（北京：榮寶齋出版社，2001年9月第一版），頁102。

即其餘技作書，已精卓如此，迥出元代諸家之外，眞能得永師之骨
髓，不專以趙吳興面目盡其長也。〔註72〕

觀揭氏書學，乃以唐人爲根柢，駸駸然晉人法度，加上入京受知於趙孟頫，
書風深受影響。康有爲云：

自餘揭曼碩、柯敬仲、倪元鎭，雖有道媚，皆吳興門庭也。自是四
百年間，文人才士縱極馳騁，莫有出吳興之範圍者。故兩朝之書，
率姿媚多而剛健少。〔註73〕

趙孟頫書《賜貞文先生揭君之碑》，是爲揭傒斯父親所書。延祐七年，由揭傒
斯撰趙孟頫書《龍覺寺長明燈記》，距趙孟頫卒不過三年，亦可說明二人交情
至深。

揭傒斯以儒家正統觀自居，視「六藝」爲士人修身之本，所以然者，緣
於他積極入世的態度。誠如前言，元代入仕一般爲宿衛、儒、吏三條途徑。
加以元初有四等人之別，揭傒斯於不惑之年，經程鉅夫等人舉薦，由一介布
衣入翰林爲國史院編修官，官高位顯，不敢任情恣性，無形中拘束其書法風
格，將書法說成是「復古之兆」〔註74〕也就不足爲奇了。

五、元代後期隱士書家

元末之世，戰爭四起，變亂相尋，士人報國無門，逐漸對國家喪失信心，
因而隱逸江湖，混跡市井，以書畫自娛終身。形成了處處言離亂，紛紛覓隱
居的反常現象。隱士是具備一定學識才能的人，隱士的類型很多。《新元史》
對元代隱士別爲二類，一種是因忠的觀念，懷故國而不事新朝者，如夷齊之
志，一種是窮居伏處，修天爵而不受人爵，合於《易經》蠱之上九之意，亦
即不事王侯，高尙其志之意。如同許衡與劉因，二人皆以朱程爲道，所行之
道卻有不同。然隱顯之間並無分軒輊，貴在於求其志，行其道，超然物外，
身名無累。如錢選，身爲元初吳興八俊之一，絕於仕途，流連詩畫，以終其
身。「一代詞伯」貫雲石出生顯貴，因父蔭，任兩淮萬戶達魯花赤，不久即讓

〔註72〕 徐邦達，《古書畫過眼要錄・元明清書法》（紫禁城出版社，2006年2月第一
版），頁249。
〔註73〕 《歷代書法論文選》（上海書畫出版社，2004年7月第6次印刷），頁777。
〔註74〕 揭傒斯於元統二年爲盛熙明《法書考》做序說：「法書肇伏羲氏，愈變而愈
降，遂與世道相隆汙。能考之古猶難，況複之乎，……思見聖人之治，法書
之複，其在茲乎。然天下之期複於古者，不止法書也，而於是觀也，則盛氏
之書，其復古之兆乎。」足見揭氏書學觀點。

爵位於弟。過著知音三五人，痛飲何妨礙的隱居生活。吳鎮一生絕意仕途，不與官僚豪紳交遊，素其位而行，清貧潦倒仍不改其志。又如倪瓚，不僅自己隱逸，亦勸朋友隱逸，在寫詩給王蒙：「野飯魚羹何處無，不將身作系官奴。陶朱范蠡逃名姓，那似煙波一釣徒。」可窺隱居之操。

　　元末隱士與佛、道之流的生活並不相同，他們或隱逸以求其志，或曲避以全其道，或去危以圖其安，或垢俗以動其概，或疵物以激其清。隱士文人以超脫、清逸、放曠不羈的胸懷表現自己的人生追求，從而對文化乃至政治的重塑，有了啟迪作用。同時在詩文書畫上呈現濃厚的出世色彩，更有別於趙孟頫的晉韻、典雅與秀逸的風格。其中不乏成就顯著的書家，如吳鎮、楊維楨、倪瓚……等人。其書風或狂放率意，或簡逸樸拙，或超塵拔俗；可貴者，皆能不落趙氏流派之藩籬，復以身處元明兩朝，對明代書法產生著實的啟迪作用。以下就代表性書家分述如下：

　　吳鎮（1280～1354），字仲圭，自署橡林先生，號梅花道人、梅道人等，晚號梅沙彌，嘉興魏塘鎮（今屬浙江）人。遠祖係汝南人，有其顯赫的政治背景，先輩不乏多人是兩宋重臣，成為吳鎮終其一生不為元朝效力，不喜與達官顯貴交往的孤傲性格。據《四庫全書總目題要》稱：

> 抗懷孤往，窮餓不移，胸次既高，吐屬自然拔俗。〔註75〕

吳鎮品行高潔，工詩文，善草書，擅水墨山水，又長墨竹。人物、雜卉隨意點染，亦能超塵出俗。山水師承董巨，墨竹則宗法文同，俱能自闢蹊徑。與黃公望、倪瓚、王蒙合稱為「元四大家」。李日華云：「書作藏真筆法，古雅有餘。」〔註76〕。啟功《論書絕句》：

> 元人之不為松雪所圍者，屈指計之，……書法行家，惟柯丹丘、倪
> 雲林、吳仲圭而已。〔註77〕

從吳鎮傳世《草書心經卷》（附圖十七）即可證明。此卷計三十九行，後有劉墉跋云：

> 頗有蕭淡之致，追求唐賢，采其遺韻，當與白陽山人聖主得賢臣頌
> 頡頏伯仲。〔註78〕

〔註75〕（清）永瑢等撰，《四庫全書總目題要》（中華書局，1965年），頁1451。
〔註76〕馬宗霍，《書林藻鑑》（臺灣商務印書館，1982年5月第二版），頁278。
〔註77〕啟功，《論書絕句》（莊嚴出版社，1991年12月第二版），頁154。
〔註78〕徐邦達，《古書畫過眼要錄·元明清書法》（紫禁城出版社，2006年2月第一版），頁263。

附圖十七：吳鎮《草書心經卷》局部

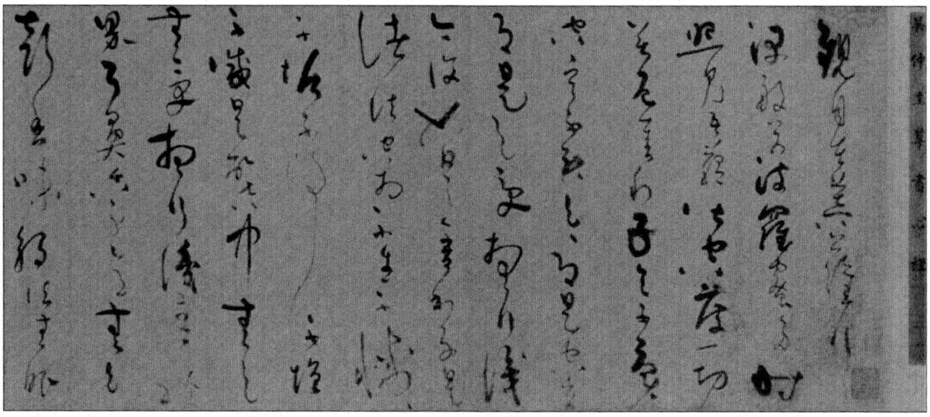

（尺幅：29.3cm×203cm）　選自：《中國法書全集》10

在整個元代書史上，承懷素一脈者寥寥可數。《草書心經卷》用筆連綿，帶燥方潤，頓挫間而具遒潤之質。卷後有清人楊守敬跋云：

> 此卷有石刻本，今望其為何人所鐫。余見仲圭畫，題識皆超妙絕倫，
> 不第此書抗行旭、素也。〔註79〕

評價甚高。從落款得知為六十歲書，當是其成熟期的精品代表。

吳鎮常於畫上以草書自題自跋，卻不准別人在畫上品題，與當時習尚大相逕庭。傳世繪畫作品如《中山圖》、《漁父圖》、《墨竹卷》（附圖十八）……等，皆可看到這種蕭散古淡的草書題識。《書史會要》稱「仲圭草書學辯光」，〔註80〕雖辯光之字不可見，窺其風格頗近懷素《聖母帖》、《苦筍帖》，可上探晉唐遺韻的書法淵源。吳鎮不受時人所重，董其昌在《容台集》中記述：

> 吳仲圭本與盛子昭比門而居，四方以金帛求子昭畫者甚眾；而仲圭
> 之門闃然，妻子頗笑之。仲圭曰二十年後不復爾，果如其言，盛雖
> 工，實有筆墨蹊徑，非若仲圭之蒼蒼莽莽有林風氣。〔註81〕

從這段軼事，可看出盛、吳二人在中國傳統品評地位的不同。從《漁父圖》中更展現不著一字盡得風流的理想。圖中自題「作漁父意」卻無漁具，僅見

〔註79〕 徐邦達，《古書畫過眼要錄·元明清書法》（紫禁城出版社，2006 年 2 月第一版），頁 263～264。

〔註80〕 馬宗霍，《書林藻鑑》（臺灣商務印書館，1982 年 5 月第二版），頁 279。

〔註81〕 董其昌，《容臺別集》（四）卷六（國立中央圖書館，1968 年 6 月初版），頁 38。

文人悠然坐於船首瀏覽風景。畫上題詩：

> 西風蕭蕭下木葉，江上青山愁萬
> 疊。常年悠優樂竿線，蓑笠幾番風
> 雨歇。漁童鼓枻忘西東，放歌蕩漾
> 蘆花風。玉壺聲長曲未終，舉頭明
> 月磨青銅。夜深船尾魚潑刺，雲散
> 天空焉水闊。〔註82〕

歷代以漁父作畫者眾，即使意蘊相近，表
現也有所不同。五代趙幹作《寒江獨釣
圖》，漁父形象樸拙眞實，引領文人寄情
煙水的理想典型。龔開《漁父圖》筆下漁
父是醉臥扁舟，隱身蘆蕩，憤懣之情，顯
露其中。吳鎮的《漁父圖》則是將文人的
人生操守寄託於煙水山嵐。不難窺見吳鎮
超逸出塵的士人意識，與古怪孤峭的隱士
性格。

　　直至明季，屠隆的《畫箋》、王世貞的
《藝苑卮言》和項元汴的《蕉窗九錄》等
論著中，皆將吳鎮列於「元四家」之列，
突顯吳鎮在中國書畫史上的地位。其草書
冠絕當代，更爲後世所效仿。

　　楊維楨（1296～1370），一作維禎，字
廉夫，號鐵崖、抱遺叟、抱遺老人、鐵笛
道人等，晚號東維子，浙江諸暨人。少時
其父楊宏爲促其用功，在鐵崖山築樓，繞
樓植梅萬株，聚書數萬卷，去其梯，以轆
轤傳食。楊維楨於樓中苦讀五年不下樓，
因以鐵崖爲號。善行草與楷書，傳世作品
如：《竹西草堂記》、《致理齋尺牘》、《沈生

附圖十八：吳鎮《墨竹卷》

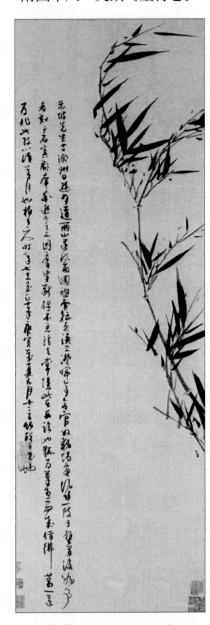

（尺幅：109cm×32.5cm）
選自：石頭出版股份有限公司
《隔江山色》

〔註82〕 高居翰，《隔江山色》（石頭出版股份有限公司，1994 年 8 月初版第一刷），頁
　　　　79。

樂府序》、《題鄒復雷春消息》、《真鏡庵募緣疏卷》、《周上卿墓誌銘》（附圖十九）《遊仙唱和詩冊》、……等。其書風真、行、草相互夾雜，時以章草波磔發出，結字欹正多變，長短參差，輕重起伏，字距常大於行距，縱橫奇崛，獨樹一幟。此種特質也表現在其他的藝術創作當中。他的詩歌，特別是古樂府，能將史事與現實相結合，鮮少延用古題，在語言形式上也獨創新聲，詩

附圖十九：楊維楨《周上卿墓誌銘》

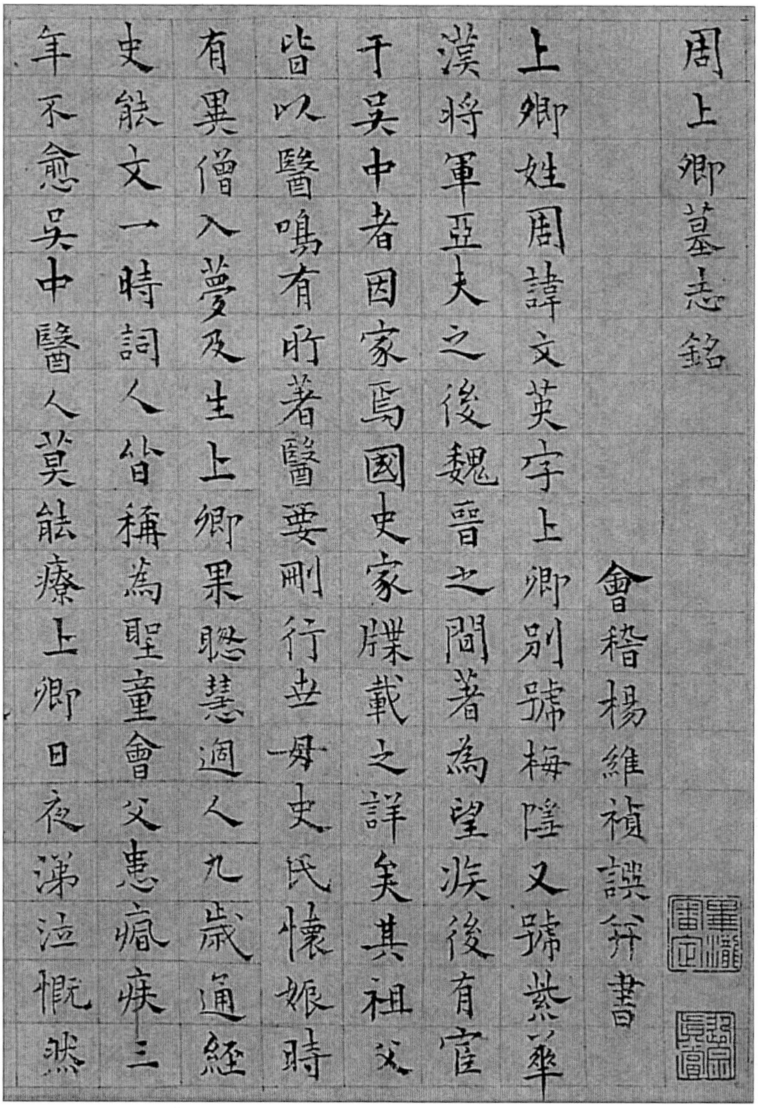

（尺幅：25.9cm×86.2cm）選自：榮寶齋《中國書法全集》

意奇詭，詞句瑰麗。〔註83〕因落戶雲間地區，常結社吟唱，與陸居仁、陶宗儀、曹善、宋克相交甚篤。鐵崖獨特的書法藝術風格，令觀者駭目驚心，其意卻讓人久久咀嚼，對後世提供了研究借鑑價值，此當是無可爭議的。

倪瓚（1306～1374），〔註84〕初名誕，字元鎮，一字玄瑛，號雲林子、雲林生。別署風月主人、蕭閑仙卿、幻霞生、滄浪漫士、荊蠻民、淨名居士等。後人多稱其爲「倪迂」、「迂翁」。與黃公望、吳鎮、王蒙齊名，並稱「元四家」，對明清影響甚大。

倪瓚家雄於資，自少不務家業。古鼎法書，名琴奇畫，陳列左右。爲人有潔癖，盥濯不離。〔註85〕。他在《述懷詩》中，記述了青年時代的理想與抱負：

> 嗟餘幼失怙，教養自大兄。勵志務爲學，守義思居貞。閉戶讀書史，
> 出門求友生。放筆作詞賦，覽時多論評。白眼視俗物，清言屈時英。
> 貴富烏足道？所思垂令名。〔註86〕

在生活優裕與教育背景下，造就了倪瓚清高孤傲，潔身自好的高逸性格，和儒家的入世理想迥異其趣。

二十三歲後，母、兄俱死，始出應門戶。未幾，值元統治崩潰前夕，農民起義氣勢蓬勃，加上官府逼租勒索與不擅治家；致使他從左鼎右書，弄翰玩墨於文人雅集的氛圍中，轉爲四處飄泊，粗衣惡食。在苦悶中，倪瓚選擇了遠離渾濁，飄然物外的隱居生活。《明史》記載：

> 至正初，海內無事，忽散其貲給親故，人鹹怪之。未幾兵興，富家
> 悉被禍，而瓚扁舟箬笠，往來震澤、三泖間，獨不罹禍。〔註87〕

〔註83〕 華寧，《書藝珍品賞析·楊維楨》（石頭出版股份有限公司，2006 年 9 月），頁30。

〔註84〕 關于倪瓚生年問題，人們歷來以周南老撰《墓誌銘》所記「洪武甲寅十一月十一日甲子，以疾卒，享年七十有四」爲准，推之爲（1301～1374）。近人據倪瓚詩文自述，斷其生年爲本年（1306～1374），享年六十有九。生年問題依倪瓚自述似更可靠，然《墓誌銘》中，疑點不止一處，所謂「娶蔣氏，先處士七年卒」，亦與倪瓚自述不一。據倪瓚《題寂照蔣君遺像序》，蔣氏卒於元順帝至正二十三年癸卯（1363），先倪瓚十一年卒。參見黃苗子、郝家林，《倪瓚年譜》（人名美術出版社，2009 年 8 月），頁3。

〔註85〕 張廷玉，《明史·列傳》卷二百九十八（中華書局出版社，2010 年第 9 次印刷），頁 7624。

〔註86〕 倪瓚，《清閟閣遺稿》〈述懷〉，收錄於（四庫全書本卷二），頁 12。

〔註87〕 張廷玉，《明史·列傳》二百九十八（中華書局出版社，2010 年第 9 次印刷），

明王朝建立後，苛捐雜稅沉重，倪瓚亦常被催繳稅賦，為此還曾入獄。明洪武七年（1374），倪瓚返回故里，在愴然漂泊中，結束了浪跡於「五湖三泖」的生活。

倪瓚一生並無書學論著，書法作品多在題畫、詩稿和題跋中表現出來，「筆簡墨淡」為山水畫的特徵。明代王世貞在《藝苑卮言》云：

> 高彥敬、倪元鎮、方方壺品之逸者也。……元鎮極簡雅，似嫩而蒼。[註88]

他作畫自謂「不過逸筆草草，不求形似，聊以自娛耳。」[註89] 對「逸」的追求也在書法中訴諸筆端。傳世作品如：《題陸繼善雙鉤蘭亭序》、《跋唐人臨右軍帖》、《贈袁寓齋書畫卷》、《題虞山林壑圖軸》、《致慎獨有道詩劄》、《江南春詞卷》、《述懷等四十七首詩冊》……。其書法由隸入筆，清淡雅逸，瘦勁剛毅，別具一格。徐渭云：

> 瓚書從隸入，輒在鍾繇薦紀直表中奪舍投胎，古而媚，密而疏。[註90]

倪瓚身處元末，書學思想亦如前輩高揚復古尚法，對二王的傾心，可說是日則臨之，夜則夢思。從《題陸繼善雙鉤蘭亭序》內文所言：

> 蘭亭繭紙固不可得見，苟非唐世臨摹之多，後之人寧復窺其彷彿哉！今觀陸玄素雙鉤一卷，筆意俱在，展玩不忍捨置也。[註91]

此應屬早年之作，書風清整秀雅，意在鍾、歐、褚之間。對二王的仰慕追索，溢於言表。在《跋唐人臨右軍帖》（附圖二十）此為五十八歲書，由隸入楷，橫畫末尾頓挫分明，行氣參差錯落，疏朗有致，其書風由清潤整齊轉為疏朗簡淡，真可謂古質而今妍。

按楚默於《倪雲林書風的分期及特徵》指出：

> 大體說來，倪雲林的書風可分二大時期，但風格具有相對的穩定性。一三五三年並不是絕對分界，中間有一個漫長的過渡期，倪雲

頁 7624～7625。

[註88] 王世貞，《藝苑卮言論畫》，《明代畫論》（湖南美術出版社，2002 年 11 月第一次印刷），頁 94～95。

[註89] 參見《元代書畫論·雲林論畫》（湖南美術出版社，2002 年 11 月第一次印刷），頁 429。

[註90] 馬宗霍，《書林藻鑑》（臺灣商務印書館，1982 年 5 月第二版），頁 278。

[註91] 劉正成，《中國書法全集·46》（北京：榮寶齋出版社，2000 年 12 月第一版），頁 181。

林書風的轉折定型，已是六十歲以後的事了。〔註92〕

《致慎獨有道詩劄》（附圖二十一）為突出代表之作，行筆悠然自得，骨架端莊，節奏明快，詩中對陳植抒發窮苦守節之志，與隱逸思想相應和。〔註93〕

附圖二十：

倪瓚《跋唐人臨右軍真跡冊》

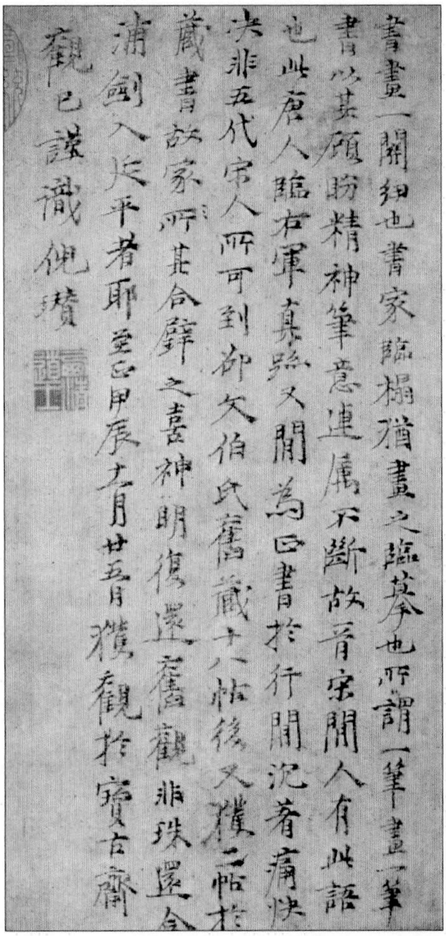

（尺幅：31.8cm×20.5cm）

取自：《歷代小楷名作精選・宋元卷》

附圖二十一：

倪瓚《致慎獨有道詩劄》

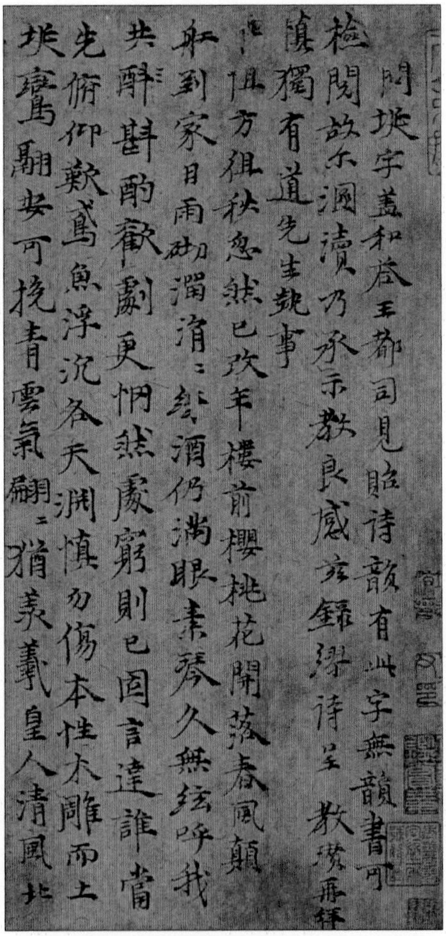

（尺幅：29.9cm×45.4cm）

取自：文物出版社《中國法書全集》

〔註92〕 楚默，《倪雲林書風的分期及特徵》，收錄於《中國書法全集・46》（北京：榮寶齋出版社，2000年12月第一版），頁24。

〔註93〕 本劄無紀年，慎獨，指元代畫家、詩人陳植，字叔方，號慎獨。吳人，生於一二九三年，卒於一三六二年。

　　倪瓚的書法爲其畫、詩所掩，在當時並不顯眾，所作書法主要見於題
畫、詩稿、跋文和少數單幅作品，其中又以小楷最爲後世所重視。文徵明
云：「人品高軼，其翰箚奕奕有晉宋風氣。」〔註94〕啓功認爲，倪瓚的審美價
值當在趙孟頫之上。於《論書絕句》：

> 雲林全法六朝，姿媚寓於僻澀之中；仲圭草法懷素，質樸見於圓熟
> 之外且倪不作草，吳不作眞，而豪情古韻，俱非松雪所得牢籠。……
> 柯、倪、吳俱以書筆作畫，亦以畫筆作書，其機趣之全同，亦松雪所
> 未能者。松雪雖有「須知書畫本來同」之句，顧其飛白木石，與書
> 格尚不能一，無論其他畫述，此亦書畫變遷中一大轉折處。〔註95〕

董其昌曾評趙書：「趙書因熟得俗態，吾書因生得秀色。」可謂一針見血直指
時弊。倪瓚一生崇尚高古，「熟」、「生」相間，正因其「熟」，得於雅致妍美，
更因其「生」，而有高逸之風。在他的山水畫裡也明顯體現「逸筆草草，天趣
自成」的繪畫思想，倪瓚死後，其書畫竟達到「江南人家以有無爲清濁」的
地步，足見影響之大。

第四節　承先啓後

　　誠如上訴，蒙古族進據中原，蒙漢矛盾，加上久廢科舉，士人飽受摧殘。
促使書法、繪畫、散曲、雜劇……得到發揚。元代前期的書法是以趙孟頫爲
中心，他出入魏晉漢唐，而兼有其妙。提倡復古，復歸傳統，力矯南宋文人
書法衰微的局面，引領書壇近五百年之楷模。一代宗工追隨效法者必眾，其
中成就昭昭者有鮮于樞、鄧文原、康里巎巎……等。

　　鮮于樞書法偏重於唐，其最勝者，推草書大字。筆力遒勁，氣勢豪縱。
在筆墨上濃淡分明，善用飛白，爲元明書風過渡之際，奠定格局。與趙孟頫
秀雅勁健，可謂各擅勝場。趙、鮮二人引領元代，開元明以來風尚處，人所
易知易見。

　　文宗朝，設奎章閣以利帝王萬機之暇，讀書遊藝之所，亦是昭代之盛典，
國家、社會撥亂反正，興隆文治之所需。奎章閣存在十二年不到時間裡，人
才薈萃，集上自公卿大夫，下逮山林閭巷布韋之士。如虞集、柯久思、揭傒

〔註94〕陳雨陽，《中國書法家全集・倪瓚》（河北教育出版社，2003 年 6 月第一版），
　　　　頁 148。
〔註95〕啓功，《論書絕句》（莊嚴出版社，1991 年 12 月第二版），頁 154。

斯、康里子山、周馳……等，引領時尚，在元代中葉的書壇，肩負著承上啓下的作用。奎章閣文人的雅正審美傾向，確立了元初以來所掀起的復古思潮，也影響了元末明初的文風趨向。

元明易代，文壇之首當推宋濂，宋濂與奎章閣文人淵源亦深，奎章閣文人以理學爲宗，以史學爲底，復古雅正的文風對明初影響足可見矣。針對宋濂本文於第五章第一節《臺閣體初起時期》有專文論述，在此不作贅述。

元末民變四起，韓山童起兵汝、穎，而舉國騷然。張士誠、徐壽輝、陳友諒、方國珍……皆爲地方豪雄。杭州許多文人書家爲躲避戰禍，相繼遷往吳地。加上天災頻仍，長期政策失當，士人貶值尤甚。或因感情隔閡不欲仕進，或因不得舉薦而不入仕進，或因欽慕古逸之士而拒絕入仕者，風化至此，一時避世隱逸蔚然成風。從精神上說，他們不再追求單純的「隱」，而是更高一層的「逸」。文人之間更是雅集頻頻，昆山顧瑛的「玉山草堂」，高啓爲首的「北郭雅集」亦十分活躍。他們辯理潔義或賡歌酬詩，可說是諸州之秀，萃於一鄉。這些雅集者多擅書畫，遂令元代晚期文學、書法、繪畫等文藝領域得以發展。

總體來看，這些隱士書家的書風，都個性突出，意態瑰奇，不落俗套。與趙孟頫、鮮于樞的崇古雅正及奎章閣書家的平和穩健，可謂大異其趣。形成了元代書法的另一面貌。

元代書法另一成就者乃是篆隸的復興。據陶宗儀《書史會要》所載，元代善篆隸者，計百人以上。尤其是隸書的成就，實爲宋元明三代之冠。六朝以降，文人書家慕效鍾、王，所謂古法，即眞、行、草之法，篆隸就此式微。元初吾丘衍以篆書獨步當代，吳叡、趙期頤、楊桓、周伯琦、杜本……等名士也均擅篆書或隸書。儘管古樸書風不復秦漢，但借鑒篆、隸寄託性情，躍然於書畫上，對明清書法發展與繪畫題跋產生極大的影響。

就書法風格發展，晉人尚韻，唐人尚法，宋人尚意，元人崇古尚晉唐之法。因而宋人批評唐人拘泥於法，元人又譏宋人未能「蹈道」。從元代的書畫理論著作中，說明元代書法的審美取向。舉凡如，《衍極》五卷，（鄭枃撰，劉有定注），內容廣泛，自倉頡作字之萌始、各種字體的發展、碑帖的眞僞、諸家優劣、執筆要領，無所不及。《書法考》八卷，（盛熙明撰），分別對字源、筆法、形式、印章押署……等多有論述。《翰林要訣》一卷，（陳繹曾撰），全書分十二章，以書寫技法爲主，在前人立論下摻以個人體會。其他還

有吾丘衍《學古編》、蘇霖《書法鉤玄》、劉惟志《字學新書摘抄》、李溥光《雪庵永字八法》……等著作，內容所涉多著墨於技法與古法的尊崇，反映出對宋代捨法逐意的時尚反動。

　　元人書法雖未能越度晉、唐、宋三朝，藝術思想的開拓卻不可輕視。書法觀念影響繪畫，以致文人畫大興。

第三章　明代前期書風

　　明代前期書風，是在趙孟頫擬古遺緒的基礎上揭開序幕的。帝王對書法的愛好與中書舍人一職，促成書法藝術的勃興；相對的，科舉制度與內閣的設置對書法賦予高度的實用性，也成爲藝術發展的障礙。至此，朝廷詔令、應制或民間應酬、題贈詩詞，無不詞氣安閒，雍容典雅。

　　在文學上，文人在漸趨安定的生活中思索新的文學走向，胡應麟《詩藪》云：「國初吳詩派昉高季迪，越詩派昉劉伯溫，閩詩派昉林子羽，嶺南詩派昉於孫蕡，江右詩派昉於劉崧子高，五家才力，咸是雄踞一方，先驅當代。」在政治現實下，其他四派很快成爲歷史的陳跡。惟存江西詩人，既無吳中文人詩酒風流的名士風度，亦缺少越派文人的顯赫聲名；卻因自甘淡泊、隱忍以行的處事方式，呈現出一種閒適淡雅和平醇厚的藝術風格，也促使臺閣體應運而生。他們與明初政治文化相契合，成爲明初文壇的主要力量。

　　在思想上，朱元璋在近臣解縉的建議下，開始排除雜書異說而旨在思想一統。在「家孔孟而戶程朱」的旗幟下，大規模編纂《五經大全》、《四書大全》、《性理大全》三部理學巨著，確立了程朱理學爲士大夫信仰的圭臬，進而將書法的法度與儒家的人品相結合，致使明初理學成爲政治權威原理和統治工具。

　　在人才選拔上，明朝科舉始於洪武三年（1370），因取士效果不盡理想，洪武六年一度停擺，至洪武十五年重新開設。洪武十七年，命禮部制定科舉成式，頒行各省，其後遂成定制。《明史‧選舉志》載：「選舉之法大略有四：

曰學校、曰科目、曰薦舉、曰銓選，學校以教育之。」〔註1〕並規定學子「每日習書二百餘字，以二王、智永、歐、虞、顏、柳諸帖爲法。」〔註2〕對書法發展啓了推促的作用。按統計，各地進士多分佈在浙江、江西、福建、南畿等地，〔註3〕他們不僅活躍於政治圈中，也左右著書風的嬗變。

在繪畫上，因帝王的政治考量，南宋院體畫順勢取代元代文人畫，浙派與院體成爲當時畫壇主流，戴進、吳偉與院體有著相同的傳統淵源；浙派畫家一反文人畫家重抒情而輕記事，他們師法南宋畫風，用筆粗簡放縱卻不失嚴謹，世俗化的審美取向受到宮廷、貴族、市民階層的普遍認可，可謂開一代新風，引領畫壇近百餘年。

在書法風格上，明初諸帝多雅好書法。成祖好文喜書，仁宗好摹蘭亭，宣宗則尤契草書，一時帖學大行，匯刻叢帖成風，書風妍美，幾越唐宋。大型叢帖均出自帝王之家。上行下效，帖學鼎盛。馬宗霍云：「故明人類能行草，雖絕不知名者，亦有可觀。」〔註4〕南宋末流之弊幾於中絕。至此，橫卷書寫已不能滿足書家創作，立軸大興，章法佈局迥異於前人。業師陳欽忠於《法書格式與時代書風之研究》云：

> 到了十四世紀中葉，也就是明代初年，題寫立軸風靡之時，立軸法
> 書的時代於焉開始。〔註5〕

今觀晚明書家無不縱筆取勢，超長巨幅充斥其間，當知明初書家爲此風掀起波瀾。

黃惇在《中國書法史·元明卷》中指出：

> 明代前期書家儘管有新潮文化政策的制約，但元末書家的影響仍不
> 能低估其中尤以康里子山、饒介、危素一脈陣容較強。……如果説朝

〔註1〕 張廷玉，《明史·志第四十五》卷六十九（中華書局出版社，2010年第9次印刷），頁1675。

〔註2〕 張廷玉，《明史·志第四十五》卷六十九（中華書局出版社，2010年第9次印刷），頁1677。

〔註3〕 「按筆者根據陳國生〈明代人物的地理分佈研究〉中對閣臣的籍貫分佈進行了統計，發現浙江、江西、江蘇三省的人數佔有絕對優勢；而總數164名閣臣中，僅7人非進士出身。……在明代各朝中，朝代愈後，進士在中央主要機構任職的比例就越高。」吳宣德，《明代進士的地理分佈》（香港中文大學，2009年），頁87。

〔註4〕 馬宗霍，《書林藻鑑》（臺灣商務印書館，1982年5月第二版），頁284。

〔註5〕 陳欽忠，《法書格式與時代書風之研究》（華正書局有限公司，1997年9月增訂一版），頁160。

代的更替也會促使一些書家嶄露頭角，則明初與元末的最初變化，一
是來自吳門的宋克，二是來自松江的陳璧和沈度兄弟，以至這兩個
地區的書法在整個明代的發展中都成爲至關重要的領域。〔註6〕

誠如上述，在環環相扣、互爲因果的歷史條件下，三宋、二沈、陳璧、解縉……
等成爲明初主盟壇坫，當之無愧。書體交替，遂成多軌發展。在陳陳相因之
下，臺閣體到仁、宣以後而流於空泛，實爲時勢所趨。

本文於第五章《臺閣體的興衰》有專文論述，本節謹列舉代表性書家，
庶幾管窺明初書法藝術的本質於萬一。

第一節　皇家新風

許慎《說文解字・序》曰：「蓋文字者，經藝之本，王政之始。前人所以
垂後，後人所以識古，故曰本立而道生，知天下之至賾而不可亂也。」〔註7〕
文字爲人類溝通的載體，小則起居言事，大則宇宙萬象，鋪陳吟詠，連貫古
今，可說是無所不備，故歷代統治者無不尊文重字。明代皇帝崇尚古制，深
信文字的王政作用，從而將書法藝事與經筵、帝制、政治緊密聯系，帝王的
好惡自然左右時風。明朝歷代帝王和外藩諸王大多雅好書法，其成就雖不足
以引領明代書法，卻達到推波助瀾的作用。

本文就洪武、永樂、仁宗、宣宗等傳世作品，一探朱明家族的審美取向，
對明初臺閣體書風的興衰極具參考價值。

一、明初草創

朱元璋（1328～1398），原名重八，後名興宗，字國瑞，參加紅巾軍後改
名元璋。其先世江蘇沛縣人，高祖時徙居句容（江蘇句容），祖父時徙往盱眙
（安徽盱眙），其父朱世珍（朱五四）時，家境更加貧困，於是又舉家遷往濠
州鍾離縣（今安徽鳳陽），遂開濠州鍾離朱氏一族。明立國後，濠州改名鳳陽，
濠州鍾離朱氏遂變成舉世聞名的鳳陽朱氏皇族。

明太祖鑒於元朝因制度簡陋，終難以長久，在《大明律》的基礎下屬行
建綱立紀，嚴猛治國。他深知世亂用武，世治用文；宋濂、高啓、朱升、陶

〔註6〕黃惇，《中國書法史・元明卷》（江蘇教育出版社，2002 年 11 月第一版），頁
　　　185～186。
〔註7〕許慎著、段玉裁注，《說文解字注》（上海書店，1992 年版），頁 763。

安……等，元末名士亦被收其麾下，也吸納了程朱理學的文治理念。在專制的統治下，士人思想意識由駁雜而趨於統一。

明太祖延襲前代舊制，盡收奎章閣、崇文閣秘書圖籍，建大本堂籍充其中。下旨攬畫家供奉於宮廷〔註8〕，大批著名畫家應召而來，促使宮廷書畫藝術得以發展。並將銓選制度與書法藝事相結合，有明一代書風熾盛與太祖諸多措施有著相當密切的關係。

明太祖以游丐草莽起事，不曾受教，初目不識書，其文學才識是藉由飽學之士的浸染和自身的不斷學習積累而來。《明史》載：

> 太祖軍滁，（范常）杖策謁軍門。太祖夙知其名，與語意合，留置幕
> 下，有疑輒問。〔註9〕

稱帝時閱群臣章奏，或執筆爲文以應付裕如。加上猜忌心特重，深文周納無所不至。自洪武八年（1375）開始，當肅殺之聲籠罩全國之時，文學名士與宮廷畫家也未能逃過此劫。宋濂因孫宋愼被名列胡黨，子宋璲亦被牽連處死。高啓、楊基、張羽、徐賁被稱爲「吳中四傑」均難逃太祖的毒手。至此，文人書家無不噤若寒蟬，放逸之風亦頓然衰歇。

明太祖透過自學對《道德經》、《洪範》等典章進行注疏，對書法也下過工夫，以行、草書見長。由於傳世書蹟均爲中晚年之作，歷來論及甚少，從早期所作〈不惹庵示僧〉詩：

> 殺盡江南百萬兵，腰間寶劍血憂腥。山僧不識英雄漢，只憑曉曉問
> 姓名〔註10〕。

立國後所作〈採石磯心秋月色〉七言律詩：

> 素月澄澄鬥轉移，銀河一派徹東西。風隨鼓角爭先應，鳥避旌旗不
> 敢啼。志若明蟾清絕釁，心同碧漢靜無私。雄師夜宿同英武，氣概
> 森森採石磯。〔註11〕

〔註8〕 按趙晶於《明代院畫體制考索》一文中提到：「明初對於宮廷畫家的管理並無統一的機構，畫家隸屬較爲分散。宮廷畫家主要隸屬幾個機構：一、是宮廷中的宦官機構，即史料中所說的『內府』。……二、是置中書省。……三、是置翰林院。」（榮寶齋，2010年05期），頁83。

〔註9〕 張廷玉，《明史·范常傳》卷一百三十五（中華書局出版社，2010年第9次印刷），頁3917。

〔註10〕 朱元璋撰，胡士萼點校，《明太祖集》卷二十（黃山書社，1991年11月第1版），頁469。

〔註11〕 朱元璋撰，胡士萼點校，《明太祖集》卷二十（黃山書社，1991年11月第1

與傳世作品：《吳王親筆手諭》、《制諭帖》，具歐陽詢《夢奠帖》神韻。康有為謂：「雄強無敵」，〔註12〕亦可窺其端倪。其他如《大軍帖》（附圖二十二）、《明總兵帖》、《論不必渡海帖》《論悉聽節制帖》……等，內容多與戰爭軍事有關。又如《大軍帖》，未署年款，是朱元璋寫給徐達、常遇春的一封信。信文通曉流暢，書法健拔瘦勁，得自然生動之趣，為所見太祖作品中之佳構。對研究明初軍事形勢和政治方略頗有參考價值。

附圖二十二：朱元璋《行書大軍帖頁》

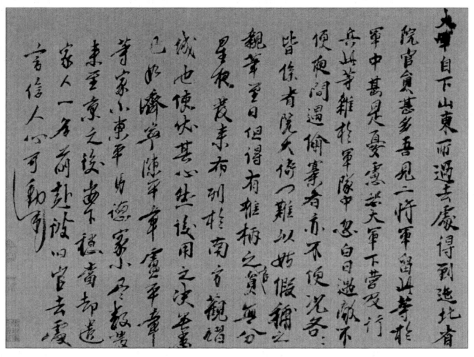

（尺幅：33.7cm×32cm）取自：文物出版社《中國法書全集》12

明太祖喜書法，經常將其墨蹟賞賜大臣，書史上多有論及。按文金祥《大明朱氏家族的書畫藝術》中云：

> 據神宗時內閣首輔申時行（1535～1614）言，至萬曆年間，太祖的御書仍有不少在經閣中，大概有七十六道。……今明太祖存世墨蹟，以收藏在臺北國立故宮博物院者為大宗，共七十四篇，稱為

版），頁 470。

〔註12〕馬宗霍，《書林藻鑑》（臺灣商務印書館，1982 年 5 月第二版），頁 285。

《明太祖御筆》，然絕大部分是「敕書」。〔註13〕

明太祖開國後，幾經思量定都南京，南京新造宮殿成，「嘗命儒臣書《洪範》，揭於御座之右……遂疏其旨，朝夕省覽。」〔註14〕「又命侍臣書《大學衍義》於西廡壁間，曰：「前代宮室多施繪畫，予用此以備朝夕觀覽，豈不逾於丹青乎？」〔註15〕朱元璋認為，以書法作為壁上裝飾更勝於繪畫，即項穆所謂：

> 帝王之典謨訓誥，聖賢之性道文章，皆託書傳，垂教萬載，所以明
> 彝倫而淑人心也。〔註16〕

將文字寄寓政治、教化與藝術，並賦予宣文載道的美學內涵，在當時的社會條件下，對文人的影響可以想見。

帝國初興，亟須培育人才入仕，明太祖在位三十一年，在政治、賦稅、教育、衛所等制度，都立下相當恢宏的規模，但太祖動輒族誅，以重典馭下，錦衣衛、廷杖、詔獄，均係太祖肆虐的工具，極為恐怖。洪武一朝的極權統治，使得明太祖成為中國歷史上最為專制獨裁的暴君。如此雙重性格，究其原因，實與其出身背景有關。他生於貧農之家，泰半都在戰爭與廝殺中度過，一旦做了皇帝，君臨天下，知識未達高雅層次，在峨冠博帶下，內心不免自慚形穢。面對眼前那些出身高貴、才高八斗的文臣，自然的面帶揶揄，心存譏訕。潛意識裡衝擊著高貴與卑賤兩種矛盾，也帶動他內心深處的詭譎狡詐。他手握天威，殘酷狠毒，任情殘殺、喜怒無常，用以彌補他潛意識中的缺憾與不足。種種因果造就其特殊人格，答案應不遠矣。

明成祖朱棣（1360～1424），明朝的第三任皇帝，朱元璋第四子。洪武三年（1370）封為燕王，洪武十三年就藩北平。明史說他：「王貌奇偉，美髭髯。智勇有大略，能推誠任人。」〔註17〕在藩期間奉旨出征漠北，屢建奇功，威名大振。朱元璋死後，皇太孫朱允炆即位，是為惠帝，鑒於太祖施政嚴酷，以禮樂教化取而代之，並著手改革，銳意削藩。朱棣在姚廣孝等人遊

〔註13〕文金祥，《皇家新風──大明朱氏家族的書畫藝術》（石頭出版股份有限公司，2011年2月初版），頁61～62。

〔註14〕余繼登，《典故紀聞》卷四（中華書局2011年11月第4次印刷），頁77。

〔註15〕余繼登，《典故紀聞》卷一（中華書局2011年11月第4次印刷），頁14。

〔註16〕項穆，《書法雅言》（江蘇美術出版社2008年1月第1版），頁85。

〔註17〕張廷玉，《明史‧本紀第五》卷五（中華書局出版社，2010年第9次印刷），頁69。

說下，以清君側爲名起兵，稱其師曰「靖難」，爲時四年，破京師，奪取帝位，大殺惠帝舊臣，改年號爲永樂。永樂十九年（1421）遷都北京，以南京爲留都。

　　成祖在位二十二年（1402～1424），勵精圖治，文治武功，可比漢唐。他就藩北平後，以兵不血刃地征服乃兒不花而聲名鵲起；靖難起兵後，出兵安南（越南北部），改安南爲交趾布政使司，遂成爲明朝的一省；並五入漠北，對蒙古興兵，恩威並重的瓦解瓦剌與韃靼的勢力。在第五次親征歸途中，病逝於榆木川（今內蒙古多倫），這是其武功。

　　在施政方面，其犖犖大者如：

　　（一）因循祖制，躬行節儉。尊崇儒學，開科取士，以招攬天下有才之士。會試每三年舉行一次，在新進仕人中選才資英敏者就學文淵閣，以備日後大用。〔註18〕

　　（二）知人善任，量其才高下而任之。故永樂朝出現許多能臣和名臣，如吏部尚書蹇義、戶部尚書夏原吉，及隨侍左右入文淵閣的「內閣七學士」，皆因成祖能用其所長，量才適用。

　　（三）鼓勵直言，擇善而從，使政情得以通達，即使有未盡善處也可以及時得到糾正。他曾對內閣學士解縉說：

> 敢爲之臣易求，敢言之臣難得。敢爲者強於己，敢言者強於君。所以王、魏之風世不多見。若使進言者無所畏，聽言者無所忤。天下何患不治？〔註19〕

儘管明成祖對臣下甚嚴，但臣下仍敢於直言朝政。這也是永樂年間政無壅蔽的一個重要原因。

　　（四）編纂《永樂大典》。成祖上位之初，深知不平之氣遍於海宇，以是廣泛地延攬儒生，攏絡知識份子。永樂元年（1403），命翰林侍讀學士解縉、文淵閣學士胡廣、國子監祭酒胡儼等負責其事，奉旨廣采經史子集百家之書，分類編輯，毋厭浩繁。書成，賜名《文獻大成》。但不久，成祖發現內容採擇不廣，遂諭命重修，由姚廣孝會同解縉總其事，動員文士二千餘人，於

〔註18〕永樂元年（1403）下令全國各地舉鄉試，二年（1404）舉行會試，成祖命解縉等選了曾棨（該科狀元）等二十八人，號稱二十八宿。有庶起士周忱自稱年少願學，請求加入，成祖「嘉其有志」，特准增加一名。周忱日後成爲永樂後期以至洪、宣之世的清官能臣，爲蘇州一帶的百姓所稱頌。

〔註19〕余繼登，《典故紀聞》卷六（中華書局，2011年11月第4次印刷），頁109。

永樂五年（1407）峻事，賜名《永樂大典》。

　　《永樂大典》全書二萬二千八百七十七卷，另有凡例、目錄六十卷，一萬一千九十五冊，約三億七千萬字。其書每冊高一尺六寸，闊九寸五分，每頁八行，每行大字十五字，小字則爲三十字。〔註20〕全書所採古書達七、八千種，可謂收羅宏富，前所未有，也關係著「臺閣書法」的發展。

　　永樂以後，國勢昇平，統治者留意於翰墨，並詔求四方擅書者入宮，書寫制誥。爲迎合上意，一種有別於「三宋」〔註21〕時期的書風逐漸形成，要求字體方正、光潔、均勻、美觀。人們將其稱之爲「臺閣體」。它標誌著符合皇家審美理想的新型文風，與臺閣文學遙相呼應；本文將於第五章專文論述，在此不多贅述。

　　《永樂大典》的編纂，促成民間書籍傳抄與小楷的風行。明成祖要求，「凡公文詔書，必求楷字精工」；而平常的科舉考試及朝中的館閣行文，也都以小楷書之。加上民間大規模的抄書舉動，無疑對書寫水準的提升與小楷的風行，也起了一定的推動作用。

　　永樂初，曾下詔廣徵天下擅書者，儲翰林，給廩祿，命其專門繕寫詔令、文書……等。對於書法有專長的人，授以中書舍人的崇高官位。《明史・職官志》曰：

　　　　其直兩殿兩房舍入，不必有部選，自甲科、監生、生儒、布衣能書者俱可爲之。〔註22〕

也就是說，置於兩房、兩殿的中書舍人，只重能書而不論出身。按張金榮《明代書學銓選制度研究》一文，就永樂朝工於楷書入仕者羅列如下：

表二　明永樂朝工書法入仕一覽表

姓　名	入　官　途　徑	資料來源
沈　度	太宗徵善書者，試而官之。最喜雲間「二沈」學士，尤重度書，每稱曰：「我朝王羲之。」	焦竑《玉堂叢語》
金　問	永樂間，以能書薦授司經局正字。	朱謀垔《續書史會要》
劉　良	素之子，亦以能書薦修《宣廟實錄》。	劉思敬《存征續集》

〔註20〕 呂世朋，《明代史》（國立空中大學，2004 年 12 月初版），頁 77。

〔註21〕 「三宋」指的是宋克（1327～1387 年）、宋璲（1344～1380 年）、宋廣（生卒年不詳），後另立篇幅，在此不多作贅述。

〔註22〕 張廷玉，《明史》卷七十四（中華書局出版社，2010 年第 9 次印刷），頁 1809。

晶大年	篤意古文及晉、唐詩，書法歐陽、趙松雪，皆臻其妙，由是名動縉紳，用薦起為仁和訓導，滿六載升仁和教諭。	王直《抑庵文集》
張　誠	以善書入太學，太宗見而異之，授監察御史。	王汝訓《東昌府志》
臧　性	以能書徵入秘閣，繕寫《永樂大典》。	張時徹《寧波府志》
周　冕	字服卿，鄞人。玩心字學，凡秦漢碑刻、晉唐法書，必探其精妙。永樂中，以能書與修《永樂大典》，除正字，遷右春坊。	張時徹《寧波府志》
梁　礦	以楷書纂修《永樂大典》，授大興知縣。	符衍《溧陽志》
沈　琪 彭　戢 潘　吉	（並）善楷書，舉修《永樂大典》。琪擢戶部主事；戢授樂安丞，升知衡山；吉為中書舍人。	秦夔《無錫志》
陸　琮	能詩，書法遒美，永樂初徵書誥敕。	潘檉章《松陵文獻》
夏宗文	善真、草、隸書，名重於時，預修《永樂大典》，授廣平主簿，有惠政。	顧清《松江志》
趙　楷	精字學，永樂中以楷書除廣西都昌縣縣丞。	錢肅樂《太倉州志》
方　正	由楷書任工部主事，終福建左布政。	朱鏞《廬州府志》
陳　鐸	巢縣人，以楷書任給事中。	朱鏞《廬州府志》
茹　洪	永樂中以楷書薦，詔入都，名重公卿間。	秦夔《無錫志》
胡宗敏	永樂十六年，以楷書徵赴文淵閣。宣德九年，除泰安知州。	秦夔《無錫志》
李　勝	以楷書薦，預修《永樂大典》。已而中鄉舉，授無為州判官。	劉繼善《南平縣志》
江　得	永樂五年，以楷書充貢，官至按察司僉事。	《池州府志》
王　賓	永樂六年，以楷書被徵，授中書舍人。	《海寧縣志》
許　性	善楷書。永樂六年，與王賓同被徵，授贛州府同知，遷刑部郎中。	《海寧縣志》
張　頤	永樂五年，以楷書生員，選授禮部郎中，轉刑部。	《杭州志》
宣嗣宗	永樂三年，詔郡縣舉楷書士。彥祁既命，從中書舍人書誥敕。無幾，簡從事。翰林諸學士皆重之，宣德初為吏部、員外郎。	楊士奇《東裡續集》
朱孔暘	永樂初，以能書被選，累官順天府丞。	顧清《松江志》
朱　銓	族兄孔暘以楷書鳴世，銓從之遊，得鍾、王筆法。太宗選寫金字經，入翰林，終刑部侍郎。	《江寧縣志》
王公亮	以能書舉，任吏科給事中。永樂初，擢四川右布政，調廣東。	顧清《松江志》

柴　仲	永樂中，以楷書舉，仕至參議。	《衢州府志》
沈　潤	永樂六年，應楷書例入監，任監察御史。	《武義縣志》
趙　遠	永樂中，以楷書授臨朐縣丞，遷禮部主事，擢河間知府。	方鵬《昆山志》
龐　敘	永樂初，詔郡縣舉善書士隸兩制，書敕誥，又簡其尤者十數人從學士於內閣，明敘與焉，除中書舍人。洪熙初，爲禮部儀制郎中。	楊士奇《東裡續集》
陳　敏	永樂中以能書徵，除知茂州，升四川參政。	顧清《松江志》
伊　恒	永樂中以善書召侍東宮。洪熙初，與修撰金問同被待詔闕前，進符璽少卿。	王圻《續文獻通考》
程南雲	永樂間以能書徵，修《永樂大典》。書工篆、隸、眞、草，爲時所尚。正統初，曾奉命書《長陵碑》。官至南京太常卿。	雷禮《列卿記》

（選自《明代書學銓選制度研究》〈楷書制度的實施〉）〔註23〕

　　由列表可知，宮廷書家以松江、蘇州兩地書家爲多。至此，北方書家似乎銷聲匿跡。究其根本，松江地區爲殷庶之地，海納百川、兼收並蓄的開闊胸襟，是奠定此地文化繁盛的基石。楊美莉於《明代前期的書法》指出：

> 早在元代趙孟頫居於此地時，其文化水準已比其他地區高。趙孟頫之後，這一地區根植松雪書體的傳統，這一傳統爲此一地區的書家所秉承發揚，明前期的宋仲溫、沈民則、沈民望，即是這一塊土地所栽培出來的碩果。他們都執著地繼承這一傳統，使這一傳統，逐漸地衍變成爲明前期書壇的主流。因此，來自這一個地區的書家自然會受到各方的重視，而大量湧入宮廷書家之林。〔註24〕

這一現象不只反映在宮廷書家之籍貫上，在野的書家亦然。

　　明成祖異常喜好書法，尤喜二王書法，羅洪先云：

> 成祖好文喜書，書甚奇絕，凡有寵眷出特恩，必親賜御書。〔註25〕

並複選中書舍人二十八位專習羲獻書，又出秘府所藏古代名人法帖，供內廷書家學習。楊士奇《東里文集》載：

> 褚遂良所臨王羲之《蘭亭禊帖》，永樂八年，上在春宮，得墨本，命

〔註23〕 張金榮，《明代書學銓選制度研究》（上海文藝出版社 2008 年 1 月），頁 33～36。

〔註24〕 楊美莉，《中國五千年文物集刊》（中華五千年文物集刊編輯委員會，1986 年 11 月），頁 285。

〔註25〕 馬宗霍，《書林藻鑑》（臺灣商務印書館，1982 年 5 月第二版），頁 285。

工刻石。時大臣及近臣侍監國者各賜摹本。〔註26〕

褚摹《蘭亭》（附圖二十三）的入宮，無疑為宮廷善書者提供了學習的方便。
不僅於此，成祖仿唐太宗朝弘文館摹拓及宋太宗朝淳化閣摹刻前賢書蹟的方
法，由朝廷擇本遂行摹刻。「上有好者，下必甚焉。」一時帖學大興，刻帖之
風尤甚於往昔。

附圖二十三：《褚模王羲之蘭亭序帖》

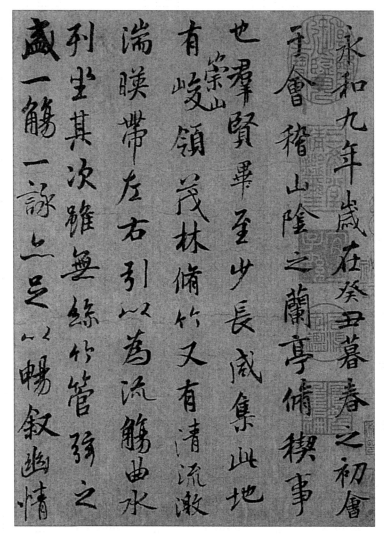

（尺幅：24cm×88.5cm）選自：二玄社《中國書法選》15

〔註26〕楊士奇，《東里文集》（中華書局，1998年1月），頁165～166。

如《東書堂集古法帖》，該套叢帖爲周憲王朱有燉於永樂十四年（1416）臨摹上石，以淳化閣帖爲主，參以《秘閣續帖》及宋、元人書，按時代先後編次，爲明代第一部有影響力的刻帖。如《寶賢堂集古法帖》，弘治九年由晉莊王朱鍾鉉之子奇源，命王進、楊光溥、胡漢、楊文卿選集；宋灝、劉瑀摹勒上石。此帖以《淳化閣帖》、《絳帖》、《大觀帖》、《寶晉齋法帖》爲主，彙集宋、元及少量明代墨跡，頗有可觀。

大型叢帖的摹刻需耗費巨資，單靠此途徑亦滿足不了社會上對名帖範本的需求，民間刻帖逐成燎原之勢，如《眞賞齋帖》、《停雲館帖》、《來禽館法帖》、《戲鴻堂法書》、《清鑑堂帖》、《餘清齋帖》、《鬱岡齋墨妙》、《渤海藏眞帖》……等亦有可觀。無疑的，明代書法藝苑中得到極大的發展。

成祖時期，臺閣體書法進入了鼎盛階段，在豐碑巨石間雖未能產生顏、柳、歐、趙式的典型，然相較而言，明代小楷的成就不容忽視。蓋因明人崇重法帖，而小楷又多用於公牘，致使小楷書家輩出。諸如楊莖、楊士奇、魏驥、姜立綱……等人，筆端多變而不失規矩，豈能以「然館閣之體，以庸爲工，亦但宜簪筆干祿耳。」一言以蔽之？

二、仁宣致治

永樂二十二年（1424 年）七月，朱棣去世，太子朱高熾即位，是爲明仁宗，次年改元洪熙。朱高熾在位僅十個月，洪熙元年（1425 年）五月去世，太子朱瞻基（1399～1435）即位，是爲明宣宗，次年改元宣德。父子兩代，在位僅短短十一年，卻是明代歷史的重要轉折點，古應泰評價其時代特色，謂：「明有仁宣，猶周有成、康，漢有文景，庶幾三代之風焉。」〔註27〕從明朝建國到洪熙、宣德年間已歷六十年，如何上承洪、永兩朝開創局面，下啓明代治平之象，是時代賦予仁、宣兩帝的任務。本文就此時期一探「寬仁政策」下的文治成果，與對明初書風的影響。

明仁宗高熾（1378～1425），成祖朱棣的長子，爲朱明皇室的第三代，洪武二十八年（1395）被冊封爲燕王世子。永樂二年（1404），被正式冊立爲皇太子。永樂二十二年（1424）即位。

明成祖遷都北京、五征漠北、郡縣交趾、鄭和下西洋等，功績赫赫煌煌，

〔註27〕谷應泰，《明史紀事本末》（四）卷二十九（臺灣商務印書館印行，1968 年），頁 68。

超邁前古；相對的，在大量人力和物力的支撐下，民苦賦役，十室九空。據明史載：

> 比年師出無功，軍馬儲蓄十喪八九，災青迭作，內外俱疲。〔註28〕

永樂後期，國庫逐漸虧空，於是要求改革朝政呼聲迭起。在此形勢下承祚帝位的朱高熾，便採取一系列的寬仁政策。

其首先實施者，即爲停止修造下番海船。按鄭和出使遠航，目的在耀兵異域，宣揚國威，然勞民傷財亦屬事實。仁宗有多年攝政經驗，深知財政匱乏之窘境，毅然停罷造船，節省公帑以舒民困。

次則重用儒臣，舉賢選吏、採納諫言，以明辨得失。《典故紀聞》載：

> 仁宗即位後，賜蹇義、楊士奇、楊榮、金幼孜「繩愆糾謬」圖書，諭之曰：「卿等皆國家蒙舊，又事朕於春宮，練達老成。今朕嗣位，軍國之務重，須卿等協心贊輔。凡政實事有闕，或羣臣言之而朕未從，或卿等言之朕有不從，悉用此印密疏以聞，期毋憚於再三言之。」〔註29〕

此時，楊士奇等諸大臣，即承擔了御史等言官的職責，將其所見所聞加以判斷，並通過疏義奏於皇帝。

再則提高閣權，寬緩刑罰，減免賦稅，罷一切擾民之務。內閣制度形成於永樂朝，朱棣曾對解縉等閣臣說：「代言之司，機密所繫，且旦夕侍朕，裨益不在尚書下也。」〔註30〕仁宗即位後，閣臣由正五品大學士加官至尚書、侍郎，並授予公孤之銜。復設三公、三孤官，以公、侯伯、尚書兼之。對永樂朝時保儲有功的文臣依賴甚殷，楊溥、黃淮、金幼孜相繼入閣；夏原吉、蹇義於永樂朝身繫囹圄，仁宣時，二人重新啓用，委寄優隆。地位甚至超越武將。仁宗謂刑部、都察院曰：

> 朕於刑法，未嘗敢以喜怒增損，卿等鞫獄之際，亦當虛心聽察，量其情實，有罪不可倖免，無罪不可濫刑。持法明信，則人有所畏而不敢犯，若不明其情而任己輕重，或迎合朕意使人含冤抱恨者，朕之所惡，卿等其以爲戒。卿等皆國大臣，非獨自己當存矜獄之心，

〔註28〕張廷玉，《明史》卷一百四十九（中華書局出版社，2010 年第 9 次印刷），頁4153。

〔註29〕余繼登，《典故紀聞》卷八（中華書局 2011 年 11 月第 4 次印刷），頁 140。

〔註30〕張廷玉，《明史》卷一百四十七（中華書局出版社，2010 年第 9 次印刷），頁4120～4121。

如朕一時過於嫉惡，處法失中，卿等更須執正，毋以乖迕爲慮，朕
不難於從善也。〔註31〕

爲緩和階級矛盾，明仁宗多次下寬恤之令，實行賑災蠲免。曾詔有司：「條政
令之不便民者以聞，凡被災不即請賑者，罪之。」〔註32〕明史載：

洪熙元年（1425），夏四月壬寅，帝聞山東及淮、徐民乏食，有司徵
夏稅方急，乃御西角門詔大學士楊士奇草詔，免今年夏稅及秋糧之
半。士奇言：「上恩至矣，但須戶、工二部預聞。」帝曰：「救民之
窮當如救焚拯溺，不可遲疑。有司慮國用不足，必持不決之意。」
趣命中官具楮筆，令士奇就門樓書詔。帝覽畢，即用璽付外行之。
〔註33〕

一系列的寬仁政策，充分體現天子不獨斷，內閣無偏重之勢，六部大臣協力
相資。正是有了這樣的統治核心，「仁宣致治」的局面才得以出現。可惜壯志
未酬，仁宗在位僅十個月，即疾病駕崩，然百政俱舉，斐然可觀。

　　朱高熾受過完備的皇家文化教育，又受過先輩的教誨和影響，文學上推
崇「臺閣體」，有些作品即是「臺閣體」的代表作。繪畫方面崇尚自然，書法
則師法二王。按北京故宮博物院所藏兩幅行書《敕諭》，是其執政時期所書。
書云（附圖二十四）：

敕吏部黃淮陞少保，戶部尚書、學士如故；楊士奇前官如故，陞兵
部尚書；金幼孜亦前官如故，陞禮部尚書；俱支三俸，給授誥命。
已故少詹事鄒濟、贊善（徐善）述贈太子少保，賜諡授誥命。南京
六部等衙門，應得誥命者，俱與在京官同。古樸陞南京戶部尚書，
蔚綬南京禮部尚書，湯宗南京大理卿，故敕。洪熙元年（1425）正
月五日。〔註34〕

成祖遷都北京後，南京是謂「留都」。此帖內容涉及當朝的人事任命，交代楊
士奇等留都南京六部任職官員的品級與待遇問題。其二，書云（附圖二十
五）：

〔註31〕余繼登，《典故紀聞》卷八（中華書局 2011 年 11 月第 4 次印刷），頁 145。
〔註32〕張廷玉，《明史・本紀第八》卷八（中華書局出版社，2010 年第 9 次印刷），
　　　　頁 110。
〔註33〕張廷玉，《明史・本紀第八》卷八（中華書局出版社，2010 年第 9 次印刷），
　　　　頁 112。
〔註34〕傅紅展，《明代宮廷書畫珍賞》（紫禁城出版社，2009 年 5 月），頁 32。

敕吏部太傅黔國公誥命，作急撰寫，十六日一同頒給，不可有悞，

卿其知之。朱（畫押）正月五日。〔註35〕

此為仁宗寫給沐晟〔註36〕的《敕諭》，從內容上看，是為六部行政長官兼大學
士的文官內閣執政體制之初，內閣制度臻於完備。

附圖二十四：朱高熾《敕諭》　　　附圖二十五：朱高熾《敕諭》

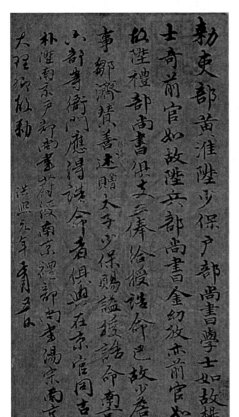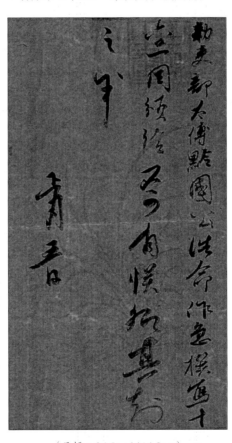

（尺幅：26.5cm×14.8cm）　　　　（尺幅：26.5cm×14.8cm）
選自：紫禁城出版社《明代宮廷書畫珍藏》　選自：紫禁城出版社《明代宮廷書畫珍藏》

〔註35〕傅紅展，《明代宮廷書畫珍賞》（紫禁城出版社，2009年5月），頁33。

〔註36〕黔國公沐晟（1368～1438），字景茂，鳳陽定遠人。西平侯沐英之子，歷官後
軍左都督。洪武三十一年九月（1398）嗣西平侯爵。永樂三年（1405），安南
叛亂，征南有功晉封為黔國公。戰功累累，歷事太祖、惠帝、成祖、仁宗、
宣宗、英宗六朝。正統三年（1438），麓川再次叛亂，沐晟與胞弟沐昂、都督
方政會兵平亂。因受伏擊，沐晟引兵策退，到楚雄（今雲南省楚雄市）時病
亡，贈定遠王，謚忠敬。

　　仁宗二則親筆《敕諭》，有極為珍貴的史料與藝術的雙重價值，書風受當時臺閣書家影響，行筆圓潤，一點一畫皆以《蘭亭》為法，且造詣匪淺。

　　《書史會要》載：

> 仁宗萬機之暇，留意翰墨，嘗《蘭亭帖》賜沈度，意法神韻，唐之太宗不能過也。〔註37〕

顧起元云：

> 御書之美，乾文奎畫，落在人間，榮光異氣，真有輝山川而賁草木者。〔註38〕

董其昌云：

> 帝書得虞永興李北海之致。〔註39〕

身為皇室朱氏一族，明仁宗高熾改弦易轍，與民休息，力求社會安定的守成治世，為後繼者的統治政策奠定基礎。正因如此，《明史》贊曰：「在位一載，用人行政，善不勝書。使天假之年，涵濡休養，德化之盛，豈不與文、景比隆哉。」〔註40〕史書之詞，溢美尤甚，但仁宗朝政治、經濟、文化得以發展，在寬仁政策下可謂別具深意。

　　明宣宗朱瞻基（1399～1435），仁宗（朱高熾）長子，成祖（朱棣）長孫。永樂九年（1411）朱瞻基被立為皇太孫，常隨朱棣左右，隨同北征，撫軍歷政，講論治道。種種經歷，對他即位後實施合乎時宜的政策，大有裨益。洪熙元年（1425）五月，仁宗突然病危，溘然長逝。朱瞻基即位時年方二十八，承仁宗餘緒，得前朝舊臣輔佐，上守祖訓，下軫民瘼。在位十年期間，採取了偃兵息民，安養生息，慎用刑律，整飭吏治的治國策略，社會經濟開始恢復繁榮，促進明王朝走向鼎盛時期。

　　在用人方面，宣宗知人善用，招賢若渴。積極籠絡前朝大臣，一掃洪武、永樂朝動輒得咎的君臣緊張關係，平反受冤大臣並重新授職，委以重任。三楊、蹇義、夏原吉、黃淮等人相繼入閣。蹇義簡重善謀，楊榮明達有為，楊士奇博古守正，而夏元吉含弘善斷。他們參與國家政務決策，齊心協力，精誠合作，明君良臣政見投合，以致宣德時政清民和。

〔註37〕馬宗霍，《書林藻鑑》（臺灣商務印書館，1982年5月第二版），頁285～286。
〔註38〕馬宗霍，《書林藻鑑》（臺灣商務印書館，1982年5月第二版），頁286。
〔註39〕馬宗霍，《書林藻鑑》（臺灣商務印書館，1982年5月第二版），頁286。
〔註40〕張廷玉，《明史·本紀第八》卷八（中華書局出版社，2010年第9次印刷），頁112。

　　體恤民情，愛惜民力，確立「恤政」、「寬民」的法制方針。宣宗認為，為國之道，農事最急。在位期間頒佈了許多重農養民政策，獎勵開荒、實行屯田和興修水利等休養生息政策外，又制定了一系列有利於農業發展的法令，如賑濟民荒、蠲免租稅等。為充盈國庫，宣宗又實行了一系列適時的措施，這些措施包括：縮減皇室開支，停止大規模營建與採辦。以贖代罰，增加國庫收入。設鈔關，擴大稅收，打破了洪武時只徵商稅不徵船稅的舊例。置巡撫官，考察民情，每逢災荒、盜賊等突發性事件，中央就派京官到事發地進行調查、慰問。使經濟、刑法、行政得以相互配合。宣宗朝，倉廩充羨，百姓安業，幾於小康。《典故紀聞》載：

> 宣宗諭六部都察院曰：國以民為本，民安則國安。朕君主天下，孜孜夙夜，以安民為心，顧國家用度有不得已取於民者，朕猶倦倦軫恤民艱。比聞中外奸弊紛然，嗟怨盈路，皆由爾等不體朕心。凡朝廷科買一物，輒差數人促辦，所差之人，又各有亡賴十數為之鷹犬，百倍科徵，民被箠楚，不勝其毒。百分之一歸官，餘皆入於私室，人之困苦，罔索訴告。爾等非不知之，蓋實縱其所為，風憲耳目，非不聞之，亦略不糾舉，此豈仁人君子之心哉？自今當洗心悔過，以革前弊，朝廷有緊切重務，慎選廉公官員催辦，不急之事，悉不許差人。假公營私，擾吾良民，違者罪之。〔註41〕

明宣宗主張治國要謹守祖宗成法，在當政的十年中，政治上對三楊和蹇、夏等人依賴甚殷，但他並未超越祖訓，同步提高宦官權勢，即由內閣通過「票擬」來提出對各種奏章的處理意見，再由皇帝決策批行，稱「批紅」。由於奏章繁多，數本由御筆親批，其餘皆交秉筆太監照內閣票擬字樣，用朱筆批行；行成了內閣與司禮監共同輔政的局面，卻也成為日後宦官專權可乘之機。

　　自古文武之道，各隨其時，明宣宗深諳其理，把文藝視為反映治亂興衰的工具。在海內晏安，大體穩定的情況下，他積極推行右文崇儒政策。不僅於此，亦是一位詩、書、畫成就很高的皇帝。在萬機之暇，他留心翰墨與臣僚論詩作賦。基於政治需要，明宣宗和其祖一樣，崇尚雅正，喜典實，忌浮華的宮廷文學來潤色鴻業，頌揚帝國氣象，禮讚國政清平。這些都折射出他雍容平和的帝王心境。現存《大明宣宗皇帝御制集》四十四卷觀之，緝其詩作約一千餘首，綜覽其詩，內容豐富，題材廣泛，單就題畫詩約有一百三十

〔註41〕余繼登，《典故紀聞》卷九（中華書局，2011 年 11 月第 4 次印刷），頁 166。

餘首。代表作有《題胡騎圖》、《題歲寒圖》、《題伯牙鼓琴圖》、《題漢高祖斬蛇圖》、《題裴將軍射虎圖》《題陶母待賓圖》、《題豳風圖》、《題廬山圖》、《題平沙落雁圖》……等。所賞之畫，不外是明君良將或名媛賢士及山水花鳥等，詩歌內容別有用意，如《典故紀聞》載：

> 宣宗燕閒，閱內庫書畫，得元趙孟順所繪豳風圖，因賦長詩一章，召翰林詞臣，示之曰：豳詩周公陳後稷公劉致王業之由，與民事早晚之宜，以告成王，使知稼穡艱難。萬世人君，皆當鑒此。朕愛斯圖，為賦詩，欲揭於便殿之壁，朝夕在目，有所儆勵，爾其書於圖之右。〔註42〕

此詩內容今已亡佚，但從明宣宗所作詩歌時常出於帝業因素，雖乏詩味，以史為鑒，卻也饒富真情。

宣宗雅好詩文，尤擅繪事。他以古為師，藉由宮中收藏的古人繪畫精品，擴展其視野。同時，透過觀賞和揣摩當時宮廷畫師作品來提高自己的繪畫技巧。山水、花果、人物、草蟲翎毛，精妙絕倫，無所不能。從傳世作品可見一斑：

《松蔭蓮浦圖》卷，款署：「宣德二年五月御筆賜趙王。」〔註43〕此卷分兩段，分別畫松石與殘荷，筆法細膩，設色清雅，頗有詩意。〔註44〕

《武侯高臥圖》（附圖二十六）卷，款署：「宣德戊申御筆戲寫，賜平江伯陳瑄。」〔註45〕此幅是朱瞻基創作的一幅人物畫，描繪諸葛亮輔助劉備之前隱居南陽的形象。修竹叢下，諸葛亮袒胸露懷，頭枕書匣，躺臥草地，神態安逸。整幅構圖飽滿，人物用「釘頭鼠尾」描法，線條洗練流暢；背景畫竹林一片，筆墨瀟灑，顯示出相當的繪畫技巧。〔註46〕

《壽星圖》卷（附圖二十七），款署：「御筆戲寫壽星圖，賜少保太子少傅兼戶部尚書夏原吉。」〔註47〕圖中壽星身矮頭長，額頭高聳，鬚髮盡白，

〔註42〕 余繼登，《典故紀聞》卷九（中華書局，2011年11月第4次印刷），頁180。
〔註43〕 趙王朱高燧（1383～1431），為成祖第三子，皇后徐氏所生，永樂二年（1404）封趙王，是宣宗朱瞻基的親叔父。
〔註44〕 傅紅展，《明代宮廷書畫珍賞》（紫禁城出版社，2009年5月），頁110。
〔註45〕 陳瑄（1365～1433），字彥純，安徽人，掌管漕運水利多年，政績卓著。至宣宗朝，他已六十有餘，宣宗賜畫給他的目的是激勵他效法前賢，為國鞠躬盡瘁。
〔註46〕 傅紅展，《明代宮廷書畫珍賞》（紫禁城出版社，2009年5月），頁114。
〔註47〕 夏原吉，（1366～1430），字維喆，明代名臣、文學家。自洪武年間入朝為官，

著寬衣大袍。人物形象誇張，生動有趣。衣紋線條粗獷洗練，用筆瀟灑，濃墨、淡墨相間，繼承了文人寫意畫的傳統。〔註48〕

附圖二十六：朱瞻基《武侯高臥圖》局部

（尺幅：27.7cm×40.5cm）選自：《明代宮廷書畫珍藏》

附圖二十七：朱瞻基《壽星圖》

（尺幅：29.3cm×35.6cm）選自：紫禁城出版社《明代宮廷書畫珍藏》

歷經太祖、建文帝、成祖、仁宗、宣宗，是宣宗倚重的內閣大臣。
〔註48〕 傅紅展，《明代宮廷書畫珍賞》（紫禁城出版社，2009年5月），頁118。

　　宣宗將諸多御制翰墨頒賜臣工，或以褒獎、激勵，其目的在藉題意講道論治，維護統治政權。從宣宗繪畫作品來看，筆墨靈活多變，格調清新優雅。畫風上承宋代院體，卻不失元人意蘊。錢謙益云：「宣宗萬機之暇，遊藝於翰墨，點染寫生遂與宣和爭勝。」〔註49〕此語雖有虛誇，卻能說明宣宗對畫的潛心研摹與極力提倡，正因如此，宣德畫院盛況得已出現。

　　時三楊、蹇、夏諸賢輔政，除給皇帝出謀劃策、制誥制敕外，君臣間還經常一起作詩唱和。明諸帝皆好文喜書，宣宗爲諸帝之佼佼者，以行、楷最具特色。初學顏清臣，而略帶沈度姿態。宣宗常以御制詩歌賜之。君臣之間的密切交往，必然對宣宗的書法有重要的影響。和而平，溫而厚，怒而不傷的臺閣體氣度也左右著宣宗審美趨向，體現了一種典雅婉麗的皇家氣象。從傳世作品可窺其端倪：

　　《一枝花曲》一冊九頁，爲宣宗二十九歲書，後副頁黃道周書贊，徐邦達評曰：「此曲書法挺勁，似學柳公權一派。」〔註50〕

　　《上林多暖詩》此幅是宣宗三十二歲賜予人臣程南雲〔註51〕之作，行書六言詩：「蓬島雪融瓊液，瑤池水泛冰漸；曉日初照東閣，梅花開遍南枝。」此書用筆寬和流利，結體婉媚娟秀，字體跌宕飛揚，有輕裘緩帶之風，是宣宗書法中的精品。《藝苑卮言》云：

　　　　宣宗書出沈華亭兄弟，而能於圓熟之外，以遒勁發之。〔註52〕

《行書新春詩翰》卷（附圖二十八），宣宗三十歲書作。全卷由〈御制新春詩〉、〈御制中秋詩〉、〈御制喜雪詩〉、〈御制喜普應樟禪師至〉四首七言詩組成。此卷用筆洗練灑脫，雖師法沈度亦呈自然之趣。朱謀垔在《續書史會要》評曰：

　　　　宣宗書行雲流水，風動筆端，眞天藻也。〔註53〕

徐邦達云：

　　　　近李北海，紙墨相發，神采奕奕，亦稱一合也。〔註54〕

〔註49〕錢謙益，《列朝詩集小傳》（上海古籍出版社，1983年10月新1版），頁3。
〔註50〕徐邦達，《古書畫過眼要錄・元明清書法》（貳）（紫禁城出版社，2006年2月第一版），頁748。
〔註51〕程南雲號清軒，江西南城人，永樂間以能書徵，預修永樂大典，累官太常卿。善詩文書法，喜畫梅竹，尤精篆隸，爲時所尚。
〔註52〕馬宗霍，《書林藻鑑》（臺灣商務印書館，1982年5月第二版），頁286。
〔註53〕馬宗霍，《書林藻鑑》（臺灣商務印書館，1982年5月第二版），頁286。
〔註54〕徐邦達，《古書畫過眼要錄・元明清書法》（貳）（紫禁城出版社，2006年2

附圖二十八：朱瞻基《行書新春詩翰》局部

（尺幅：32.4cm×793cm）選自：紫禁城出版社《古書畫過眼要錄》六

在師法同代書家同時，宣宗亦揣摩內府所藏大量古代書作，在《草書賜程南雲郎序》云：

朕幾務之餘，遊心載籍，及遍觀古人翰墨，有契於懷。〔註55〕

月第一版），頁749。

〔註55〕（清）紀昀等編纂，收錄於《景印文淵閣四庫全書》第1459冊（台灣商務印書館，1983年初版），頁180。

尤其是王羲之翰墨，宣宗酷愛尤甚。觀摩玩賞間頗有感悟。曾對王羲之書法大爲讚賞：

> 虎臥龍跳筆勢雄，後來臨寫竟誰工。秋蛇春蚓紛紛出，俯仰人間思不窮。〔註56〕

曾遊於蘭亭時作詩一首《蘭亭懷古》：

> 右軍瀟灑在山陰，爲想當年感慨深；峻嶺崇山春浩浩，茂林修竹晝沉沉。流觴曲水專名勝，傳世遺文亙古今；晉代衣冠成寂寞，今人誰復繼徽音。〔註57〕

由此可見，宣宗視右軍爲書法正脈，影響足可見矣。

仁宣時期，統治職能和制度趨於完備，在天下清平，朝無失政下，文學、繪畫、書法得以發展。在位期間，一反北宋院體獨尊的現象，徵召大批江浙擅於南宋院體畫風名家入宮，風靡天下，遂爲主流；與潤色鴻業，黼黻至治的臺閣詩文，及工整精細，婉麗飄逸的書法相呼應，堪稱明初文化表徵。作爲一位盛世之君，他恤農敏政，兼有武功，非宋徽宗所能比。由於從小受到良好的藝術薰陶和教育，書法、繪畫、寫詩、填詞、撰文、鑑賞等皆具特色，不失雍容入度。明姜紹書《無聲詩史》記載：「宣德天藻飛翔，雅尚詞翰，尤精於繪事，凡山水人物花竹翎毛，無不臻妙。」〔註58〕畫院此時達到隆盛，人才輩出，許多畫家假以武官職銜，領取薪俸，受內府衙門管轄，爲藝術創作提供良好的條件。士人享有思想及言論自由，故盛行講學、集會、結社之風。他們以文會友，品題人物、批評時政、構成一種門戶之見。

從歷史上看，周代有「成康之治」，漢代有「文景之治」，唐代有「貞觀之治」，諸多王朝皆歷經開創、整頓、昇平、衰敝等過程，「仁宣之治」也不例外。在天下殷實，宇內昇平之時，其背後也隱含危機。由於宣宗縱情享樂，沉溺於犬馬色聲之中，派宦官四處搜羅珍奇玩好，助長了宮廷的奢靡之風，更使宦官監臨民事，爲後來宦官專權埋下禍根。風俗由盛而衰，以致成化以後，多臺閣詩文與書法之作，妍媚至極，愈久愈敝，陳陳相因，遂至繁緩冗沓，當洞照其弊矣。

〔註56〕 明宣宗，《大明宣宗皇帝御製集》卷四十二觀羲之法帖，收錄於《四庫全書存目叢書集部二十四》（上海古籍出版社，2003年），頁253。

〔註57〕 明宣宗，《大明宣宗皇帝御製集》卷三十五《鵝》，收錄於《四庫全書存目叢書集部二十四》（上海古籍出版社，2003年），頁219。

〔註58〕 姜紹書，《無聲詩史》卷一（上海人民美術出版社，1963年），頁1。

第二節 三宋與陳璧

　　明初書法秉承元代復古風尚，師法魏晉鍾王幾於爛熟，次則小楷振興，在當時掀起一波狂潮。小楷在歷代書跡中不甚彰顯，乃條件使然。明萬曆吳廷所刻《餘清齋帖》中，米芾自跋：「臣伏蒙聖恩，如黃庭經寫千字文。臣自幼便學顏行，至於小楷，了不留意，三年前題跋古帖，猶尚可觀，造化密移，目加昏眊，每欲重改，兩筆如鉤，既懼違大威，遂勉碣於小道，內懷悚懼，差誤愈多。仰祈天度，曲加寬貸。臣芾惶懼震恐謹上。」〔註59〕道出小楷不為時人所重的無奈。

　　元末明初之際，唯鍾王法是尚，一變趙字平淡閒雅之趣，而以結體嚴密，秀整端慎之風行世。期間人稱「三宋」者，指宋克、宋廣、宋璲，最為馳聲。與之聲名相埒者，又以陳璧最為時人所重。特宋克一脈，傳於雲間，至永樂、宣德間，經二沈之發揚，遂為主流，使此派楷法，成為臺閣體書體的典型。至此，一個引領時代的書風儼然成形。

一、筆墨精妙，章草第一——宋克

　　宋克（1327～1387），字仲溫，別號南宮生。長洲（今江蘇吳縣）人。少年博涉圖書，家素厚藏，為人豪爽坦率，有辯才。壯年時期，見天下大亂，自樹功業，學武求志，遂有遠遊之志，以氣節聞名天下。由於未能得志，闔門在家，寄情於書畫之中。《明史・文苑傳》描述他：

> 　　（宋克）偉軀幹，博涉書史。少任俠，好學劍走馬，家素饒，結客飲博。迨壯，謝酒徒，學兵法，周流無所遇，益以氣自豪。張士誠欲羅致之，不就。性亢直，與人議論其必勝，援古切今，人莫能難也。杜門染翰，日費十紙，遂以善書名天下。〔註60〕

因家居長洲北郭，與徐賁、高遜志、唐肅、余堯臣、張羽、呂敏、陳則皆卜居相近，號「北郭十友」。「北郭十友」皆擅詩文。高啟天才高逸，發纖穠於簡古，追求唐宋漢魏之風，王行詩格清剛駿爽，與高啟相當。他們與宋克來往密切，唱酬甚多。深受楊維楨、倪瓚所賞識。〔註61〕。元代後期，

〔註59〕 吳廷彙刻，《餘清齋法帖》（安徽美術出版社，1992年10月），頁131～132。
〔註60〕 張廷玉，《明史》卷二百八十五（中華書局出版社，2010年第9次印刷），頁7307。
〔註61〕 朱天曙，《宋克書法研究》（南京藝術學院學位論文，2003年4月），頁8。

楊維楨徙居松江地區，以詩文主盟東南文壇，而倪雲林更是散盡家財，浮游於五湖三泖；隱逸出塵的意識影響著這一地區士人，也影響著宋克的審美趨向。

宋克懷有大志，卻因兵閥割據，抑鬱難伸。錢謙益《列朝詩集小傳》云：「國初徵爲侍書，初爲鳳翔府同知」〔註62〕。鳳翔位於陝西的西部，地僻人窮，同知之位亦屬正五品，是較低的官職，其後的蹤跡不得而知，也未見他載，亦無作品傳世。晚年只有《急就章》長卷留下，這種境遇，實爲士人悲劇的縮影。

在北郭諸友中，宋克最富書名。都穆云：「書法師鍾元常，後竟以是妙絕天下。」〔註63〕至正二十七年（1367）六月，張士誠據吳門一帶，徐達炮攻蘇州城，士誠勢蹙，命女婿潘元紹臨戰兵敗，其家中七姬駢死守節，一日同盡。八月，潘元紹命張雨撰文壯其事，宋克書丹，盧熊篆蓋。三位書生，迫於無奈，豈敢爲抗，立《七姬權厝志》於七姬墓。啓功《論書絕句》評曰：

> 張宋諸賢，當時之鉅子，元紹殺妾後，尚有暇爲此，而三賢執筆，
> 莫敢或違。其視七姬之駢頸就縊相去僅一息之有無耳。文人生丁亂
> 世，不得不就人刳豢，及其棧廄易主，終不能自獲令終，若張宋諸
> 人，復見脅於於皇寺僧以死，其尤可哀者矣。〔註64〕

文徵明跋云：

> 僞周（張士誠）據吳日，開賢舘以致天下豪傑，故海內文章技能之
> 士悉萃於吳。其陪臣潘元紹以國戚元勳，位重宰相，雖酗酒嗜殺，
> 而特能禮下文士，故此石出於倉卒之際，而一時文章書字，皆極天
> 下之選。〔註65〕

雖各有褒貶，卻說明宋克書法在吳中極受推崇的事實。

《七姬權厝志》是宋克四十一歲時所書，原石久佚，今人所見爲重刻拓本。書風寬扁疏朗，純樸古質，提按變化自然，不失蘊藉，兼得鍾、王之妙。楊慎云：

〔註62〕 錢謙益，《列朝詩集小傳》（上海古典文學出版社，1957年5月），頁60。

〔註63〕 馬宗霍，《書林藻鑑》（臺灣商務印書館，1982年5月第二版），頁289。

〔註64〕 啓功，《論書絕句》（莊嚴出版社，1991年12月第2版），頁162。

〔註65〕 周道振輯校，《文徵明集》卷第二十一《題七姬權厝志後》（上海：上海古籍
出版社，1987年），頁525。

國朝眞行書，當以克爲第一，所書七姬帖，眞冠絕也。〔註66〕

王世貞云：

> 《七姬誌銘》，爲尋陽張羽撰，東吳宋克書。文既近古，而書復典
> 雅，有元常遺意，足稱二絕。第其事大奇而不情，楊用修跋可謂得
> 其隱，眞漢廷老吏也。〔註67〕

明初小楷秉承元代復古風尙，多師法趙氏，層層相襲，書風趨於婉媚秀麗，幾於爛熟。

宋克善小楷，取法鍾、王、吳興之筆意，得其典雅，追求古質。從傳世《錄子昂蘭亭十三跋》中窺知仲溫清勁秀雅，雍容不迫的面貌，婉媚之中更顯骨力，在趙氏書風籠罩下求古出新。吳寬於《跋宋仲溫墨跡》云：

> 書出魏晉，深得鍾王之法，故筆墨精妙，而風度翩翩可愛，或者反
> 以纖巧病之，可謂知書者乎？〔註68〕

筆者以爲，明初小楷大行，當歸功於宋克、宋璲等人；他們將趙字平淡閒雅的悠舒之趣轉爲圓潤端勁的優美風格，經「二沈」後出轉精，遂成「臺閣書體」的典型，是爲難能。他唯鍾王書是尙，不主故常，非株守一格者可比。若以「纖巧」之病論宋克之小楷，實非公允之辭。

然章草始於西漢中晚期，在古隸的快寫中發展而來，再經書家的美化，至東漢蔚然成風。唐宋時期，楷行兩體盛行，章草一體絕罕爲之，杳然無聞。直至元代，復古思潮籠罩朝野，章草得以復興，趙孟頫、鮮于樞、鄧文原、康里巎巎、俞和、饒介等，在不同程度上皆有涉獵。趙孟頫臨寫皇象《急就章》，去粗率方稜，變樸拙爲靈動，開風氣之先。康里巎巎承襲趙孟頫書風，影響了元代後期書家，饒介和危素得以繼承。饒介晚年與宋克多有交往，宋克正是通過饒介繼承了康里巎巎的筆法，並參以己意和古趣，形成新的風格。解縉云：

> 子山在南台時，臨川危太樸、饒介之得其傳授，而太樸以教宋璲仲
> 珩，杜環叔循、詹希元孟舉。孟舉少，親受業子山之門。介之以教
> 宋克仲溫。〔註69〕

〔註66〕馬宗霍，《書林藻鑑》（臺灣商務印書館，1982年5月第二版），頁289。
〔註67〕王世貞，《弇州山人題跋》（浙江人民美術出版社，2012年7月第一版），頁391。
〔註68〕馬宗霍，《書林藻鑑》（臺灣商務印書館，1982年5月第二版），頁289。
〔註69〕解縉等撰，《春雨雜述》，收錄於《明人書學論著》（世界書局股份有限公司），頁5。

從趙孟頫到宋克的章草發展脈絡，在書家相互挹注下，其書風也發生了微妙的變化。黃惇《中國書法史·元明卷》中提到：

> 如果說趙氏是元代復甦章草的第一人，宋克則可謂是這種復甦以後將章草寫得最好的一位。〔註70〕

宋克章草古拙雄健，俊秀峭拔，深得魏晉古意。傳世作品：故宮博物院藏本《急就章》〔註71〕（附圖三十二）堪稱傑出之作。此卷與皇象《急就章》（附圖二十九）相比，風格迥然有別，宋克用筆圓熟流利，變圓厚古拙為挺拔瘦勁，波磔凝重，結構拉長，一反皇象的「隸意」特徵，表現出雋秀雄健的風格。王世貞《藝苑厄言》稱宋克：「章草是當家，健筆縱橫，差少含蓄。」若與趙孟頫（附圖三十）、鄧文原所書的《急就章》（附圖三十一）相比，宋克則是借行草筆意融入章草當中，使作品更加恣肆豐富。如王世懋云：

附圖二十九： 皇象《急就章》	附圖三十： 趙孟頫《急就章》	附圖三十一： 鄧文原《急就章》
選自：西泠印社 《明搨松江本》	選自：榮寶齋 《中國書法全集》43	選自：文物出版社 《中國法書全集》12

〔註70〕 黃惇，《中國書法史·元明卷》（江蘇教育出版社，2002年11月第一次印刷），頁192。

〔註71〕 按宋克臨寫《急就章》之墨蹟本，現存有三本：一、故宮博物院藏本寬20.3釐米，長342.5釐米，洪武三年（1370）所作，時宋克四十四歲。二、天津藝術博物館藏本，寬13.8釐米，長232.7釐米，洪武二十年（1387）年所作，時宋克六十一歲，此年宋克卒。三、北京市文物局藏本，寬38釐米，長44.8釐米，書寫時間不詳。

附圖三十二：宋克《急就章》局部

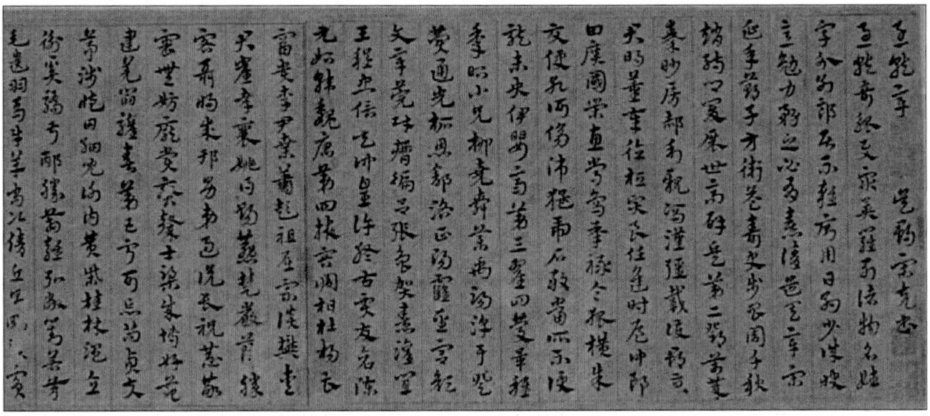

（尺幅：13.8cm×232.7cm）選自：石頭出版社《書藝珍品賞析──宋克、沈度、沈粲》

　　仲溫在勝國時，以書名雲間，其源出章草，後二沈揚波雲間，士人
　　比比學之，至錢原博輩濫觴，幾以仲溫爲惡箚祖，此世人不多見宋
　　書，從其末流論也。〔註72〕

堪稱一語中的，章草書法至此不得不變，宋克書風所標榜意在古雅，他將其
章草之長與今草、狂草的用筆與結體融合，另闢蹊徑，可謂善繼者。可從傳
世作品：《草書唐人歌卷》、《五言古詩卷》、《杜甫壯遊詩卷》等，一窺宋克的
傳承與轉變。

　　《草書唐人歌卷》（附圖三十三），爲宋克三十四歲時的作品，款署：「至
正二十年（1360）三月，余訪雲間友人徐彥明，盤桓甚久。彥明以卷索書，
爲錄唐人歌以復之。然燈下醉餘，恣意塗抹，醜惡頓露，胡能逃識者之指
目哉。東吳宋克識。」現藏於上海博物館。整卷以今草爲主，偶有章草夾
雜，行筆間深得鍾王之法，謀篇佈局帶有元人草書特徵，酣暢淋漓，跌宕
有致。

　　《五言古詩卷》，未署年款，根據書風判斷，應是早年的作品，時間當與
《草書唐人歌卷》相近。通篇草法中夾雜章草筆意，用筆內斂含蓄，與晚年
迅疾豪放顯然不同。

　　《杜甫壯遊詩卷》，是宋克草書一代表作，明中葉書家商輅（1414～1486）
在卷後評論：

〔註72〕馬宗霍，《書林藻鑑》（臺灣商務印書館，1982年5月第二版），頁288～289。

附圖三十三：宋克《草書唐人歌卷》局部

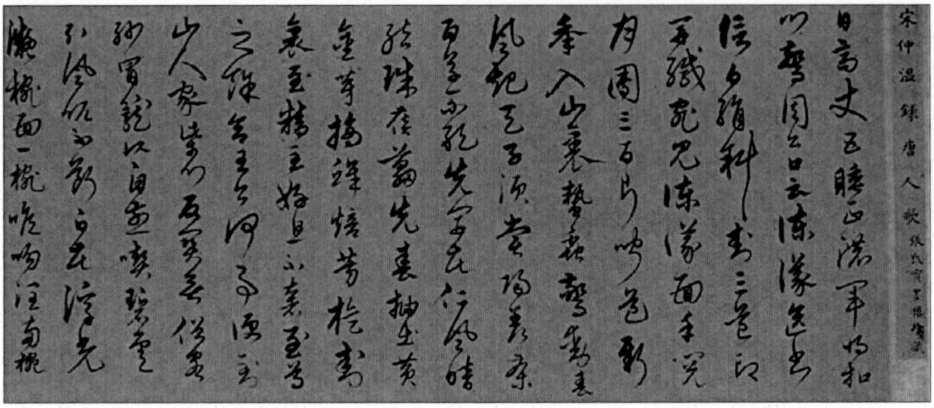

尺幅 49.9cm×27.5cm；選自：《中國法書全集》12

宋克字仲溫。生當元季。？及國初。其書鞭駕鐘王，驅挺顏、柳。瑩淨若洗，勁力若削，春蚓縈前，秋蛇縮後。遠視之，勢欲飛動，即其近，忽不知運筆之有神，而妙不可測也。我朝英宗御極時，宸翰之暇，偶見其書，笑曰「仲溫得人，而書法若此，真當代之羲之也。」其見重若此，嗚呼！自開闢以來，書法之神妙，為晉羲之一人，羲之之後。能繼其高風者，余亦曰仲溫一人而已。得是卷宜珍藏焉。淳安商輅跋。〔註73〕

商輅此論，點出了宋克草書「瑩淨」、「勁力」、「勢欲飛動」的特徵。可說是集懷素的連綿和康里子山的縱橫奇崛之勢，摻揉章草，獨樹一幟，自成一格。

祝允明《書述》中，對元以來至明初書壇有如下評論：

> 吳興獨振國手，遍友歷代，歸宿晉唐，良是獨步，然亦不免奴書之眩。自列門閫亦為盡善小累，固盡美矣。饒（介）、周（伯琦）之屬，且亦可觀。二宋在國初，故當最勝，昌裔（宋廣）熟媚，猶亞於克。〔註74〕

祝允明所言甚是，既肯定了趙孟頫書法上的地位，又客觀地指出陳疴。饒介為宋克之師，上承康里之風，故能得祝允明推重。祝允明狂草豪放不羈，存晉

〔註73〕 徐邦達，《古書畫過眼要錄・元明清書法》（貳）（紫禁城出版社，2006 年 2 月第一版），頁 623。

〔註74〕 祝允明，《書述》，收錄於《明清書法論文選》（上海：上海書店，1995 年），頁 74。

唐法度。綜觀明代草書，以宋克、祝允明、徐渭三家草書氣勢最豪放。在格式上，宋克以長卷爲主；祝允明則長卷、冊頁、立軸皆有；徐渭則多爲立軸。此種格式上的轉化代表著書法從「案頭品玩」轉變到「壁上觀賞」〔註75〕，雖各具面貌，但可說是一脈相承。

　　明初書與宋克齊名者，尙有宋廣、宋璲，並稱三宋。在當時享有書名，但皆及身而止，又流傳作品甚稀，未見其影響。

二、章法起伏，跌宕生姿——宋廣

　　宋廣（生卒年不詳），字昌裔，號菊水外史、東海漁者、桐柏山人等。河南南陽人，一作唐縣人（今河南泌陽）。曾任沔陽同知。明史《文苑傳》稱其：「善草書，與克稱二宋。」〔註76〕《書史會要》：「廣草書宗張旭、懷素，章草入神。」〔註77〕從傳世作品：《李白月夜獨酌詩》，詩錄唐代李白《月下獨酌四首》之二，通篇行筆如天驥奔行，頗得唐代張旭、懷素之勢。《大觀錄》卷九評曰：「牙色研花箋。有荷花蘆草，精妙如繪。高三尺。闊一尺一寸。草書青蓮詩，筆勢颯爽，墨采欲滴。可供品玩也。」〔註78〕《墨緣匯觀》法書卷下：「行筆清勁，字大寸半。」〔註79〕

　　《虞集贈柯九思風入松詞》（附圖三十四），《風入松》又名《遠山橫》，詞牌名。此首詞是元人虞集贈與柯九思，並收錄《道園學古錄》中。爲宋廣送給友人陸德修，書於洪武十二年己未（1379）。筆法瘦勁流暢，章法起伏，跌宕生姿。郭芳忠於《明代書法風格研究》評曰：

　　　　《風入松詞》是一件耐人尋味的行書作品。筆致瘦勁道逸，章法參
　　　　差錯落，通篇縱橫起伏，神采飛揚，給人以強烈的藝術感染力。在
　　　　運筆方面，中鋒、偏鋒兼用，使字的線條時粗時細，忽輕忽重，富
　　　　有節奏感。儘管其字字運筆十分流暢，但細察其筆畫，皆有抑揚頓
　　　　挫，一波三折之。同時線條柔韌而剛勁，流走老練，曲處取直入圓

〔註75〕　朱天曙，《宋克書法研究》（南京藝術學院學位論文，2003年4月），頁30。
〔註76〕　張廷玉，《明史》卷二百八十五（中華書局出版社，2010年第9次印刷），頁7331。
〔註77〕　馬宗霍，《書林藻鑑》（臺灣商務印書館，1982年5月第二版），頁290。
〔註78〕　徐邦達，《古書畫過眼要錄・元明清書法》（貳）（紫禁城出版社，2006年2月第一版），頁633。
〔註79〕　徐邦達，《古書畫過眼要錄・元明清書法》（貳）（紫禁城出版社，2006年2月第一版），頁633。

更方，雖數字相連屬，卻字字分清，筆筆合法。結體字字大小不一，
疏密有致以穩靜取勝，表現了動中寓靜的境界。章法佈白方面，體
現了正與側，俯與仰，疏與密等辯證關係。〔註80〕

此草書作前後呼應連貫，絕無懈怠之筆，令人稱道，堪稱草書代表作。

《草書七絕詩軸》（附圖三十五），此書運筆流暢自然，點畫縱橫開合，
剛柔相濟，意在狂素顛旭之間。款下鈐「宋廣印」、「宋昌裔」白文二印。左
側裱邊有清寶熙題跋一則。

附圖三十四：宋廣　　　　　　　　　附圖三十五：
《虞集贈柯九思風入松詞》　　　　宋廣《草書七絕詩軸》

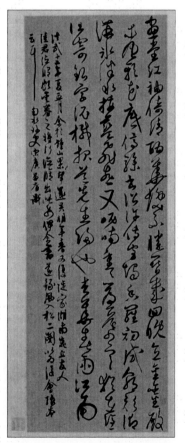 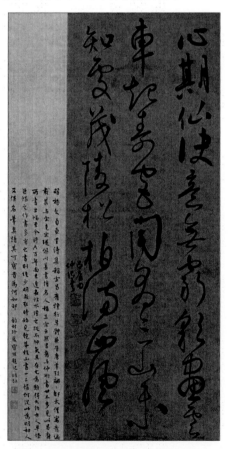

（尺幅：101.7cm×33.7cm）　　　　（尺幅：68cm×25.9cm）
選自：文物出版社《中國法書全集》12　選自：文物出版社《中國法書全集》12

〔註80〕郭芳忠，《明代書法風格研究》（汶采有限公司，2000 年 5 月），頁 45。

　　古人論及草書，貴在於點畫爲性情，始轉爲形質。世以「旭肥素瘦」擬爲一家，又不失此法；宋廣得其旭、素三昧，有別於宋克及明初雲間地區文人，以魏晉是尚，可見宋廣與江南文人書家相涉不多，歷來評價褒貶不一。都穆云：

> 廣與宋克、宋璲俱以善書擅名，人稱三宋，然評者謂廣書較之二宋不逮，以其筆之連續不斷非古法也。」〔註81〕

楊士奇云：

> 昌裔擅二行草，體兼晉唐，筆勢翩翩，乃大有造詣。〔註82〕。

宋廣筆法勁健流暢，行筆連綿不斷，嚴格說，宋廣草書並非全是連綿草體，很多是獨字成章，因草法嫻熟，令觀者如走龍蛇。馬宗霍《書林藻鑑》云：「廣但解今草，以率爲狂，韻薄氣粗，宜又在二宋下矣。」〔註83〕雅與俗作爲品評褒貶，實難歸類。業師陳欽忠先生於《書法雅俗二題》一文題到：「雅書的末流，不免趨俗，俗之不已，再生新雅之書，循環往復，爲千古常理。」〔註84〕在帖學熾盛的感染下，宋廣下筆自負入神，而帶有狂猖，自然有別於元代以來典雅的晉人風韻，對當時書風增添不少新意，令人有耳目一新之感。

三、小篆精工，國朝第一──宋璲

　　宋璲（1344～1380年），字仲珩，浙江浦江人（今浙江浦江縣），宋濂次子，洪武九年（1376），以濂故，召爲官中書舍人，其兄子愼，亦爲儀禮序班。祖孫三代同列朝班，爲一時佳話。宋愼因涉及胡惟庸案，而連坐宋璲。璲被殺時僅三十七歲。

　　宋璲承家學，各體兼備，書法受父親宋濂點染，循聲名相埒；尤擅草、篆。明何喬遠《名山藏》：

> 璲，字仲珩。初學嶧子山草書，而篆師於張有講、宋子秀、吳志淳、孫子林、朱孟辨。及見危素，乃令師王獻之行草，而篆法以李斯爲宗。嘗見梁朝草堂法師墓篆，及吳天璽中皇篆書三段石刻，觀之，至

〔註81〕馬宗霍，《書林藻鑑》（臺灣商務印書館，1982年5月第二版），頁289。
〔註82〕馬宗霍，《書林藻鑑》（臺灣商務印書館，1982年5月第二版），頁289。
〔註83〕馬宗霍，《書林藻鑑》（臺灣商務印書館，1982年5月第二版），頁284。
〔註84〕詳見國立中興大學中文系：《第五屆通俗文學與雅正文學全國學術研討會論文集》（台中：國立中興大學中文系，2004年），頁3。

忘寢食，遂悟筆法，絕出流輩。小篆之工，爲國朝第一。〔註85〕

方孝孺《遜志齋集》也說：

> 金華宋君仲珩，病古學之不振，學大、小篆匪二李不師，其用心甚
> 久，故所作駸駸眞。〔註86〕

明初崇尚古制，各方面皆以稽古定制爲宗，文字亦然。明人認爲，自古以來，文人賢哲，字皆古體，不能詳辨，莫測其文，使世人對篆書更加敬重。《明史‧選舉志》中明載，銓選官員以善篆書者爲選擇條件之一，如藤用亨、陳登、黃銓、宋璲……等，皆因擅篆書而入翰林或中書舍人一職，其中又以宋璲最爲馳名。解縉云：「小篆之工，國朝第一。」〔註87〕璲小篆當時評價甚高，可惜眞跡難覓，難以評說。

附圖三十六：
宋璲《致岳翁劄》局部

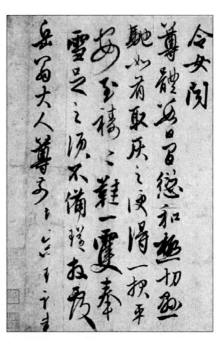

選自：榮寶齋《中國書法全集》

行書方面，傳世作品《致岳翁劄》（附圖三十六），無紀年，凡十二行，計九十二字。信中記載岳翁身體欠適，宋璲來信問候。用語簡潔，書寫不拘繩墨，不失二王法度，足見文字功力。岳翁事蹟未詳，此劄刻於《三希堂法帖》。過庭訓云：

> 璲書法端勁溫厚，秀拔雄逸，規
> 矩二王出入旭素。〔註88〕

草書方面，僅存作品《敬覆劄》（附圖三十七）〔註89〕，此帖爲致友人的書信，

〔註85〕 何喬遠，《名山藏‧卷五十九》（福建人民出版社，2010 年 1 月第 1 版），頁 1559。

〔註86〕 方孝孺，《遜志齋集‧卷十八》（寧波出版社：2001 年第 2 版），頁 607。

〔註87〕 馬宗霍，《書林藻鑑》（臺灣商務印書館，1982 年 5 月第二版），頁 288。

〔註88〕 馬宗霍，《書林藻鑑》（臺灣商務印書館，1982 年 5 月第二版），頁 288。

〔註89〕 草書《敬覆劄》，紙本縱 26.7cm×橫 52.8cm。無紀年，現藏於北京故宮博物院藏。按北京故宮博物院另藏有行書《致櫻寧先生》一劄，經劉九庵先生指出，是劄爲僞書，在此不作列舉。（詳見《中國法書全集‧12》（文物出版社，2009 年 5 月第一版），頁 12）

受者不詳。信中提及其父宋濂《潛溪外集》、《詛楚文》帖，及浙江諸暨遊覽勝地「五洩」等內容，書寫隨意，行筆間可窺探宋璲用筆胎息二王、趙氏一路，意在旭、素之間。徐邦達認爲：「此帖書法精妙，不在二宋之下。」〔註90〕

附圖三十七：宋璲《草書敬覆劄帖頁》

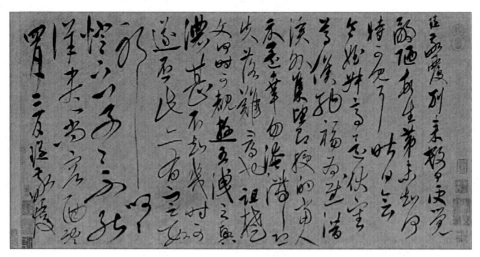

（尺幅：26.7cm×52.8cm）選自：文物出版社《中國法書全集》

李日華云：

仲珩筆法沈頓雄快，兼篆籀急就之能，不獨步驟旭素也。〔註91〕

李東陽云：

仲珩草書，出入變化，不主故常，又非株守一格者可比，眞翰墨也。

〔註92〕

明方孝孺《遜志齋集》：

金華宋君仲珩書兼得二公（趙孟頫、康里巎巎）之妙，而加以俊放，郊天驥奔行，不蹕故步，而意氣閑美，有跐蹋凡馬之勢，當今推爲第一。〔註93〕

袁宏道云：

〔註90〕 徐邦達，《古書畫過眼要錄・元明清書法》（貳）（紫禁城出版社，2006 年 2 月第一版），頁 631。

〔註91〕 馬宗霍，《書林藻鑑》（臺灣商務印書館，1982 年 5 月第二版），頁 288。

〔註92〕 馬宗霍，《書林藻鑑》（臺灣商務印書館，1982 年 5 月第二版），頁 288。

〔註93〕 方孝孺，《遜志齋集》卷十八（寧波出版社，2001 年第 2 版），頁 608。

仲珩草書爲當代第一，篆書卷勁如屈鐵，豐道生不及也。〔註94〕
誠如上述，對宋璲皆評價甚高，溢美之詞更甚宋克，可能跟宋璲出身與中書舍人身分有極大關係。宋璲於壯歲之年卒於冤案，正當獨闢蹊徑之時便半途而息，其書法對當時未產生重大影響，實屬憾事。歷來對宋璲論述著墨亦無多，窮其本末者闕如，方孝孺、李東陽、解縉、袁宏道⋯⋯等諸家之言，可說是字字珠璣，也載一時席尚。考其變嬗，明初書家無不藉趙氏擬二王、唐賢之古，不免流於邯鄲學步。國朝初興，三宋雖不能免俗，卻有可取之處；三宋之中，宋克藉由章草得古人之妙，宋廣、宋璲融旭、素大草將俊放推向縱逸，捨宋嗣唐不落蹊徑，展現出元代逸士書風所沒有的氣魄，實有獨到之處。

四、筆端風雨，不減顛素 —— 陳璧

陳璧（生卒年不詳），字文東，號穀陽生，松江華亭人。洪武間秀才，官解州判官，調湖廣。因官職品級不高，甚至爲他人代書，歷來論述鮮有著墨。《書史會要》云：「少以才學知名，眞、草、篆、隸流暢快健，富於繩墨。」〔註95〕與三宋齊名。

陳璧遺留的書跡不多，傳世作品有：《臨張旭深秋帖》、《陶淵明詩草書軸》、《爲宴如眞行草書靜慧律詩》（美國耶魯大學美術館藏）、《行書題蔡襄詩冊》（北京故宮博物院藏）、《隸書嚴光祠堂記》（榮寶齋藏）、《珊瑚網》著錄其《穀陽生書相鶴經》、《書楊廉夫贈相子先寫照序》、《與時中節判書》等目前均無法見到。〔註96〕

陳璧遊居松江時曾受宋克提點，顧清《松江府志》紀載：

> 宋克遊松江，陳文東嘗從授筆法。吳僧善啓謂：宋筆正鋒，陳多偏鋒，以是不及云。〔註97〕

何良俊《四友齋叢談》駁斥此看法：

> 吾松在勝國與國初時，善書者輩出。如朱滄洲陳穀陽，皆度越流輩。《書史會要》中，評朱滄洲爲風度不凡，陳穀陽爲富於繩墨，余

〔註94〕馬宗霍，《書林藻鑑》（臺灣商務印書館，1982 年 5 月第二版），頁 288。
〔註95〕陶宗儀，《書史會要》卷七（上海出版社，1984 年 11 月），頁 14。
〔註96〕楚默，《明初書法概論》，收錄於《中國書法全集 58・明代名家一》（北京：榮寶齋出版社，2007 年 10 月第一版），頁 5。
〔註97〕馬宗霍，《書林藻鑑》（臺灣商務印書館，1982 年 5 月第二版），頁 290。

　　嘗有陳穀陽書一卷，四體皆備，其正書一段，酷似歐陽率更，行草
　　漸逼大令，篆書亦入格。又有其書疏頭二通，全學松雪，極疏爽可
　　愛。又嘗見其章草書《竹筆格賦》一篇，在舍弟家，殊有古意，出
　　宋仲溫上。世評穀陽書爲八寶中之水晶，又以爲得書法於三宋，此
　　皆不知書，妄爲談耳。〔註98〕

今未見宋克與陳璧有無唱和之作，不敢斷言彼此間是否存在師徒關係。在本
章節考其宋克師承時得知，「子山在南台時，臨川危太樸、饒介之得其傳授，
而太樸以教宋璲仲珩，杜環叔循、詹希元孟舉。孟舉少，親受業子山之門。
介之以教宋克仲溫。」

　　又從陳璧《臨張旭深秋帖》、《陶淵明詩草書軸》二帖觀其端倪，《臨張旭
深秋帖》（附圖三十八），凡五行，共七十四字。行筆連綿起伏，奔放快意，
無一遲滯，末行「耳」字，極盡誇張之勢，眞可謂，筆端風雨，不減顚素。《陶
淵明詩草書軸》（附圖三十九），書贈孟桓，筆勢綿密矯健，圓轉流暢，取勢
排宕，筆意連貫間不失法度。

　　徐邦達云：

　　　　此軸書法圓轉自如，全學懷素，出宋克門牆之外。〔註99〕

陳璧與宋克書風承趙孟頫、康里巙巙、饒介一脈，當無庸置疑。陳璧行書以
二王爲宗，典雅俊麗。楷書酷似歐陽率更。草書偶帶章草筆勢，俱從懷素自
敘帖流出，並將今草與狂草融於一格，流露出雲間書派之風格特色。楚默於
《明初書法概論》一文指出：

　　　　故其草書流暢跌宕，起伏飛動，連綿纏繞；煙雲滿紙，線條富有彈
　　　　性，筆意酣暢。陳璧草書的缺點是提按還欠講究，故書寫的節奏不
　　　　盡完美，但比解縉的一個勁畫圓高明不少。〔註100〕

蓋自秦迄漢，篆衰而隸盛乃時勢所趨，其後解散隸書變爲草法；幾經演變越
顯狂狷；趙孟頫一矯時弊，高舉復古大旗，引領時代蔚爲風尚。明初之際，書
家忙於佞古，囫圇臨寫，競加仿效，宛如桃梗土偶寫照。陳璧由元入明，承

〔註98〕何良俊，《四友齋叢談》卷二十七（中華書局出版社，1997 年 11 月第 3 次印
　　　　刷），頁 250。
〔註99〕徐邦達，《古書畫過眼要錄‧元明清書法》（貳）（紫禁城出版社，2006 年 2
　　　　月第一版），頁 637。
〔註100〕楚默，《明初書法概論》，收錄於《中國書法全集 58‧明代名家一》（北京：
　　　　榮寶齋出版社，2007 年 10 月第一版），頁 6。

附圖三十八：　　　　　　　　　附圖三十九：
陳璧《草書臨張旭深秋帖軸》　　陳璧《陶淵明詩草書軸》

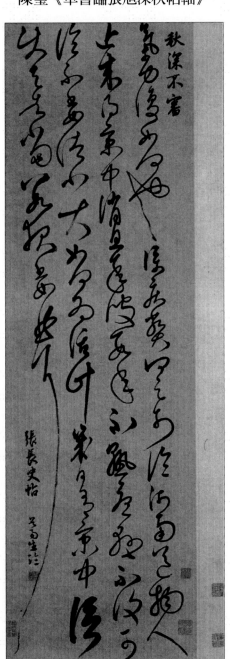
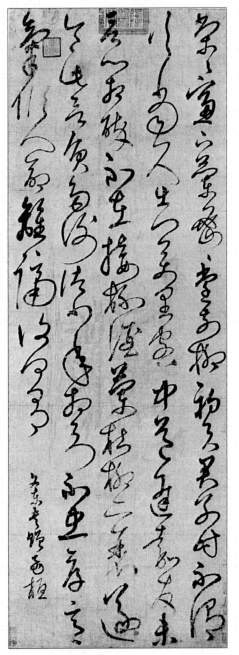

（尺幅：107.7cm×33.9cm）　　　（尺幅：93cm×35.6cm）
選自：文物出版社《中國法書全集》　選自：榮寶齋《中國書法全集》58

趙氏一脈，最勝者當推行草；草書則盡從懷素法；其中亦有微變，雖腕力未免稍弱，在當時仍俱稱上選。沈度的眞書與沈粲的草書皆得力於陳璧，雲間書家對他十分推崇，明王世貞將文東列入「雲間派」，原因不難理解。

第三節　二沈與解縉

明初帖學熾盛，各種刻帖交相輝映，士人莫不爬羅搜剔，隨俗稱揚。亦發展出兩條路線。一是以三宋爲代表，後繼者如，張弼、陳獻章等。出身多爲寒士。他們或懷才不遇，或終生布衣。書法上窺晉唐，近追宋元，用筆恣肆，任意揮灑，直抒胸中逸氣，引起吳門、雲間、浙江書家對書法本體的回歸；一是以解縉、二沈爲代表，服膺者如，沈藻、陸友人、姜立綱……等。講求結體端穩莊重，章法調和統一，氣韻雍容雅緻，符合中和之美。

永樂朝，因內府需求與中書舍人分工日精，詔能書者入翰林，沈度因此中選。時解縉、胡廣等皆在內閣，工於書，又以沈度最受成祖所賞，凡金版玉冊等必命其書，名出朝士之右。遂由翰林典籍擢檢討，歷修撰，遷侍講學士，官位顯赫。士人相競師法二沈，書風爲之丕變，歷三代不衰，遂成臺閣典型。筆者認爲，臺閣之興廢牽涉極廣，非「缺乏生氣，書風纖弱」所能一語帶過，此容後另闢章節詳敘；本節僅就人物、書風略作介紹，不敢妄稱一矯時弊，但表達管窺蠡測之見耳。

一、我朝王羲之──沈度

沈度（1357～1434），字民則，號自樂，華亭人（今上海松江），曾任翰林侍講學士，少力學，篆、隸、眞行諸體皆能，尤工楷書，文章不事雕琢，卓有文采，官翰林典籍，預修《高皇帝實錄》，承命書《孝慈皇后傳》及《古今列女傳》，後累官翰林院學士，與弟沈粲爲臺閣體的代表人物。《明史‧文苑》載：

> 兄弟皆善書，度以婉麗勝，粲以遒逸勝。度博涉經史，爲文章絕去浮靡。洪武中，舉文學，弗就。坐累摘雲南，岷王具禮幣聘之，數進諫，未幾辭去。都督瞿能與偕入京師。成祖初即位，詔簡能書者入翰林，給廩祿，度與吳縣滕用亨、長樂陳登同與選。〔註101〕

〔註101〕張廷玉，《明史》卷二百八十六（中華書局出版社，2010年第9次印刷），頁7339。

沈度謫滇後於永樂二年（1404），受禮部侍郎楊溥推薦徵入翰林典籍，參與典
籍編修與撰寫制誥文件。楊士奇《東里集》載：

> 一時翰林善書如解大紳之真、行、草，胡光大（即胡廣）之行草，
> 滕用亨之篆、八分，王汝玉、梁用行之真，楊文遇之行，皆知名當
> 世，而胡、解及度之書，獨爲皇上喜愛。凡玉冊金簡，用之宗廟朝
> 廷藏秘府，施四裔刻之貞石，傳於後世，一切大製作必命度書。
> 〔註102〕

明洪武初期廢相後，便仿宋制設殿閣大學士。朱棣即位之初便召解縉、胡
廣、楊榮……等七人入值文淵閣，內閣雛形儼然而生，但此時內閣地位仍
低。按永樂二年（1404），解縉、胡廣官秩五品，制誥制敕之書皆由解、胡二
人等起稿，再由沈度謄寫。

成祖喜歡解縉、胡廣、沈度的書法，對沈度的垂愛更甚朝臣，還令太子
諸王咸習焉。明仁宗日理萬機之餘，猶留意翰墨，曾臨《蘭亭序帖》賜予沈
度。朱謀垔云：「意法神韻，唐之太宗不能過也。」〔註103〕明宣宗書法出自沈
度、沈粲兄弟，王世貞云：「而能於圓熟之外，以遒勁發之。」〔註104〕孝宗皇
帝酷愛沈度筆跡，日臨百字以自課，又令左右內侍書之。〔註105〕經由上述，
明朝諸帝好書、能書、知書，沈度備受榮寵，其緣由在於身爲人臣者迎合上
意，在朝間，韜光養晦，獨善其身，醉心於翰墨。《明史》載：

> 度性敦實，謙以下人，嚴取與。有訓導介其友求書，請識姓字於上。
> 度沈思曰：「得非囊訐奏有司者耶？」遽卻之。其友固請，終不肯書
> 姓名。其共在內廷備顧問，必以正對。粲篤於事兄，己有賜，輒歸
> 共兄。〔註106〕

謹慎與謙卑的政治態度，致使他歷數代明帝一貫推崇，聲望崇隆。

按明代前期，對於善書被薦舉者，皇帝皆親自面授。到中後期，則委以
司禮監、內閣、翰林院大臣代勞。

〔註102〕 楊士奇，《東里集》，收錄於《御定佩文齋書畫譜》，《欽定四庫全書》第 820
冊，卷 40（臺灣商務印書館，1986 年），頁 56～57。

〔註103〕 朱謀垔，《續書史會要》，收錄於《景印文淵閣四庫全書》子部（臺灣商務印
書館，1986 年），頁 1。

〔註104〕 馬宗霍，《書林藻鑑》（臺灣商務印書館，1982 年 5 月第二版），頁 286。

〔註105〕 朱謀垔，《續書史會要》，收錄於《景印文淵閣四庫全書》子部，頁 1。

〔註106〕 張廷玉，《明史》卷二百八十六（中華書局出版社，2010 年第 9 次印刷），頁
7339。

李紹文《皇明世說新語》云：

太宗（成祖）徵善書者試而官之，最喜雲間沈學士，尤重度書，每
稱曰我朝王羲之。〔註107〕

沈度受成祖讚揚並樹爲學習楷模，也成爲朝廷書法銓選標準。作爲臺閣書體
的典型，沈度的楷書必有其精到之處，傳世作品，如：

《敬齋箴》（附圖四十），寫於永樂十六年（1418），時年六十二歲。當是
晚年用心之作。正文部分每行十字，上下齊整，通篇點畫精細勻稱，圓熟精
工，端莊謹嚴。內容文辭雅正，譬如：「正其衣冠，尊其瞻視。潛心以居，對
越上帝。」體現修身、明理、格物的規勸，藝術中賦予教化功能，是爲典型
的臺閣書體。

附圖四十：沈度《楷書敬齋箴頁》

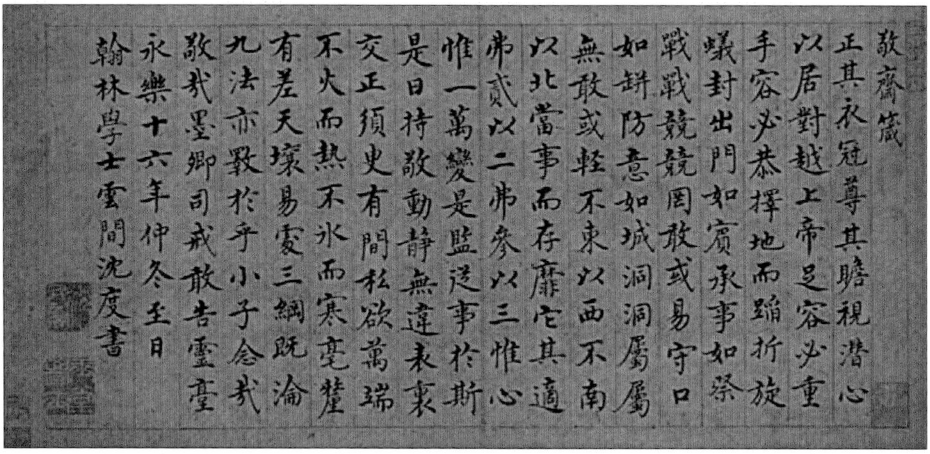

（尺幅：23.8cm×49.4cm）取自：文物出版社《中國法書全集》12

《不自棄說》，無紀年，四冊頁界烏絲欄。本幅書宋代程頤《四箴》，即
「視箴」、「聽箴」「言箴」、「動箴」。內容闡發理學立身行事的禮教思想。按
徐邦達考證，宣德元年丙午（1426），沈氏七十歲之作。〔註108〕緣於資料缺
乏，沈度書寫此作目的及使用脈絡已無從知曉，從書風而言，此作一改前期
堅硬剛直的特質，轉而豐腴婉媚，故抄寫尤爲恭敬、端正。

〔註107〕馬宗霍，《書林藻鑑》（臺灣商務印書館，1982 年 5 月第二版），頁 296。
〔註108〕徐邦達，《古書畫過眼要錄・元明清書法》（貳）（紫禁城出版社，2006 年 2
　　　　月第一版），頁 694。

　　《行書七律詩頁》（附圖四十一），與楷書特有的豐腴圓厚頗爲相契，結字敧斜，亦仿米芾筆意。從書跡內容來看，此詩是爲了歡送一位暱稱「阿咸」的晚輩回鄉而寫。詩中藉由阿咸得知，自己已是京城、鄉里交相稱譽的俊賢，歡欣之情，溢於言表。

附圖四十一：沈度《行書七律詩頁》

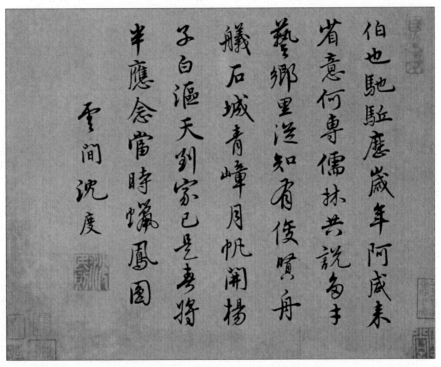

（尺幅：24.5cm×29.2cm）選自：文物出版社《中國法書全集》12

　　《書歸去來辭》，界烏絲欄，沈度隸書，尤爲高古，楊士奇稱他「民則之八分，皆獨步當世。」〔註109〕此帖結體方整，波磔圓緩，筆法體勢近於唐隸，一洗元代以降，隸書越發婉媚精緻，可謂獨領清新。

　　沈度以楷書擅場獲得聖眷而名留青史，卻無記載書學淵源，從流傳揣測，楷書當出自趙孟頫、柳公權、歐陽詢；隸、行、草書則嫌氣儉，未能與前人爭勝。楊士奇以「婉麗飄逸，雍容矩度。」概括沈度書法風格，也標誌著明前期臺閣書體的審美趨向。而洪武年間，「三宋」所呈現出從容勁健、優雅婉

〔註109〕楊士奇，《東里文集》（中華書局 1998 年 1 月），頁 127。

暢的特點，在臺閣體中得以發揚。陳德馨於《宋克、沈度、沈粲》一書云：

> 宋克、沈度與沈粲的關係，正是一種開創、承繼與拓展的關係。宋
> 克突破既有制限，建立遒勁有力的書風，透過居留松江的機會，影
> 響松江書壇。二沈兄弟在宋克書風的既有基礎上，成功的轉化為深
> 受皇帝喜愛的書風，並藉由子侄學生的延續，竟將此地方性書風拓
> 展成全國性的臺閣體書風。〔註110〕

沈度因平時為皇家制誥，書風端正，一生未敢造次，以至歷來論沈度、沈粲
多作奉承或偏於一隅之辭。如豐坊《書訣》所言：「書學詹孟舉、陳文東，而
八法盡廢，肥濁癡俗。小字差可觀，亦少古意。」〔註111〕貶抑至極，有失偏
頗。筆者以為，俗論所尚，將臺閣之弊全歸沈度、沈粲，恐非公允。文與藝
俱不能違背時代風氣，書家之名，不免附庸於官爵世譽，就一時而言，書藝
與聲名相埒者非沈度莫屬。

二、行筆圓熟，章法由精，足稱米南宮入室──沈粲

　　沈粲（1379～1453），字民望，自號簡庵，沈度之弟，與兄沈度同年被成
祖召入秘閣，授中書舍人，又擢為侍讀，官至大理寺少卿，與其兄齊名，人
稱「大小學士」。民望博學多才，喜提攜後進，品性高逸，善草書，書風以遒
逸勝，真、行俱佳；晚年尤喜行草，得宋仲溫、陳文東之三昧。

　　沈粲真、行、草皆擅，特妙於草法，受其兄沈度提攜，但彼此相差廿二
歲，且沈度在成祖召入翰林之前坐累雲南，沈粲書藝顯然非兄親自傳授。葉
盛在《水東日記》中云：

> 雲間沈簡庵先生，草聖擅一時，真、行皆佳，尤長於詩，有集二十
> 餘卷。先生端厚謹恪，好獎借後進，皆出誠意，而取與則甚嚴。……
> 早年與其兄自樂學士同在翰林，遭際列聖，榮遇罕比，而伯仲同居，
> 友弟之行無間言，縉紳中以為莫及。〔註112〕

文中對沈粲發乎文藝，恭謙自抑，並與沈度備受榮寵為時人所稱羨的形象頗
為真切。

　　綜觀沈氏兄弟書法風格不盡相同，沈度「以婉麗勝」，沈粲則「以遒逸

〔註110〕陳德馨，《宋克、沈度、沈粲在書史上的地位》，收錄於《書藝珍品賞析·宋
　　　　克、沈度、沈粲》（石頭出版社股份有限公司，2006年10月），頁18。
〔註111〕豐坊，《書訣》，《欽定文淵閣四庫全書》（臺灣商務印書館，1986年），頁59。
〔註112〕葉盛，《水東日紀》（中華書局出版，1997年12月第二次印刷），頁9。

勝」。與之相同的，皆未載明書學淵源。《書史會要》云：「粲草書法宋仲珩。」
〔註113〕明初書學，吳松嘗甲天下。草書風習，大抵不出於趙孟頫、鮮于樞、
康里巎巎、饒介等之門牆。在氣脈雅尚，快捷迅速，明續暗斷的基礎下轉爲
婉媚豐美、圓轉自如爲尚。沈粲活動於松江地區，必受其感染，卻能轉爲自
家面目；他常在撇筆時快速出鋒，並採用章草波磔筆畫，越顯健美秀發。王
世貞云：「粲行筆圓熟，章法由精，足稱米南宮入室。」〔註114〕從傳世作品可
得印證。

　　《草書古詩》，通篇行筆連綿流暢，圓轉自如，有別於陳璧豐肥姿媚，得
宋克風韻，爲晚歲成熟之作。

　　《草書千字文卷》（附圖四十二），是沈度應友人徐尚賓之請而作，款屬
「余友徐尚賓，得佳紙，寶藏久矣。一日，持來簡菴次，求作草書千文。勉
爲書一過，惜拙鈍之不稱耳。正統丁卯秋七月初三日沈粲書」〔註115〕。時粲
已六十八歲，運筆迅疾流暢，多露鋒，雜揉章草筆意，幅後有高士奇跋，稱
「展觀覺有龍蛇飛動之勢」。

　　《行書致曉庵師詩箚頁》，書法文體承趙孟頫一路，行筆間更顯尖利遒
逸，結體密實，波磔間略帶章草，墨色略顯淺淡，酸餡之氣爲之一洗。

附圖四十二：沈粲《草書千字文卷》局部

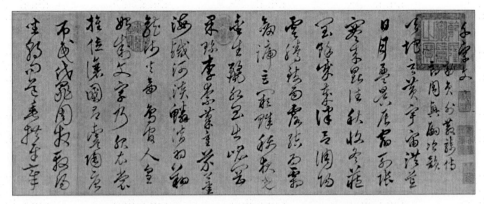

（尺幅：25.2cm×576cm）選自：文物出版社《中國法書全集》12

〔註113〕馬宗霍，《書林藻鑑》（臺灣商務印書館，1982年5月第二版），頁297。

〔註114〕王世貞，《弇州山人題跋》（浙江人民美術出版社，2012年7月第一版），頁
　　　　109。

〔註115〕詳見蕭燕翼主編，《中國法書全集·明1》（文物出版社，2009年5月第一
　　　　版），頁94。

《書應制詩》（附圖四十三），這是沈粲爲崇道錄〔註116〕寫的萬歲山應制詩。是以楷、行及章草三體寫就而成。沈粲楷書存世極少，明陸深云：

> 二沈先生，特以豪翰際遇文皇，入宮禁近，屢遷爲翰林學士，故吾鄉有大學士、小學士之稱。民則不作行草，而民望時習楷法，不欲兄弟間爭能也。〔註117〕

本幅楷書是爲臺閣典型，用筆精緻清勁，略帶行書筆意，相較於沈度，遒勁中不失舒徐意致。題識中，「非敢誇多鬪靡」，可謂意在言外，不待明言也。

自古以來吳松地區人文蔚起，文風之盛，不下鄒魯。雲間籍書家名重一時，宋克與二沈影響所及非一區域而已，更是引領明初書法的一大流派。然二沈作品大多作於玉堂之上，沈度有「我朝王羲之」，沈粲則「簡庵草聖擅一時」〔註118〕的美譽。因宮廷氣息影響，圓熟中多取媚之態，與宋克寫於山光林影間，自謂「塵俗之氣一洗盡去」，相去甚遠。也同時引來譏評，如馬宗霍評二沈：「靡靡之格，遂成館閣專門，而亦用爲世病焉。」〔註119〕

綜觀二沈，恩寵罕比，在以書取仕的誘惑下，書風風靡一時，盛行不衰。子侄學生受惠者甚多，其間不乏師徒中書，如沈粲弟子陸友仁。兄弟中書，如張昺與張昶。甚至祖孫三代中書，如沈度兒子沈藻與五世孫沈世隆都受其庇蔭，在明初一百年間可謂屢見不鮮。吳松書家儼然成爲書壇霸主，直至弘治朝後，在遞相模仿而不取師古下，創意逐漸枯竭，吳派繼起才結束這百年之盛。筆者以爲，以「靡靡之格」論二沈

附圖四十三：
沈粲《書應制詩》

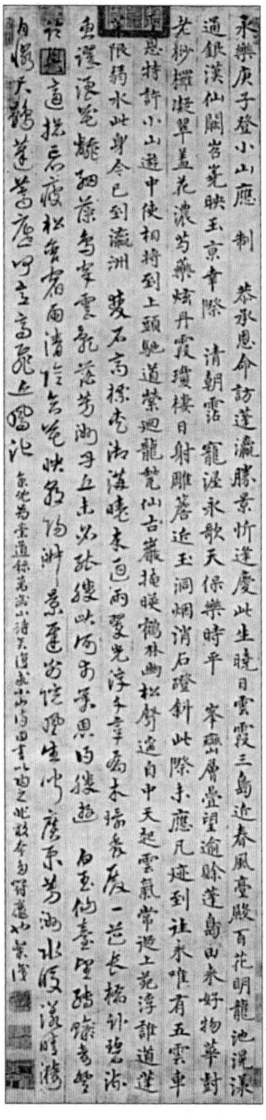

（尺幅：121.7cm×28.7cm）
選自：榮寶齋
《中國法全集》58

〔註116〕道錄無考，從落款中沈粲要他回寫一首小詩看，當爲同僚。

〔註117〕馬宗霍，《書林藻鑑》（臺灣商務印書館，1982年5月第二版），頁297。

〔註118〕黃惇，《中國書法史·元明卷》（江蘇教育出版社，2002年11月第一版），頁202。

〔註119〕馬宗霍，《書林藻鑑》（臺灣商務印書館，1982年5月第二版），頁284。

書風有失公允。驗二沈書，並非如此，其弊在以帝王之力，將天下之書圍於一格，以致後繼者全同印版，臺閣積弊其在此乎！

三、小楷精絕，行草皆佳──解縉

解縉（1369～1415年），字大紳、縉紳，號春雨、喜易，諡文毅，江西吉水，明朝第一位內閣首輔。洪武二十一年（1388）舉進士，授中書庶吉士。甚見愛重，常侍帝前。洪武二十四年罷官，歸鄉進學，八年後縉入京逢朱元璋喪，謫河州。建文朝再度出仕，成祖入京，擢侍讀，命解縉與黃淮、楊士奇等人並直文淵閣。奉詔總裁《太祖實錄》、纂修《永樂大典》，擢任翰林學士。永樂五年（1407）以「洩禁中語」，「廷試讀卷不公」，貶爲廣西布政司參議，又爲李至剛所構陷，改貶交趾。永樂八年（1410年），因私見太子，以「無人臣禮」罪下詔獄，下獄五年。永樂十三年（1415年）錦衣衛用酒將其灌醉，積埋雪中，立死。〔註120〕有《文毅集》、《春雨雜述》等著作。

解縉幼時聰穎，五歲能詩，七歲善文，人稱神童。解縉曾自詡：「我家不與世俗同，弟兄伯叔聯簪組。滿堂賓客皆雄奇，新吟健筆爭蜂午。」〔註121〕其母高妙瑩，出生於書香門第，自經史、傳記、天文、地理、醫藥之書皆能論析，善小楷。在國柄已定，百廢待舉之際，家中藏書多已散佚，高氏手寫孝經、論語、古文、杜詩教之。縉自能言時，蚤夜訓以敬身維持，文墨不離其側，未嘗令同兒童嬉戲。〔註122〕父親解開爲明初大儒，嘗主考兩廣鄉試，道德文章均負盛名。爲詩歌沉雄慷慨，富貴流麗，尤善筆箚。〔註123〕叔祖父，解泰（字成我，更字季通、淵靜）肆力古學，究竟六籍，旁搜百家，尤善楷書，教授於桐江之上，慕而從者日盛。解縉推崇備至，贊其曰：「士大夫率以爲儀型」。〔註124〕

〔註120〕張廷玉，《明史》卷一百四十七（中華書局出版社，2010年第9次印刷），頁4115～4122。

〔註121〕解縉，《文毅集》卷四《河州正月十五夜有感》，收錄於《景印文淵閣四庫全書》集部六，別集類（臺灣商務印書館，1986年），頁41。

〔註122〕解縉，《文毅集》卷十二《先批高太夫人鑒湖阡》，收錄於《景印文淵閣四庫全書》集部六，別集類（臺灣商務印書館，1986年），頁30～32。

〔註123〕解縉，《文毅集》卷十一《顯考筠澗公傳贊》，收錄於《景印文淵閣四庫全書》集部六，別集類（臺灣商務印書館，1986年），頁14。

〔註124〕解縉，《文毅集》卷十一《淵靜先生小傳》，收錄於《景印文淵閣四庫全書》集部六，別集類（臺灣商務印書館，1986年），頁12。

　　入仕後，行走於文人雅士間，與詹希元相交甚篤。詹希元與解開同受業於危素、周伯琦，解縉又與詹希元同官，兩人以叔姪輩相稱。《名山藏》云：

> 縉爲文得法於黃溍、歐陽玄，學書法於危素、周伯琦。其字書傲讓
> 相綴，神氣自倍。〔註125〕

按《名山藏》卷五十九，危素（1295～1372）出仕於明朝洪武二年（1369），隔年謫和含山（安徽和縣）爲余闕守廟。踰年，憂恨而死；〔註126〕時解縉僅三歲。而周伯琦卒於洪武二年（1369），時解縉剛出生。故自幼受教於危素、周伯琦絕無可能。從上述得知，解縉書法應是通過母親啟蒙，及父親的指導，在同官詹孟舉的指授而繼承危素、周伯琦、康里子山一脈，並上溯趙孟頫，當之無議。而詹希元是爲臺閣先導，在亦師亦友且書法同宗一派下，楷書必沾染臺閣風習。解縉曾自云：「書莫難於楷法，而小楷尤難。吾少時極用功，至今未得其妙。」〔註127〕綜觀傳世作品，以小楷與草書用力最深。解縉的小楷作品，據相關史料記載，有《黃庭經》、《金剛經》、《觀音經》等，可惜，今無緣復見。

　　王世貞跋《黃庭經》云：

> 解春雨才名噪一時，而書法亦稱之，能使趙吳興失價，百年後寥寥
> 乃爾。然世所多見者狂草，其所以寥寥者，亦作狂草故。今此紙小
> 楷《黃庭經》全摹臨右軍筆，婉麗端雅，雖骨骼少遜，卻不輸詹孟
> 舉、陳文東也。〔註128〕

吳門書家李應禎對解縉的楷書也大爲稱許：

> 解學士文章翰墨獨步一世，今觀所寫《赤壁二賦》，筆法精麗，深有
> 晉人風致。東里少師（楊士奇）謂其小楷第一，信然。〔註129〕

吳寬云：

〔註125〕何喬遠，《名山藏》卷六十（福建人民出版社，2010年1月第1版），頁1639。

〔註126〕何喬遠，《名山藏》卷五十九（福建人民出版社，2010年1月第1版），頁1565。

〔註127〕解縉，《文毅集》卷十六《跋簡約兄所藏樵舍舟中書》，收錄於《景印文淵閣四庫全書》集部六，別集類（臺灣商務印書館，1986年），頁18。

〔註128〕王世貞，《弇州續稿》卷一百五十七，收錄於《景印文淵閣四庫全書》集部六，別集類（臺灣商務印書館，1986年），頁4。

〔註129〕卞永譽，《式古堂書畫彙考》卷二十三《解大紳解禎期合卷》，收錄於《景印文淵閣四庫全書》子部八（臺灣商務印書館，1986年），頁45。

永樂時人多能書：當以學士解公爲首，下筆圓滑純熟。〔註130〕

永樂初年，朱棣命解縉總裁纂修《永樂大典》，由於內容浩繁，巨細並蓄，需徵大批書手參與，在古今之事一覽可見的前提下，書寫風格必要求統一，解縉爲總裁官，必當爲鵠的。迫使謄錄者捨異求同。從臺閣初期所留下作品，不難看出解縉小楷風貌，以致後世評價多有貶抑，大抵集中於此。

解縉在上承家學薰染，爲文口占，操筆皆能立就。常數十字連綿不輟，縱橫不羈，下筆不能自體。特重師傳與習書之法。於《春雨雜述》一文中提到：

> 學書之法，非口傳心授，不得其精。大要須臨古人墨蹟，佈置間架，擔破管，書破紙，方有工夫。張芝臨池學書，池水盡墨。鍾丞相入抱犢山十年，木石盡黑。趙子昂國公十年不下樓，嶧子山平章，每日坐衙罷，寫一千字才進膳。唐太宗皇帝簡板馬上字，夜半起把燭學《蘭亭記》。〔註131〕

解縉行草書得力於羲、獻、旭、素等家法，取法乎上，尤以旭、素最得意筆。朱謀垔《續書史會要》稱：「楷書精絕，草體微瘦，筆跡精熟，從懷素自敘帖中流出。」〔註132〕從傳世作品如：

《遊七星岩詩》（附圖四十四），見於解縉《文毅集》卷五《題臨桂七星岩》，原爲四首，文集中只錄三首。七星岩，位於廣西桂林東七星山，詩中所說：「灕江倒影山如畫」、「桂水東邊度石橋」等，多在廣西省。此詩作於永樂五年，時解縉謫廣西布政司參議。書於永樂六年（1408），解縉年四十歲，是爲中年書作，紙墨相發，傲讓相綴。後有陳其錕跋曰：「筆端颯颯如風雨來也。」〔註133〕

《自書詩卷》（附圖四十五），解縉於永樂五年坐廷試不公，謫廣西部政司參議，繼改交趾，督餉化州，八年始還。此卷書於永樂八年（1410），時四十二歲，爲謫後所作。自作詩七首，除《過藤縣》外，其餘六首均見《文毅集》。書法縱橫超逸，點畫出規入矩，絕無草率牽強處，頗似懷素。後有王穉

〔註130〕 馬宗霍，《書林藻鑑》（臺灣商務印書館，1982 年 5 月第二版），頁 296。

〔註131〕 解縉，《春雨雜述》，收錄於《明人書學論著》（世界書局，2010 年 7 月四版五刷），頁 2。

〔註132〕 朱謀垔，《續書史會要》，收錄於《景印文淵閣四庫全書》子部八（臺灣商務印書館，1986 年），頁 17。

〔註133〕 蕭燕翼，《中國法書全集・12》（文物出版社，2009 年 5 月第一版），頁 99。

登題跋：「解學士書法縱放，詩亦淋浪，往往有蒼鶻脫韝之意。」〔註134〕此作書送禎期〔註135〕。禎期爲縉姪子，以言名，不失門風。

附圖四十四：解縉《遊七星岩詩》

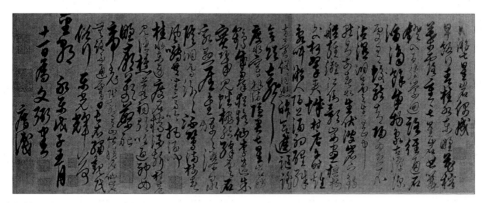

（尺幅：23.3cm×61.3cm）選自：文物出版社《中國法書全集》12

附圖四十五：解縉《自書詩卷》

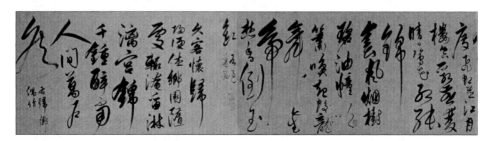

（尺幅：34.3cm×472cm）選自：文物出版社《中國法書全集》12

《錄古詩文草書冊》，無紀年，全冊依次書七言絕句兩首，接續陋室銘一首、七律十首、七古一首、七律四首，更十八首，凡書三十五開。翰墨奔放，用筆圓熟，仿如劍客醉舞。相較於《自書詩卷》更顯遒放縱蕩，奔放中不失矩度。

〔註134〕徐邦達，《古書畫過眼要錄‧元明清書法》（貳）（紫禁城出版社，2006 年 2月第一版），頁 716。

〔註135〕按《明史》、《弇州山人題跋》、《名山藏》、《書林藻鑑》等，皆載解禎期爲解縉之子，實爲謬誤。按《文毅集》卷四，有《西行示姪禎期還家》，可確定其關係。收錄於《景印文淵閣四庫全書》集部六，別集類（臺灣商務印書館，1986 年）。

　　《草書詩軸》（附圖四十六），書唐劉希夷《代悲白頭翁》詩，尾款永樂
辛卯（1411）秋八月既望。上下連屬，滿紙纏繞，一紙秋蛇春蚓，盡得長沙素
師之風。

附圖四十六：解縉《草書詩軸》

（尺幅：127.5cm×78cm）選自：文物出版社《中國法書全集》12

解縉以狂草名於世，受人激賞，卻也逢遭罵名。究其原因：一來，與他秉性剛直，褒貶人事毫無顧忌，日久勢必引起奸黠小人的忌恨，三次被貶，皆起於政敵報復。二來，他恃才傲物，狂傲不羈，無所避忌上奏《大庖西室封事》〔註136〕直指朝廷時弊，復獻《太平十策》，為人所不敢為。也正因此複雜性格，書風呈現出意向嚴謹與放逸恣肆的不同風格。以致招來後世的聚訟。褒者謂其「翰墨奔放」，貶者嗤之「如鎮宅符」。

在萬人同聲的臺閣文體籠罩之際，他不受牢籠所圍，超邁才情，獨樹一幟。其驕恣偃蹇與明初的政治文化扞格不入，以致身陷囹圄，悲慘結局，不勝唏噓。他作書為文，發之翰墨，以跅弛不羈之姿，自成體段的狂草風格，王世貞評為：「縱蕩無法，又多惡筆」，卻在晚明書壇得以發揚。上述種種，在充滿矛盾與兩極的特徵中，誠如黃惇所言：「解縉的書法，實不應以一時一作而定，他的多面性，與他所處的生存環境不無關係，是值得認真分析的。」〔註137〕

身為臺閣重要人物，沈度、沈粲與解縉楷書，不免有「可與入時，未可以議古」之譏，實為時代所需；就其他書體，即使不及晉唐，也絕非株守一格者。他們來往於吳松地區，人材輩出，尤為冠絕，書風可謂盛矣。黃惇在《中國書法史‧元明卷》中進一步指出：

> 明代前期書家儘管有新朝文化政策的制約，但元末書家的影響仍不能低估。其中尤以康里子山、饒介、危素一脈陣容較強。……如果說朝代的更替也會促使一些書家嶄露頭角，則明初與元末的最初變化，一是來自吳門的宋克，二是來自松江的陳璧和沈度兄弟，以至這兩個地區的書法在整個明代的發展中都成為至關重要的領域。〔註138〕

誠如上述，在環環相扣、互為因果的歷史條件下，三宋、二沈、陳璧、解縉……等成為明初主盟壇坫，當之無愧。書體交替，遂成多軌發展。在陳陳相因之

〔註136〕《大庖西室封事》：解縉於洪武二十一年舉進士，授中書庶吉士，受太祖愛重，常侍帝前。一日，帝在大庖西室，諭縉：朕與爾義則君臣，恩猶父子，當知無不言。」縉即日上封事萬言。詳見張廷玉，《明史》卷一百四十七（中華書局出版社，2010 年第 9 次印刷），頁 4115～4119。

〔註137〕黃惇，《中國書法史‧元明卷》（江蘇教育出版社，2002 年 11 月第一次印刷），頁 204。

〔註138〕黃惇，《中國書法史‧元明卷》，頁 185～186。

下，臺閣體到仁、宣以後而流於空泛，實爲時勢所趨。

直至明代中葉，幾經演變，吳中京兆、徵仲繼起，以小楷一體壯其門面，晚明邢、張、董、米四家的縱橫奇崛，承如啓功所言：「雄強固非劍拔弩張之謂，而姿媚亦非齲齒傭妝之謂也。右軍往矣，宗風所振，後世書人、得其一體，即足成家，究之能得姿媚者多，能得雄強者少也。」〔註139〕對明初諸家而言，可謂承先啓後，當之無愧。

第四節　張弼與陳獻章

從永樂至成化年間，臺閣由盛轉衰。以李東陽爲首的「茶陵詩派」日見社會積弊與粉飾太平的臺閣體相扞格，主性情、反模擬、推崇李杜、不拘一格等主張，以圖蕩滌詩風。在思想上，明初六十年間，程朱理學成爲官方奉行唯一的正確思想，其主要風格便是謹守矩矱，無敢改錯，只是其學養深厚，躬行實踐，則非常人能及。吳與弼開「崇仁之學」，爲心學啓蒙和發端。陳獻章得其靜觀涵養，遂開白沙之宗。胡居仁、婁諒得其篤志力行，遂啓餘幹之學。在書法方面，內閣的建立使內閣與翰林院分開，成立了制誥、制敕兩房的書辦。誥敕公文一律由書辦謄寫。過去君臣融洽關係不復存在，自然也無心寫臺閣體書法。加上松江士人刻意模仿「二沈」，輾轉相習，格亦愈卑。在此氛圍，拋棄「二沈」書風已成爲必然的趨式，以張弼、陳獻章及吳門先導諸家爲擺脫臺閣羈絆，轉而崇尚宋人尚意書風。黃惇在《中國書法史‧元明卷》中指出：

> 成化年間有影響的書家反映出兩種不同的傾向，……以張弼爲代表的草書書家，承明初解縉等人的餘緒，使草書重顯於世，對改變元末明初草書的風格特徵，有重要的影響。……同期的陳獻章行書，尚心性之學，表現出注重寫心抒情的傾向，爲書壇吹進一股清新之風。〔註140〕

在崇尚自然，追求自得之趣的審美趨向，吳門書派儼然成形，張弼與陳獻章成爲開啓吳門書派的鋪墊人物。

〔註139〕啓功，《論書絕句》，頁172。

〔註140〕黃惇，《中國書法史‧元明卷》（江蘇教育出版社，2002年11月第一版），頁222。

一、好到極處，俗到極處 —— 張弼

　　張弼（1425～1487），字汝弼，號東海，華亭（今上海松江）人。成化二年（1466）進士，授兵部主事，進員外郎，遷南安知府，世稱張南安。爲詩，信手縱筆，多不屬稿，與李東陽、陳獻章、李應禎、吳寬、沈周等人相應和。

　　《明史·文苑》曰：「弼自幼聰穎，善詩文，工草書，怪偉跌宕，震撼一世。」〔註141〕然而張弼並沒有得到朝廷重用，反而在成化十六年（1480）被外調出京，擢守南安郡。究其原由，與其性格有關。胡介祉於《張東海文集》序中曰：「先生立身行己，高邁曠達不爲汙合取容。」〔註142〕李東陽也有記載：

> 先生（張弼）晚得科第，爲兵部郎官最久，志操耿耿，不爲汙合，
> 開口論議，無所顧忌，未嘗獻媚以干進取。〔註143〕

可窺張弼爲人處世坦蕩，不阿諛奉承的氣節與風範。在遷南安知府，時奸人聚山谷爲惡，悉捕滅之。他以儒家治世教化，整頓习風惡習，短短數年，民風也爲之大變。何三畏所云：

> 計公在郡六年，卻苞苴、謝請托、清驛遞、切庫藏，盜賊失其強梁，
> 鬼神失其禍福，學士得進其業，善良得安其生。如公賢良，咸謂建
> 郡以來所僅見。〔註144〕

成化二十一年（1485），因年邁多病遂告老還，歸時郡民攀老攜幼，長送十里不忍歸去，並建塑肖像於金蓮山，視若聖賢。像張弼立德朝野深植民心，歷史上恐不多見。

　　張弼與李東陽、陳獻章、謝鐸等人相交，詩文、書法深受啓迪。《明史》載曰：「與李東陽、謝鐸善。」〔註145〕。李東陽爲當時的文壇領袖。開創「茶陵詩派」，主性情、反模擬。以圖洗滌臺閣體單緩冗沓，襲襲相仿的時弊；又身爲臺閣重臣，主權柄，天下翕然宗之。張弼在擢守南安期間，彼此有詩書

〔註141〕張廷玉，《明史·文苑二》（中華書局出版社，2010年第9次印刷），頁7342。
〔註142〕張弼，《張東海文集、詩集》，《胡介祉序》（康熙刊本南京圖書館古籍部藏），頁2。
〔註143〕張弼，《張東海文集、詩集》，《李東陽序》（康熙刊本南京圖書館古籍部藏），頁2。
〔註144〕何三畏，《雲間志略》卷八《張太守東海公傳》（學生書局印行，1987年初版），頁594。
〔註145〕張廷玉，《明史·文苑二》（中華書局出版社，2010年第9次印刷），頁7342。

唱和，對張弼亦十分推崇。

在書法上，張弼認為，習書貴在「自得」，反對依樣葫蘆的「奴書」。於《書巏嶁子山墨蹟後》云：

> 巏嶁平章書，專工義獻而有自得之妙，所以不爲之奴卒，以名世造
> 道者，貴自得焉。〔註146〕

在《蘇州別駕周德中以余致仕居閑而稱神仙太守，作十絕覆之》詩句：「不入清都不溷塵，吟詩落魄任天眞。」「詩不求工字不奇，天眞爛漫是吾師。」〔註147〕等句，反映天眞爛漫，書貴自得亦是境界。

李東陽也在《張東海集序》中寫道：

> 少善草書，雄偉俊逸自成一家。同時各能書者皆莫能及，碑版卷軸
> 流布遍，遠至於外國。東海之名遂遍天下，其詩清煉脫俗，力追古
> 作，意興所到信手縱筆多不屬稿，既有所屬以草書，故輒爲人持
> 去。〔註148〕

李東陽以「清煉脫俗」贊其詩文，其意在說明張弼不染臺閣餘習，見自家性情。以「雄偉俊逸自成一家」贊張弼書，正是對張弼「書貴自得」的觀念主張，與自己少華采而重內涵，可謂不謀而合。

張弼在成化二年（1466）考中進士之前，客居京師達十年之久。時逢陳獻章兩次因應科舉並入國子監讀書，彼此多有接觸，相視莫逆。成化十八年（1482）九月既望，張弼知守南安。這一年陳獻章因薦徵聘入京，路過南安郡。於南安城北玉枕山數日，這期間他們相與詠歌，談論道學，留有《玉枕詩話》、《與陳公甫飲有懷賀克恭給事莊孔暘司副》、《何韻留陳公甫》、《送陳公甫應聘之京》……等數首爲證，張弼以師生之禮待陳獻章，足見對陳獻章心學思想的傾慕。陳獻章將心性之學作爲書法的理論宗旨，以自得爲旨趣。遊潛《夢蕉詩話》中云：「陳征士獻章作詩脫略凡近，其書法得於心，隨筆點畫，自成一家。」〔註149〕與張弼提出的「書貴自得」的觀點當爲吻合。

〔註146〕張弼，《張東海文集、詩集》卷三，《題跋》（康熙刊本南京圖書館古籍部藏），頁16。

〔註147〕張弼，《張東海文集、詩集》卷四《蘇州別駕周德中以余致仕居閑而稱神仙太守作十絕覆之》（康熙刊本南京圖書館古籍部藏），頁39。

〔註148〕張弼，《張東海文集、詩集》，《李東陽序》（康熙刊本南京圖書館古籍部藏），頁1。

〔註149〕遊潛，《夢蕉詩話》，收錄於蔡鎭楚編《中國詩話珍本叢書》第三冊之六（北京圖書館出版社，2004年），頁820。

　　張弼盛年師法三宋，上追顛、素，繼而幡然飄肆，變元人的蘊藉爲縱放。作品中，不乏條幅、長卷、題跋、詩稿之作，皆別具面目。尤喜作狂草，更喜作擘窠大軸，怪偉跌宕，震撼一世。從現存作品如：

　　《草書千字文卷》（附圖四十七），張弼早期多以小幅作品爲主，盛年以後則多採長卷、立軸等大幅作品。此書作於成化二年（1466），時年四十二歲，張弼初中進士。通篇共二一〇行，中間缺「羊」、「景行」等三字，在第一接紙末。行筆縱橫揮灑，欹側動盪，宛如崩崖傾石。

附圖四十七：張弼《草書千字文卷》局部

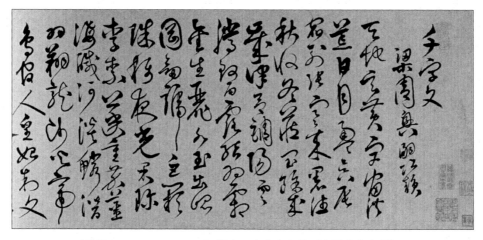

（尺幅：24.3cm×821.9cm）選自：文物出版社《中國法書全集》12

　　《草書七律詩卷》，此卷所錄爲唐元稹《鄂州寓館嚴澗宅》詩，行筆自然生動，輕重緩急，愈加明顯，爲成熟之作。林瀚〔註150〕在《閩刻後序》中曰：

　　　先生天分甚高，下筆若不經意，然氣機流動，神思英發，如決江河，
　　　沛然莫之能禦，如駕萬斛之舟，凌海島，觸洪濤，煙雨晦暝，珍怪
　　　百出，令人心駭目眩可望而不可攀也。〔註151〕

〔註150〕林瀚（1434～1519），字亨大。明閩縣人（福建福州）。成化二年進士。改庶
　　　　吉士，授編修，歷中書舍人。弘治十三年拜南京吏部尚書。瀚素剛方，因上
　　　　言得罪劉瑾，被誣陷爲奸黨，致仕歸鄉。劉瑾伏誅後，林瀚復官。瀚爲人謙
　　　　厚，而自守介然。卒年八十六。贈太子太保，諡文安。見張廷玉，《明史》卷
　　　　一百六十三（中華書局出版社，2010年第9次印刷），頁4428～4429。
〔註151〕張弼，《張東海文集、詩集》附錄序《閩刻後序》（康熙刊本南京圖書館古籍

世人褒獎之詞，毫不過譽。

《草書蝶戀花詩軸》（附圖四十八），此軸是張弼書錄宋王詵《蝶戀花詞》
一首，五行。用筆迅疾飛動，錯落有致，氣勢矯健。王鏊評其書：

> 弼草書尤多自得，酒酣興發，頃刻數十紙，疾如風雨，矯如龍蛇，
> 欹如墜石，瘦如枯藤，狂如醉墨。流落人間，雖海外之國，皆購其
> 蹟，世以爲顚張復出也。〔註152〕

《行草書自書詩卷》（附圖四十九），此書是張弼自作詩七首，分五言、七言，
及短文五則。一百五十七行。書於成化十六年（1480）庚子六月，時年五十
歲，爲晚年作品。張弼行書流傳甚少，從此作可窺其行書，意在突破元代書
風牢籠，轉爲師法宋人。草書則承旭素一脈。通篇用筆沉厚，跌宕多變，牽
絲帶筆處揮灑自如；結字寬扁緊湊，氣勢貫通，宛若東坡之典型。張弼諸體
皆備，楷、行、隸皆擅。董其昌云：「然行押書尤佳，今見者少耳。」〔註153〕
誠然，歲序遷流，今殆不存焉。僅能借助前言，管窺蠡測斷其面目。

附圖四十八：張弼《草書蝶戀花詩軸》

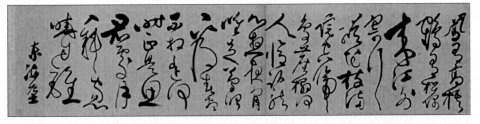

（尺幅：31.3cm×128.4cm）選自：文物出版社《中國法書全集》12

附圖四十九：張弼《行草書自書詩卷》局部

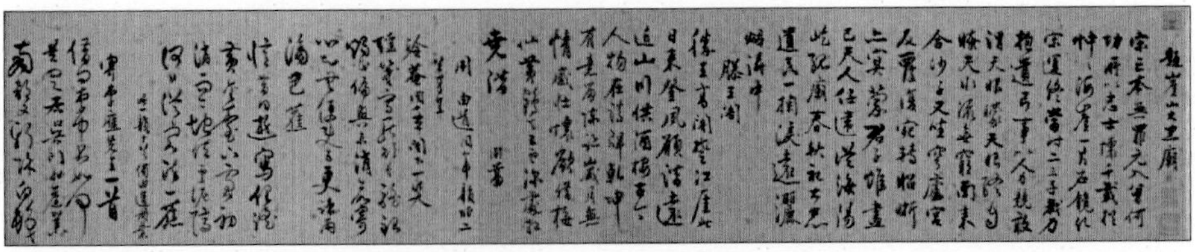

選自：文物出版社《中國法書全集》12

部藏），頁13。
〔註152〕馬宗霍，《書林藻鑑》（臺灣商務印書館，1982年5月第二版），頁304。
〔註153〕馬宗霍，《書林藻鑑》（臺灣商務印書館，1982年5月第二版），頁304。

　　張弼以詩文、書法名世，讀書不治章句，獨慕古人奇節偉行。他直抒胸臆，追峰顛素，其書作往往不計工拙，放浪形骸，亦能獨具一格。這種不拘於形，而求其神的創作理念皆源於書貴自得。如雲間書家董其昌於《跋張東海慶雲堂帖》中曰：

> 今觀此刻，眾體畢備，若有意無意，或矜莊如禮法之士，或瀟灑如餐霞之人，雖與希哲同學醉素。而狂怪怒張則希哲不免，翁無是也。〔註154〕

祝允明云：

> 張公始者尚近前規，繼而蟠然飄肆。雖名走海宇，而知音駭歎。
>
> 〔註155〕

李東陽云：

> 弼嘗自評其草書，以為大者勝小者。予謂英雄欺人每如此，不足信也。及觀韓黃門所藏草書卷，則其大字果勝，賢者固不可測邪。
>
> 〔註156〕

但因部分作品流於雕琢，極盡纏繞之姿，以致書風走向反面。莊昶評張弼草書：「好到極處，俗到極處。」〔註157〕由於這種現象，所以後世批評者亦甚苛烈。

　　貶之者，如項穆《書法雅言》云：

> 如楊秘圖、張汝弼、馬一龍之流，且自美其名曰梅花體。正如瞽目丐人爛手折足，繩穿老幼，惡狀醜態，齊唱俚詞，遊行村市也。
>
> 〔註158〕

楊慎《墨池瑣錄》云：

> 張東海之顫筆如風癱之手，蓋王世家奴所不為。〔註159〕

孫鑛云：

> 海翁筆勢飛動，自是顛旭狂素流派，遣筆處如雲行電掣，安得云緩

〔註154〕董其昌，《容臺別集》卷二（國立中央圖書館，1968年6月初版），頁5。
〔註155〕馬宗霍，《書林藻鑑》（臺灣商務印書館，1982年5月第二版），頁304。
〔註156〕馬宗霍，《書林藻鑑》（臺灣商務印書館，1982年5月第二版），頁304。
〔註157〕馬宗霍，《書林藻鑑》（臺灣商務印書館，1982年5月第二版），頁304。
〔註158〕項穆，《書法雅言》（江蘇美術出版社，2008年1月第一版），頁87。
〔註159〕楊慎，《墨池瑣錄》，收錄於潘遠告主編《明代書論》（湖南美術出版社，2002年11月第一版），頁73。

弱？惟未去俗。凡俗體、俗筆、俗意、俗氣俱不免犯之，蓋亦爲長

沙所誤。〔註160〕

項穆以「惡狀醜態」和楊愼「如風癱之手」對張弼不循矩度，罕得古法提出
批評；孫鑛更將俗體、俗意歸咎爲「長史所誤」，豐坊則直指明初諸家「古法
無餘，濁俗滿紙」，〔註161〕措詞嚴厲，不免流於苛刻。張弼的草書雖未達盡善
處，但從《千字文》、《草書七律詩軸》等，體勢縱橫、摒棄章草用筆，不同
於宋克、陳璧、二沈諸家。由此窺知，張弼師法顚、素一脈，脫離元人軌
轍，不迷信古人成法，不守故常，另闢蹊徑，皆臻神妙。直至祝允明出，承
接張弼大草氣候，自成一家。誠如此，仁智異見，張弼對明代大草貢獻是堪
予肯定的。

二、熙熙穆穆之風——陳獻章

　　陳獻章（1428～1500）字公甫，號石齋，廣東新會人。因家居白沙村，
故人稱白沙先生。曾兩赴禮闈應試不第，絕意科舉，歸隱白沙，受學於明代
大儒吳與弼。居半載歸，讀書窮日夜不輟，築春陽臺，靜坐其中，數年無戶
外跡。久之，復遊太學，名振京師，召至京，屢辭疾不赴。一生唯重澄心，
於靜中養出端倪。創「江門心學」、開明代心學之先河。

　　陳獻章承家學，少受儒學薰陶，祖父永盛，少慧不省世事，好讀老氏
書，嘗慕陳希夷之爲人；〔註162〕父親陳琮，號樂芸居士，善詩，十載長吟，
語多奇麗。因體羸善病，二十七歲卒之，〔註163〕由生母守節教育子女。林氏
信仰佛教，及病命以佛事禱，白沙從之。〔註164〕陳獻章自幼警悟絕人，讀書
一覽輒記。一日讀《孟子》「有民者，達可行於天下，而後行之。」一句之
後，慨歎曰：「嗟夫，大丈夫行己當如是也。」〔註165〕遂效法先賢、求取功

〔註160〕孫鑛，《書畫跋跋》，收錄於潘遠告主編《明代書論》（湖南美術出版社，2002
　　　　年11月第一版），頁166。

〔註161〕豐坊，《書訣》，收錄於《明人書學論著》（世界書局，2010年7月四版五刷），
　　　　頁4。

〔註162〕陳獻章，《陳白沙集》卷九附錄，收錄於《景印文淵閣四庫全書》集部六，別
　　　　集類（臺灣商務印書館，1986年），頁1。

〔註163〕陳獻章，《陳獻章集》附錄二（中華書局，1987年7月第一版），頁803。

〔註164〕張詡，《白沙先生墓表》，收錄於《陳獻章集》附錄二（中華書局，1987年7
　　　　月第一版），頁873。

〔註165〕張詡，《白沙先生墓表》，收錄於《陳獻章集》附錄二（中華書局，1987年7
　　　　月第一版），頁869。

名，以圖匡國濟世。先後於正統十二年（1447），時年二十歲中舉人；隔年，赴京禮部參加會試，應舉落榜，入國子監讀書。景泰二年（1451）時年二十四歲，於成化五年（1469）時年四十二歲，二赴禮闈下第，深知仕宦險惡，絕意仕進，杜門掃卻，潛心問學。窮盡古今典藉，不僅讀儒家經典，還旁及釋老、稗官、小說，學問也日益精深。

明初厲行文化專制政策，將程朱理學奉爲官學，科舉考試意在代聖賢立言，不能隨意發揮。以致學者躬行實踐，在思想方面鮮少發揮創造。當時最受推崇的理學家，當屬薛瑄〔註166〕創立的「河東之學」，與吳與弼〔註167〕創立的「崇仁之學」，並稱南北兩大儒。薛瑄繼承儒家傳統的民本觀，以民心爲重。他指出：「自古未有逆民心而得天下者，幸而得之亦不過數傳耳。」〔註168〕強調篤行踐履，認爲「爲學於應事接物處，尤當詳審，每日不問大事小事，處置悉使合宜，積久則業廣矣。」〔註169〕薛瑄的爲學風格，對其後學影響很大，從而演化出「關中之學」和「三原之學」；他們皆謹守程朱之繩墨，在學術上缺乏創見。

吳與弼篤志理學，平生不輕易著述，一生皆在家居講學，他講學授徒，多以禪語機鋒，啓發學生自悟。他主張：「學者踐履工夫，從至難至危處試驗過，方始無往不利。」〔註170〕「人須於貧賤患難上立得腳住，克制粗暴，使心性純然，上不怨天，下不尤人，物我兩忘，惟知有理而已。」〔註171〕在謹守程朱之學的基礎上，吳與弼也受到陸九淵心學的影響。重視「主靜」的涵養工夫，提倡「靜觀」、「夜思」的冥悟。陸九淵與朱熹在鵝湖之會上，曾相互激辯，陸九淵批評朱熹太過「支離」，朱熹則批評陸九淵太過「簡易」。吳與弼反對傳註支離繁瑣，實與陸九淵相合。這兼採朱陸之長的思想，爲其弟

〔註166〕薛瑄（1389～1464 年），字德溫，號敬軒，山西河津人。永樂十九年（1421年）成進士，著有《讀書錄》、《薛文清集》。《明史》卷二百八十二，有載其生平。

〔註167〕吳與弼，（1391～1469），初明夢祥、長弼，字子傳，號康齋，江西省崇仁縣人。一生不應科舉，刻苦勤奮，篤志理學。著有《日錄》一卷、《康齋文集》十二卷。《明史》卷二百八十二，有載其生平。

〔註168〕薛瑄，《讀書錄》卷三，收錄於《景印文淵閣四庫全書》子部，儒家類（臺灣商務印書館，1986 年），頁 7。

〔註169〕薛瑄，《讀書錄》卷二，收錄於《景印文淵閣四庫全書》，儒家類（臺灣商務印書館，1986 年），頁 18。

〔註170〕黃宗羲，《明儒學案・崇仁學案》（中華書局，1985 年 10 月第一版），頁 21。

〔註171〕黃宗羲，《明儒學案・崇仁學案》（中華書局，1985 年 10 月第一版），頁 23。

子陳獻章發揚光大，遂成心學之發端。陳獻章對於心學思想的發展過程，《復趙提學僉憲三則》有簡略敘述：

> 僕才不逮人，年二十七始發憤，從吳聘君學，其於古聖賢垂訓之書，蓋無所不講；然未知入處。比歸白沙，杜門不出，專求所以用力之方，既無師友指引，惟日靠書冊尋之，廢寢忘食，如是者亦累年而卒未得焉。所謂未得，謂吾心與此理未有湊泊吻合處也。於是舍彼之繁，求吾心之約，惟在靜坐，久之然後見吾此心之體，隱然呈露，常若有物，日用間種種應酬，隨吾所欲，如馬之銜勒也；體認物理，稽諸經訓，各有頭緒來歷，如水之有源委也。於是渙然自信曰：作聖之功，其在茲乎！〔註172〕

陳獻章的心學，源於理學轉化而來，認為「道為天地之本」與朱熹「理」為「生物之本」同功。更進一步提出萬物萬理具於「一心」的觀點，不同於朱熹給予「理」以絕對的主體地位。他認為「君子一心，萬理完具，事物雖多，莫非在我。」〔註173〕他以「心」為立論基礎，宇宙萬物都離不開，「心」的作用。又認為「道」為天地萬物之本，天地萬物之理無非在我心中，宇宙萬物之理唯有通過心的體認才能顯露出來，如此才能實現心道合一之境。

　　陳獻章提倡「為學須從靜坐中養出個端倪來。」其靜坐需要三個階段：「洗心」、「靜思」、「自得」。通過靜坐與自思達到「內忘其心，外忘其形，其氣浩然，物莫能幹，神遊八極！」〔註174〕，如此才能率乎自然，不受變於俗，而有自得。有了此種涵養功夫，胸次澄澈，才能於日用間處處合理。陳獻章去繁就簡，將程朱的「支離」之學洗蕩乾淨，轉變為合心與理的「心學」。此學術主張，對於明初以來守先儒之正傳，無敢改錯的陳腐學風，產生極大影響。

　　陳獻章擅書法，以行草名世，能作古人數家字，對於書法的主張也隱含著「心學」的內涵。在談及自己的書法時說道：

> 予書每於動上求靜，放而不放，留而不留，此吾所以妙乎動也。得志弗驚，厄而不憂，此吾所以保乎靜也。法而不囿，肆而不流，拙而愈巧，剛而能柔。形立而勢奔焉，意足而奇溢焉。以正吾心，以

〔註172〕陳獻章，《陳獻章集》卷二（中華書局，1987年7月第一版），頁145。
〔註173〕陳獻章，《陳獻章集》卷一（中華書局，1987年7月第一版），頁55。
〔註174〕陳獻章，《陳獻章集》卷二（中華書局，1987年7月第一版），頁190。

陶吾情，以調吾性，吾所以遊於藝也。〔註175〕

可知陳獻章以哲學與藝術相結合的宗旨。陳獻章早年書法已得晉人旨意，天真縱逸，不拘於形似。後摻宋人筆意，意態縱橫飛動；他師古而不泥古，將古人法化爲己用，自謂有熙熙穆穆之風。清人屈大均云：

> 夫書而至於熙熙穆穆，豈非超聖入神，而手與筆皆喪者乎！此與勿忘勿助之間，同一天機，非神會者不能得之。學者因先生之書以得夫自然之學，毋徒役耳目於翰墨之間，斯爲可貴焉耳。〔註176〕

傳世作品如：

《草書朱子敦本章軸》（附圖五十）：此軸作於成化元年（1465），時年三十八歲。用筆恣肆中寓法度，流暢中見不羈，不失魏晉法度，爲少數的早年書作。湛若水於《跋周氏家藏先師石翁初年墨跡後》云：

> 此吾師石翁初年墨跡，而周生榮末所藏也，時已得晉人筆意，而超然不拘於形似，善學晉者也。〔註177〕

《自書詩卷》：此卷書於成化十八年（1482），時年五十五歲，是「奉召」去北京自廣東新會家中出發在半途所作。筆觸與詩情相映生輝，大處敢於

附圖五十：陳憲章《草書朱子敦本章軸》局部

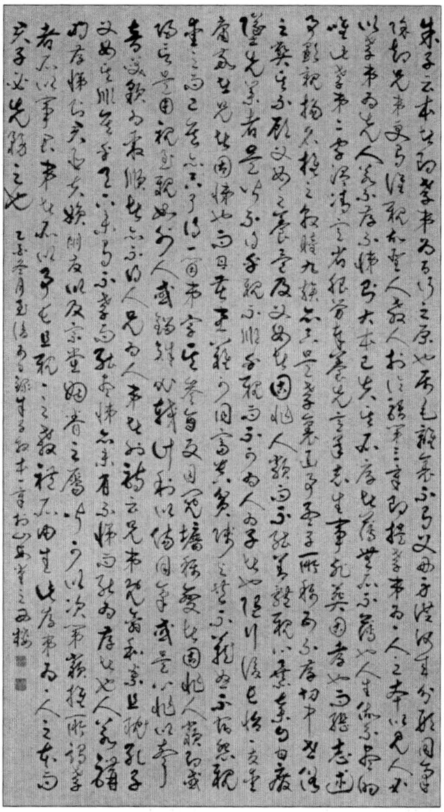

（尺幅：183.5cm×109.8cm）
選自：文物出版社《中國法書全集》12

〔註175〕陳獻章，《陳獻章集》卷一（中華書局，1987年7月第一版），頁80。

〔註176〕屈大均，《廣東新語》卷十三（中華書局，1997年12月第二次印刷），頁364。

〔註177〕湛若水，《湛甘泉先生文集》卷二十一，《跋周氏家藏先師石翁初年墨蹟後》，收錄於《四庫全書存目叢書》集部，別集類（齊魯書社，1997年7月第一次印刷），頁50。

落墨，小處不飾雕琢，詩行錯落，更添逸趣。

按陳獻章行草作品約以成化十九年為界，前者多為清麗瘦勁。爾後，因絕意仕途，心態轉為沖謙平和，將書法寄寓於哲學與學問之中，促使他不拘泥於法度，撤百家藩籬，追求自得意趣。因歸隱山居，筆或不給，束茅代之。擒縱、頓挫、使轉、曲直、欹正、虛實……皆相映成趣，頓形天壤。晚年專用，遂成自家面目，人爭效之，時呼為「茅筆」字。〔註178〕傳世作品如：

《大頭蝦說》（附圖五十一）：此卷書於弘治元年（1488），時年六十一歲，因茅草粗硬勁挺，寫來樸拙生辣，飛白相生，兼以下筆迅疾奔放，又鮮少連綿，可謂拙中藏巧，獨樹一幟。徐邦達云：「此軸用茅龍草書，氣骨蒼厚。」〔註179〕

《行書送劉岳伯詩卷》：無紀年。此行書詩卷，筆墨蒼勁瘦硬，筆力勁健，瀟灑自然，兼得宋人意趣，別具風格，為茅草書代表作品。卷中稱「劉岳伯」當為劉大夏〔註180〕，弘治二年（1489）服闋遷廣東右布政

附圖五十一：
陳憲章《大頭蝦說》

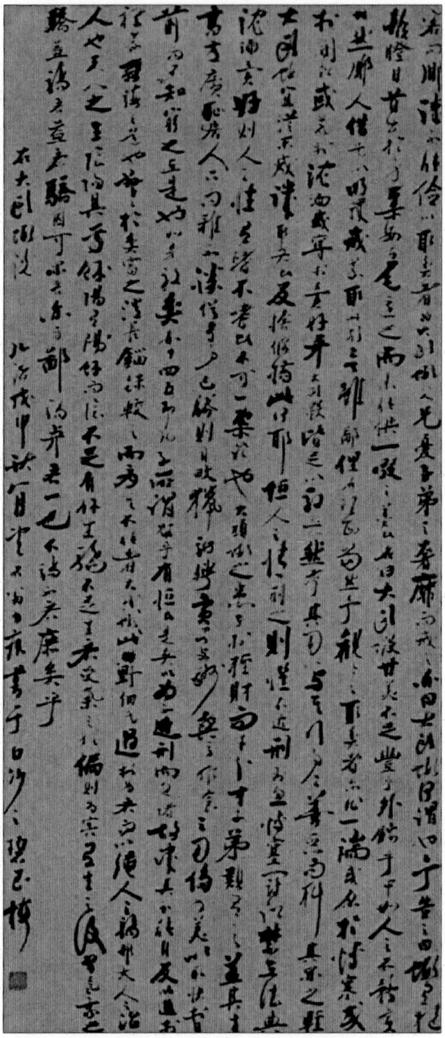

（尺幅：158.5cm×69.9cm）
選自：文物出版社《中國法書全集》12

〔註178〕劉長春，《書家列傳》（香港三聯書店有限公司，2006年5月），頁162。

〔註179〕詳見徐邦達，《古書畫過眼要錄·元明清書法》（貳）（紫禁城出版社，2006年2月第一版），頁809。

〔註180〕劉大夏（1436～1516），字時雍，號東山，華容人。歷任翰林院庶吉士、吏部侍郎、總督兩廣軍務兼巡撫、兵部尚書等職。為官四十二年，歷任四朝，清廉篤實，深得朝野稱譽。《明史·卷一百八十二》有載其生平。

使，故稱岳伯。此書應爲當時所作。後來經由沈舒用、周昌富、許正駿等人鑒藏。

《種萆麻詩卷》（附圖五十二）：爲茅龍筆所書，曾爲廣東張嘉謨（1829～1887）家藏，後有番禺劉彬華於嘉慶二十年（1815）、南海龐霖和吳川林召堂於道光三年（1823）題跋。陳獻章嘗自詡：「茅君稍用事，入手稱神功。」〔註181〕此卷筆鋒雄健古樸，無造作軟弱之姿，盡顯沉雄蒼勁之貌。

附圖五十二：陳獻章《種萆麻詩卷》局部

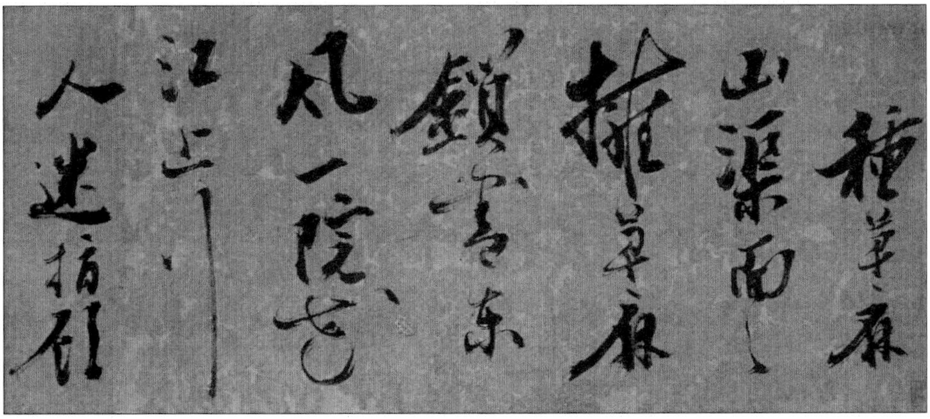

（尺幅：25.3cm×428cm）選自：文物出版社《中國法書全集》12

陳獻章以自然爲宗，視個人修養與胸次之高妙爲作書的關鍵。所創之茅筆書，觀之震撼人心，結體奇譎險勁，跌宕抑揚，於粗服亂頭間直見本性。那不爲規矩繩墨所束，直抒情懷，自然成章，自是心學的自然體現。在《與湛民澤》云：

> 人與天地同體，四時以行，百物以生。若滯在一處，安能爲造化之
> 主耶？古之善學者，常令此心在無物處，便運用得轉耳。學者以自
> 然爲宗，不可不著意理會。〔註182〕

陳獻章一生大多避居嶺南，就當時書風，以草書與擘窠大字最爲時尚；當時多有欲求其書法者，得其片紙，藏以爲寶。他還撰寫了大量碑文，這些碑刻

〔註181〕陳獻章，《病中寫懷，寄李九淵》，收錄於《陳獻章集》卷四（中華書局，1987年7月第一版），頁289。

〔註182〕陳獻章，《與湛民澤》，收錄於《陳獻章集》卷二（中華書局，1987年7月第一版），頁192。

可以說是處處見深造之功。按屈大均載：「諸石刻皆親視工爲之。故《慈元廟碑》、《浴日亭碑》、《莊節婦碑》諸碑，粵人以爲寶。」〔註183〕永宣之後，人趨時尚，於是效陳獻章者，靡然成風，可見陳獻章書法影響之大。但這些追隨者多未得白沙書法之精髓，王世貞則直指陳獻章「詞旨縱放，又多潦倒筆，半不成字。」〔註184〕孫鑛故而以「是其末流也。」〔註185〕斥之。

陳獻章以茅筆鋒毫禿散，疏放質野之性，成就了奇氣千萬丈，峭削槎枒，自成一家。與臺閣體端正遒媚大異其趣。他說：「能書法本同，萬物性各異。茅君疏而野，拘拘用乃廢。」〔註186〕實爲尊重傳統而不爲所囿，意在追求率眞，自然冥契之境。此等功夫皆得力於靜修涵養而來，在明初是難以復見的。

綜觀明初書家，宋克以魏晉是尚，宋廣得旭素三昧，宋璲行草而外，兼以篆名。陳璧以二王爲宗，將章草與今草溶於一格。二沈恩寵罕比，書風歷三代不衰。解縉小楷精絕，遂爲臺閣典型。張弼以草書蓋一世，素狂旭醉，震盪人心。陳獻章後，書壇代不乏人，也直接影響了明代中晚期的浪漫書風，祝允明、徐渭、黃道周、傅山、王鐸……等，可謂彬彬大盛，流派紛呈。在不同程度上受到明初諸家的影響，從而自鳴天籟。這百年之盛的書體，其影響深遠在眾多論述中，不可言喻。絕非王世貞所言：「我明書法，國初尚亦有人，以勝國之習，頗工臨池故耳。嗣後雷同，影響未見軼塵。」〔註187〕其漏謬之論，昭然明矣。

〔註183〕 屈大均，《廣東新語》卷十三（中華書局，1997 年 12 月第二次印刷），頁 364 ～365。

〔註184〕 王世貞，《弇州山人題跋》（浙江人民美術出版社，2012 年 7 月第一版），頁 207。

〔註185〕 孫鑛，《書畫跋跋》，收錄於《歷代書法論文選續編》（上海書畫出版社，2010 年 4 月第七次印刷），頁 243。

〔註186〕 陳獻章，《不習書絹，殊故失態，以付染師，作碧玉老人臥帷矣。呵呵！拙詩紀興，錄上顧別駕先生，以摶一笑》，收錄於《陳獻章集》卷四（中華書局，1987 年 7 月第一版），頁 305。

〔註187〕 王世貞，《弇州四部稿》卷一百五十四，收錄於《欽定閣四庫全書》集部，別集類（臺灣商務印書館，1986 年），頁 14。

第四章 《永樂大典》與內閣制度對臺閣體的影響

　　明朝立國之初，施政嚴酷，殺伐決斷，任意株連，人民無不心生戰慄。朱允炆有鑒於此，實行禮樂教化，欲託古改制，惜因失國未能如願。

　　永樂元年（1403），朱棣以「靖難」之名登極，是為成祖，改元永樂。成祖繼位後，大殺惠帝舊臣，誅及宗族親友。為消弭民怨，籠絡人心，對不反對他的知識份子，多方優容。他尊崇儒學，延攬儒生，讓他們大規模地編纂圖書典籍，以博得稽古右文的美名，遂行編纂《永樂大典》。並要求凡公文詔書，必求精工，小楷成為從政的必備能力之一。也順勢帶動國家圖書事業，與民間傳抄書籍之風。

　　如上所述，明代內閣大庫禁衛森然，因中書居東西兩房，各辦其事，中書舍人亦可隨意進出文淵閣，翻閱歷代冊籍與內閣大庫檔案。加上國家誥敕及宮殿匾額，皆用書法極端正者，謂之中書格。因此，普遍認為，所謂臺閣體即《永樂大典》與中書舍人們的書法，或宮廷書辦官員的字體。針對此問題，楚默於《明初書法概論》一文，指出臺閣體須具備如下條件：

1. 社會經濟發展，社會生活相對安寧，沒有像朱元璋時期的「黨獄」和文化專制等高壓政策。
2. 君臣關係極為融洽，有商討文藝的氛圍，這樣臺閣大臣纔有一種特殊的心態。
3. 臺閣大臣大多掌制誥制敕之職，又有一手好書法，並不是入閣大臣之書均能稱臺閣體。

4. 君主的喜愛和提倡。〔註1〕

在此條件下，本章依史料所載，針對《永樂大典》的編纂，及明初內閣、翰林院的形成與庶吉士的發端，援引諸家論述，以了解臺閣體的興廢。至於《永樂大典》的抄書手與書辦的抄寫小官，本文均不列入，旨在以藝術存廢價值為尚，避免將日常抄寫與藝術書寫混為一談。

第一節　《永樂大典》的編纂

歷代開國之初，纂修盛，為帝皇稽古右文之雅事。歐陽修云：「竊以右文興化，乃致治之所先；著錄藏書，須太平而大備。」〔註2〕

《永樂大典》（附圖五十三）的編纂，始於《文獻大成》，在此基礎上加以增廣；並發端於解縉。解縉在《大庖西封事》中，對太祖平日喜歡翻閱的《說苑》《韻府》及《道德經》等書分別給與「誕妄」、「鄙猥」與「穢蕪」的評語，並認為略無可采。進而表示：「陛下若喜其便於檢閱，則願集一二志士儒英，臣請得執筆而隨其後，上溯唐、虞、夏、商、周、孔之華奧，下及關、閩、濂、洛之佳范，根實精明，隨事類別，以備勸戒，刪其無益，焚其謬妄，勒成一經，上接經史，豈非太平製作之一端也與？」〔註3〕

《永樂大典》為永樂朝一重要文化建設，明初徐達北伐攻陷大都，收羅宋、遼、金、元數代藏書，置南京文淵閣。成祖即位，命解縉統領其事；永樂二年（1404）十一月修成進上，賜名《文獻大成》。成祖對《文獻大成》向多未善，擇採不廣，尤其是許多新入藏書未能收入，遂命重修。並動員文士二千一百八十人。〔註4〕將「書契以來經史子集百家之書，至於天文地志、陰陽醫卜、僧道技藝之言，備輯一書，毋厭浩繁。」〔註5〕

〔註1〕 楚默，《明初書法概論》，收錄於《中國書法全集 58・明代名家一》，頁 7。

〔註2〕 歐陽修，《謝賜〈漢書〉表》，收錄於《歐陽修全集》下冊（北京：中國書店，1986 年版），頁 728。

〔註3〕 解縉，《文毅集》卷一《大庖西室封事》，收錄於《景印文淵閣四庫全書》集部六，別集類，頁 3～4。

〔註4〕 按孫承澤，《春明夢餘錄》（北京古籍出版社，1992 年 12 月第一次印刷），頁 155。所載，《永樂大典》的編纂人為：「正總裁三人，副總裁二十五人，纂修三百四十七人，催纂五人，編寫三百三十二人，看詳五十七人，謄寫一千三百八十人，續送教授十人，辦事官吏二十人，凡二千一百八十一人。」

〔註5〕 《明太宗實錄》卷二一，永樂元年，秋七月丙子朔（北京大學圖書館紅格抄本微捲影印），頁 9。

附圖五十三：《永樂大典》

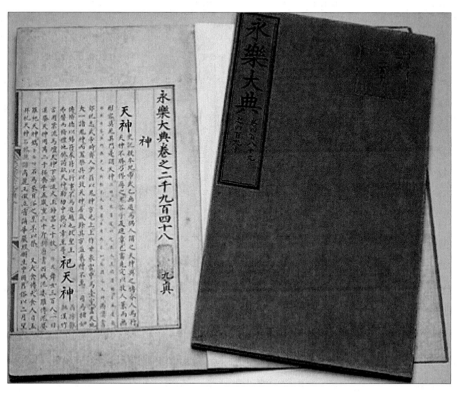

（尺幅：50.5cm×30cm）　選自：台北故宮博物院《妙筆生花》

　　《永樂大典》歷經五年成書，全書二萬二千八百七十七卷，另有凡例、目錄六十卷，裝成一萬一千九十五冊，約三億七千萬字。全書所採古書達七八千種，包括經、史、子、集、天文、地志、陰陽、醫卜、僧道、戲劇小說、農藝、工技等。全書編輯方法是以《洪武正韻》〔註6〕爲綱，分類依次收載，所收書籍一字不易，完全按原著整段、整篇乃至整部抄入。原書書名和作者名，均以紅字寫出，極爲醒目。

　　成祖審閱後認爲此書：「包括宇宙之廣大，統會古今之異同。巨細精粗，粲然明備。其餘雜家之言，亦皆得以附見。」〔註7〕由於工程浩大，編纂人員

〔註6〕　《洪武正韻》是編纂於明太祖洪武八年（1375）的一部韻書，全書共分七十　　　　　六部，其中平、上、去三聲共二十二部，入聲十部，由於平、上、去三聲的　　　　　讀音是一脈相承，故實際該書只有二十二韻。
〔註7〕　解縉等，《永樂大典》第十冊《永樂大典目錄·明成祖文皇帝御制永樂大典序》　　　　　（中華書局出版社，1986年6月版），頁1。

眾多，以致全書在體例上割裂龐雜，漫無條理，或一字一句分韻。或析取一篇，以篇名分韻。或全錄一節，以書名分韻。與卷首《凡例》多不相應，殊乖編纂之體。〔註8〕儘管如此，《永樂大典》編纂功非淺鮮。體例問題，並不影響其存在價值。如全祖望所云：

> 夫偶舉一事，即欲貫穿前古後今書籍，斯原屬事勢所必不能；而《大典》兼容並包，不遺餘力，雖其間不無汗漫凌雜之失，然神魄亦大矣。〔註9〕

但也因如此，元以前佚文秘典，轉賴其全部全篇收入。直至清乾隆年間修纂《四庫全書》，竟從殘缺散佚的《永樂大典》中，輯出佚書達五百多種，促使古代文獻賴以流傳。〔註10〕

　　《永樂大典》於永樂六年（1408）告竣後，成祖親制序文以冠之。並清抄一部，是為正本，藏南京文淵閣，稱作「正本」或「永樂鈔本」。當時，曾擬刊刻，以廣流傳，但因工費浩繁而未能實行。至於原稿，由於史料缺乏，難以考究其詳。

　　永樂十九年（1421），成祖定都北京，《永樂大典》亦隨之移貯北京宮內文樓。嘉靖四十一年（1562），為防不測，世宗命重錄一部，貯之他所。並派專人對所錄副本進行校理，歷經數載，至穆宗隆慶元年（1567）始竣工，藏皇史宬。斯為《永樂大典》之「副本」或「嘉靖鈔本」。正本在重錄後不知所蹤，原因未詳。按張升於《永樂大典流傳與輯佚研究》一書，針對《大典》正本遺失提出六點可能原因：

1. 毀於明末清初南京：周應賓《舊京詞林志》卷三《書籍》云：「今內府所有書籍，外人不得而知，第聞隆慶初以《永樂大典》原本送還南內，逸其一云。」為何要將正本運回南京，不好理解，大概是得之傳聞；另外，若正本送歸南京，涉及人員必然眾多，除周應賓外，何以當時及後來無人道及？至不可信。

2. 殉葬說：究其依據，主要有兩點，其一，此書之重抄完成時間與嘉靖帝之葬期有暗合處；其二，嘉靖帝喜歡此書。但《永樂大典》

〔註8〕　見《四庫全書總目》卷一三七，《永樂大典提要》。

〔註9〕　全祖望著，朱鑄禹彙校集注，《全祖望集彙校集注》中冊，鈔《永樂大典》記（上海古籍出版社，2000年12月版），頁1071。

〔註10〕　王天有、高壽仙，《明史‧一個多重性格的時代》（台北：三民書局股份有限公司，2008年5月初版一刷），頁110。

體積龐大達四十立方米，要藏於地宮，必須花費大量人力，因此，不可能保密到連蛛絲馬跡也不留。

3. 萬曆年間焚毀說：萬曆二十五年（1597），兩宮三殿失火，談遷《國榷》卷六十五載：「萬曆末，《永樂大典》不存，抑火失之耶？」談遷的話只是一種推測，因爲焚毀《大典》，應爲大事，會有人提到或史官記錄，外人亦會有傳聞，不會是什麼秘密。何以一直無人提及？更爲重要的是，當時親歷此事的大學士沈一貫在談到此次火災之禍害時，也沒有提到《大典》被焚。

4. 藏於皇史宬夾牆內：皇史宬的夾牆固然很厚，非爲藏《大典》之用。況從收藏的穩妥與安全考慮，《大典》副本在重錄完成後即入藏皇史宬，不可能再把正本藏在同一處所。

5. 嘉慶年間失火毀於乾清宮中：全祖望根據清世祖順治帝曾閱讀過《永樂大典》，推測《大典》之正本在清初仍保存在乾清宮，副本貯藏在皇史宬。不過，這種說法是沒有根據的。乾隆元年修《三禮》時，利用的就是翰林院所藏的《大典》副本。另外，乾隆三十八年開館修《四庫》時，因《大典》有缺失，曾下令在全國進行搜求。如果當時宮中有正本，肯定不會只是利用翰林院所藏有殘缺的《大典》進行輯佚書。

6. 明末焚毀於北京宮中：郭沫若在重印《永樂大典》序中說「從此正本與副本分藏於文淵閣與皇史宬。明亡之際，文淵閣被焚，正本可能毀於此。」到目前爲止，此說相對而言較爲可信。〔註11〕

目前有關《大典》正本下落的論著大都採用明末焚毀於北京宮中這種說法。至於副本在萬曆時亦已有散佚，至清開四庫館，《永樂大典》移置翰林院，發現僅存九千餘本，此後對《永樂大典》因疏於管理，光緒元年（1875）重修翰林院時，清點後僅存不及五千冊。光緒二年（1876），只剩下三千餘冊。光緒十二年（1886）繆荃孫在翰林院敬一亭查親自閱即有九百餘冊。至光緒二十年（1894）翁同龢入院點檢時，僅存八百餘冊。特別是光緒二十六年（1900）庚子事變，翰林院被焚。使館官員、侵略官兵及清廷官吏乘機劫掠。宣統元年（1909）清點翰林院所藏《永樂大典》，僅存六十四冊，被陸潤庠運回府中。

〔註11〕張升，《永樂大典流傳與輯佚研究》（北京師範大學出版社，2010 年，6 月第一版），頁 24～27。

中華民國成立後，交由京師圖書館儲藏。〔註12〕

　　虞萬里在〈有關《永樂大典》幾個問題的辨證〉一文中考釋，參與《永樂大典》編纂，諸如監修、副監修、都總裁、總裁副總裁以上四十餘人行歷，大致有六種類型：

1. 是成祖親信：如姚廣孝是「靖難」功臣；鄭賜是北平布政司右參議，事成祖甚謹；李至剛建文時繫獄，成祖起爲右通政，修《實錄》，甚見親信。皆由成祖提拔。

2. 是永樂二年進士：如曾棨、楊相、余學夔等，皆成祖欽點之人。

3. 是以特長聘用者：陳濟本是布衣，以學問聘；蔣用文、趙友同以醫術聘；柴欽以禮樂音韻聘。

4. 是洪武年間的朝臣或地方官。梁潛本四會知縣，原任副總裁，永樂六年始代鄭賜；張伯穎洪武十八年進士，曾在廣東陽山縣任教諭；胡儼本華亭教諭，由解縉薦入翰林，永樂二年任國子監祭酒。

5. 是與建文有關係者：劉季篪是建文時刑部侍郎，但成祖入金川門時劉是迎附擁戴者；蘇伯厚曾從方孝孺修《類要》，元年修《實錄》升檢討。

6. 是建文二年進士：如吳溥、李貫、楊溥、朱紘、蔣驥等四人，李貫、楊溥逢迎成祖，朱、蔣皆因修《實錄》而遷升。〔註13〕

至於解縉召集的一百四十七位編纂人員，雖文獻記載缺略，但除了遷除、亡逝之外，絕大部分都參加修訂。在修計的二千餘人當中，謄寫者一千三百八十人，占預修總數的百分之六十多。文獻對謄寫人員記載較少，按王重民《永樂大典纂修人考》一文，略爲排比，得二百四十六人，〔註14〕謄錄皆書手，纂修亦多新進士或外聘人員，其中不乏重要人物。如：

　　陳祚，公諱祚，字永錫，永樂初詔修《大典》，以善書預選。〔註15〕

〔註12〕張升，〈永樂大典副本流散史〉，收錄於《中國典籍與文化》（2004年第四期載）。

〔註13〕虞萬里，〈有關《永樂大典》幾個問題的辨證〉，收錄於《史林》（2005年第6期），頁27～28。

〔註14〕王重民，《永樂大典纂修人考》，收錄於《文史》第四輯（1965年6月），頁171。

〔註15〕錢毅，《吳都文粹續集》卷四十二，吳寬《福建提刑按察司陳公墓表》，收錄於《景印文淵閣四庫全書》集部，總集類，頁36。

（《吳都文粹續集》）

李順，李氏世爲滁人，善楷書，預書《永樂大典》，《大典》成，授刑部主事。〔註16〕（《謙齋文錄》）

張俊，張氏之先句容人，諱俊，字俊明。自幼聰敏好學，弱冠爲縣庠生，讀書作文名出儕輩，上會朝廷修《永樂大典》，徵群儒集館閣，君以能書與焉。書成，入太學，擢爲左軍都督府都事。〔註17〕（《抑庵文集》）

夏孟暘昺，昶之兄也。精書法，欲修《永樂大典》，初授永寧縣丞，被誣謫戍，大學士楊榮薦書釋典，擢中書舍人。善繪雲山嵐樹，得意不減米南宮、高房山。〔註18〕（《六研齋筆記》）

丘宗，華亭人，永樂中，以楷書辟舉修《永樂大典》，除中書舍人，大理寺正。〔註19〕（《松江志》）

周旼，字中和，浦江人。以文辭知名，尤工眞行書，永樂初召人文館，與修《大典》，擢中書舍人。〔註20〕（《六藝之一錄》）

黃佐《翰林記》載：「至於修他書者不能盡記，大率成化以後纂修皆純用本院官，而《永樂大典》、《四書五經》、《性理大全》、《寰宇通志》庶吉士亦得與焉。」〔註21〕再再說明編纂《永樂大典》除薈萃內外儒臣與四方善書之士外，當時庶吉士也參與其中。永樂二年（1404），時逢大比，《國榷》載曰：

永樂二年，五月辛丑，諸司辦事進士曾愼、魏驥、吳墩、漆霄、趙理、趙琰、韓庸、史彬、徐觀、樊靜、曹彥昌、陳旭、田埜、羅處富、邢旭、曾恕、王完、葉貞、陳興、俞禮、趙濬、潘中、徐昤、

〔註16〕 徐溥，《謙齋文錄》卷四，《采石李氏先塋碑銘》，收錄於《景印文淵閣四庫全書》集部，頁11。

〔註17〕 王直，《抑庵文集》卷十，《故德清令張君墓碣銘》，收錄於《景印文淵閣四庫全書》集部，頁48～49。

〔註18〕 李日華，《六研齋筆記・二筆》卷二（南京：鳳凰出版社，2010年3月第1版），頁119。

〔註19〕 孫岳頒，《御定佩文齋書畫譜》卷四十，收錄於《景印文淵閣四庫全書》子部，頁69。

〔註20〕 倪濤，《六藝之一錄》卷三百六十三，收錄於《景印文淵閣四庫全書》子部八，頁18。

〔註21〕 黃佐，《翰林記》卷十二，《纂修》，收錄於《景印文淵閣四庫全書》史部，職官類，頁13。

胡秉彝、周志義、俞益、曹睦、楊儀鳳、譚原性俱能書，選翰林院

庶吉士。〔註22〕

更明確指出所具備條件是「俱能書」，顯然是爲了編纂謄錄的需要而選。從上層決策、組織到編纂、抄寫、點勘，可說集一時俊彥，尤足以見一代人材升降之概。

誠如上述，《永樂大典》重錄後正本早已不知所蹤，今所見斯爲「嘉靖鈔本」，字裡行間無不瀰漫趙孟頫筆意。其書風是否與正本如出一格？

按成祖好文喜書，特重沈度、沈粲兄弟；沈氏兄弟在宋克書風基礎上，上朔趙孟頫楷書，並轉化成皇帝喜愛的書風。後生小子，朝學操觚；或書籍抄寫。勘刻成冊，莫不以趙體爲矩度。如：

永樂七年（1409），《聖學心法》（附圖五十四），此書徵引經、史、子、集，前有明成祖「御制序」五千餘字。行筆秀潤，出矩入規，無煩造作。

附圖五十四：《聖學心法》局部

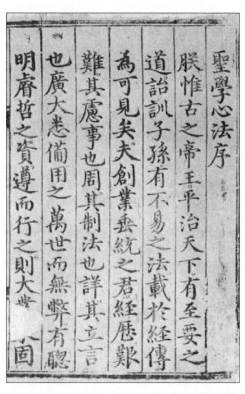

（尺幅：24.8cm×17.6cm）選自：《書法與古籍》

永樂十五年（1417），由永樂皇帝詔令編纂，《諸佛世尊如來菩薩尊者神僧名經》（附圖五十五），凡二百二面，線裝十二冊，結構精密，肉骨勻和，通篇尤爲疏朗，與趙孟頫早期小楷《太上老君說常清靜經》，有異曲同工之妙。

永樂十八年（1420），《孝順事實》（附圖五十六），由永樂皇帝詔令編纂，此書收入二百〇七則孝行，每則均附有一條道德說教與兩首勸誡詩，既爲科舉應試，也旨在勸人爲善。行筆清潤不露芒角，隱然有趙氏家法。

〔註22〕談遷，《國榷》卷十三（中華書局出版社，1988年6月第2次印刷），頁932～933。

附圖五十五：《諸佛世尊如來
菩薩尊者神僧名經》局部

附圖五十六：
《孝順事實》局部

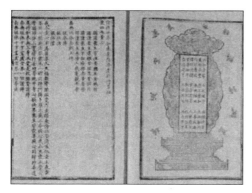

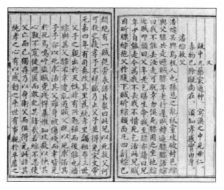

（尺幅：28.7cm×18.3cm）
選自：《書法與古籍》

（尺幅：26.5cm×16.9cm）
選自：《書法與古籍》

從所列舉出永樂朝所留下的御制書籍，皆採用趙氏小楷，有助於了解永樂朝的審美趨向；旨在正本清源，庶幾還原《永樂大典》正本面貌之本質。截止十五世紀，趙體仍被廣泛採用，對臺閣體影響之深足可見矣。

從上述得知，《永樂大典》的編纂過程與參與成員，是否如孫承澤《春明夢餘錄》所言：「至靖難之舉，不平之氣遍於海宇，文皇借文墨以消壘塊，此時係當日本意也。」〔註23〕實難以定說，但由解縉「以備勸戒，刪其無益，焚其謬妄。」的初衷，不難想像意在統御與勸戒，以彰顯統治者右文資治，太平盛事之一端。

儘管《大典》的編修賦予諸多政治意義，在成祖親自下旨，並躬示規度，集善書者與庶吉士清抄成書；可謂「規模宏大，卷帙宏富，可補人間之缺本，也可正後世之偽書，也為臺閣體樹立典型」，重要性在歷史上是無與倫比的。

第二節　明代內閣與翰林院的形成

洪武十三年（1380），明太祖以謀逆之罪殺中書省佐丞相胡惟庸，罷中書省，廢丞相等官，分其職於六部。並諭群臣：

　　朕欲革去中書省，升六部，仿古六卿之制，俾之各司所事，更置五

〔註23〕孫承澤，《春明夢餘錄》卷十二，頁156。

軍都督府以分領軍衛。如此則權不專于一司，事不流於雍蔽，卿等
以爲何如？〔註24〕

皇帝大小權獨攬，事必躬親，全國政務悉由其一人裁決。同年九月仿宋制設
立了四輔官制〔註25〕。以四時爲號，詔天下舉賢才。其責在於封駁刑法，講
論治道。四輔官設置不到兩年即宣告廢棄。洪武十四年（1381），用翰林院編
修、檢討、典籍等官協助皇帝處理各衙門的奏疏，稱「翰林院兼平駁諸司文
章事」。洪武十五（1382）年設華蓋殿、武英殿、文華殿、文淵閣、東閣諸大
學士。內閣大學士多由翰林官升入，僅正五品，職權主要爲「侍左右，備顧
問，不得平章軍國事。」這兩種形式成爲日後明朝議政權的雛形，永樂以後
內閣制的出現即源於此。

洪武十三年（1380）以後中央官制改革略表如下：

表三　洪武十三年中央官制改革略表

明　稱	官　衙	職　掌
四輔官	春夏秋冬官（正三品）	講論治道，舉賢才才能，封駁疑讞。
華蓋殿	大學士（正五品）	侍左右，備顧問，不得平章軍國事。
武英殿		
文淵閣		
東　閣		
文華殿		
吏　部	尚書（正二品）	掌官吏選授、封勳、考課之政令。
戶　部	尚書（正二品）	掌天下戶口、田賦之政令。
禮　部	尚書（正二品）	掌諸禮文、宗封、貢舉、學校之事。
兵　部	尚書（正二品）	掌天下武衛官軍選授，簡練之政令。
刑　部	尚書（正二品）	掌天下刑名及徒隸、勾覆、關禁之政令。

〔註24〕《明太祖實錄》卷一二九，洪武十三年，正月己亥，頁4。
〔註25〕所謂四輔官乃根據古時三公四輔論道經邦，理陰陽，順四時的說法設置的輔
　　　　臣，即春、夏、秋、冬四官。其目的在防止權臣專政局面的再次出現，時四
　　　　輔官職權已遠不及宰相。《明史・安然傳》載：「四輔官屢蒙賜敕諭，隆以坐
　　　　論之禮，命協贊政事，均調四時。」又「刑官議獄，四輔及諫院覆核奏行，
　　　　有疑讞，四輔官封駁。」收錄於張廷玉，《明史》卷，頁3944。

工　部	尚書（正二品）	掌天下百官、山澤之政令。
督察院	左右督禦史（正二品）	專糾劾百司，辯明冤枉，提督各道，為天子耳目風紀之司。
通政使司	通政史（正三品）	掌受內外章疏敷奏封駁之事。
大理寺	卿（正三品）	掌審讞平反刑獄之政令。
詹事府	詹事（正三品）	統府、坊、局之政事，以輔導太子。
翰林院	學士（正五品）	掌制誥、吏冊、文翰之事。
國子監	祭酒（從四品）	掌國學諸生訓導之政令。
太常寺	卿（正三品）	掌祭祀禮樂之事。
光祿寺	卿（從三品）	掌祭享、宴勞、酒醴、膳羞之事。
太僕寺	卿（從三品）	掌牧馬之政令，以聽於兵部。
鴻臚寺	卿（正四品）	掌朝會、賓客、吉凶儀禮之事。

（參見《明史》卷七十一～七十四《職官一～三》）

　　對沿襲近兩千年來君主專制的政治構架作出重大修改，洪武二十五年（1392），明廷重定官品，殿閣大學士與翰林院學士均為正五品，但大學士排在了翰林院學士之後。顯然，這一時期翰林諸學士對皇帝決策的影響超過了殿閣大學士。

　　建文帝朱允炆在位期間，對內閣制度略作調整：「改謹身殿為正心殿，設學士一人，罷文華、武英、文淵殿閣大學士，但設學士各一人，代詔無定員。文淵閣設典簿一人。」〔註26〕翰林學士對國家大政事輒諮之，臣僚臨朝奏事也參與其中。此等大學士年輕資淺，品秩不高，雖學識優異，但絕不敢專權，深刻影響著內閣制度的演變與發展。

　　永樂朝，命解縉等七人入直文淵閣參與機務，鮮離左右，被顧問而已。閣臣出身大都不甚顯赫，官秩五品，不能與尚書相比。在洪武殿閣大學士和翰林學士制度的基礎上，亦無獨立的辦事場所，不區分殿閣，大學士皆入文淵閣辦事；也無印信，行文皆用翰林院印；再者，內閣無定員，無官署，也無「專制諸司」的權力。基本上維持洪武十三年（1380）以來，六卿分職的格局。《明史》云：

〔註26〕查繼佐，《罪惟錄・職官志》（浙江古籍出版社，1986年5月第一次印刷），頁943。

成祖即位，特簡解縉、胡廣、楊榮等直文淵閣，參預機務。閣臣之
預務自此始。然其時，入閣者皆編、檢、講讀之官，不置官署，不
得專制諸司。諸司奏事亦不得相關白。〔註27〕

從上述得知，永樂朝閣臣不僅品秩較低，又因皇帝的情感好惡，際遇差異甚
大。而且權力有限，尚無法與六部分庭抗禮。不過從其職責、名稱等而言，
內閣制已初具規模。他們「從容密勿，隨事納忠，固非僅以文字翰墨爲勳績
己也。」〔註28〕仁宗時，以楊士奇爲華蓋殿大學士，金幼孜爲太子太保武英
殿大學士，黃淮爲武英殿大學士，楊榮兼謹身殿大學士，恢復了洪武時期的
殿閣大學士制度。後又增設謹身殿，並定其次序，具有權力意義的閣制已見
雛型。

宣德間，置誥敕、制敕兩房，兩房各設中書舍人若干人，官秩皆從七
品。負責官員誥敕和皇帝聖旨等機密文書的謄錄和底稿保管。尚書蹇義、夏
原吉與三楊（楊士奇、楊榮、楊溥）一同參與機務，委寄優隆。夏、蹇二人
也取得了和內閣大學士相同的議行章奏等權力，閣臣的職事也從過去「參與
機務」，提升爲固定「票擬」。《明史·宰輔年表序》云：

至仁宗而後，諸大學士歷晉尚書、保、傅，品位尊崇，地居近密，
而綸言批答，裁決機宜，悉由票擬，閣權之重儼然漢、唐宰輔，特
不居丞相名耳。〔註29〕

至此，內閣體制日趨完備，並逐漸凌駕於六部之上。

仁宣以至正統時，三楊老故，又相繼簡用了馬愉、曹鼐、陳循、高谷、
彭時、商輅……等人入閣。明初閣臣，無定員也無一定的選用標準，只需得
到皇帝的任命便可以入閣。天順二年（1458），大學士李賢奏定纂修專選進
士。至此明代內閣形成了「非進士不入翰林，非翰林不入內閣。」〔註30〕的
局面。通計明代閣臣一百六十二人中，絕大多數經由殿試選拔而來。此尤其
是一甲三名共四十一名，佔總數四分之一。宣德四年（1429）以後，皆由一
甲與進士出任。而閣臣有庶吉士經歷者達八十七人之多。〔註31〕形成了進

〔註27〕 張廷玉，《明史·職官一》卷七十二，頁1734。
〔註28〕 張廷玉，《明史》卷一百四十七，頁4129。
〔註29〕 張廷玉，《明史》卷一百九，頁3305。
〔註30〕 張廷玉，《明史》卷七十，頁1702。
〔註31〕 譚天興，《明代內閣政治》（中國社會科學出版社，1996年第1次印刷），頁
192。

士、庶吉士與閣臣的制度化傾向，蓋翰林之盛前代所絕無也。

內閣學士多出自翰林，從現存內各種官修與私修文獻來看，內閣未被視為一正式衙門，更不等同於中書省，內閣對翰林院是有一定依附性。翰林院可謂內閣的母體，內閣亦是從翰林院中發展而來；終明一代都未曾改變。

明朝建立之初，即設置翰林院，《明太祖實錄》載：「吳元年（1367）五月己亥，初置翰林院，學士正三品，侍講學士正四品，直學士正五品，修撰、典簿正七品，編修正八品，召知饒州府陶安為學士。」〔註32〕是為明代翰林院的雛形。洪武二年（1369）翰林院獲得定制，置學士承旨正三品，學士從三品，侍講學士正四品，侍讀學士從四品。其下還有直學士、典簿、待制、修撰、應奉、編修、典籍等。〔註33〕洪武十五年（1382）十一月，罷四輔官四個月後，設殿、閣學士，兼平駁諸司章奏〔註34〕。其中翰林學士宋訥為文淵閣大學士，翰林檢討吳伯宗為武英殿大學士，翰林典籍吳沉為東閣大學士。掌制誥、史冊、文翰之事，以考議制度，詳正文書，備天子顧問。

洪武十八年（1385）三月，朱元璋最終奠定明代翰林院制度框架，定正官學士一人，正五品；侍讀學士、侍講學士各二人，並從五品；侍讀、侍講各二人，俱正六品；五經博士五人，正八品；典籍二人，從八品；侍書二人，正九品；待詔六人，從九品；孔目一人，未入流。史官修撰三人，從六品；編修四人，正七品；檢討四人，從七品。〔註35〕庶吉士，無定員。翰林院制度遂成定制，庶吉士制度也得以發端。

明太祖在創建明王朝之初通過學校、科目、薦舉、銓選四途，以蒐羅賢才。同時，沿唐宋舊制，而稍變其試士之法，「使中外文臣皆由科舉而進，非科舉者毋得與官」〔註36〕。然此制度實施不久，即暴露其弊端；因所取之士多後生年少，能以所學行事於實務者甚寡。有鑑於此，洪武十八年（1385）會試後，遂令進士觀政於諸司，其在翰林、承敕監等衙門者，曰庶吉士。進士之為庶吉士，亦自此始。按郭培貴於《明代庶吉士群體構成及其特點》一

〔註32〕《明太祖實錄》卷二十三，吳元年，五月己亥，頁7～8。
〔註33〕黃佐，《翰林記》卷一，《官制因革》，收錄於《景印文淵閣四庫全書》史部十二，職官類，頁1。
〔註34〕張廷玉，《明史》卷七十三，頁1786。
〔註35〕黃佐，《翰林記》卷一，《官制因革》，收錄於《景印文淵閣四庫全書》史部十二，職官類，頁2。
〔註36〕張廷玉，《明史》卷七十，頁1696。

文中，將明代庶吉士的產生方式分成六類：

（一）是經「考選」產生的「進學」類，又稱「館選」類。《明史・選舉志》載：

> 庶吉士之選，自洪武乙丑，擇進士爲之，不專屬於翰林也。永樂二年既授一甲三曾棨、周述、周孟簡等官，復命於第二甲擇文學優等楊相等五十人，及善書者湯流等十人，俱爲翰林院庶吉士，庶吉士遂專屬翰林矣。〔註37〕

（二）是出現最早但僅存於洪武時期的「觀政」類。洪武十八年（1385）三月，觀政於翰林院、承敕監等近侍衙門而得名。

（三）是存在於永樂至成化初年的直接改自進士的「專習譯書」類。此類庶吉士在考中進士前就已在四夷館「習譯書」，爲加強這方面人才的培養。

（四）是僅存於宣德年間經「考選」產生的「歷事六科」類。即宣德八年（1433）十一月考選宣德五年庚戌科進士胡端禎、廖莊、宋璉等 3 人爲庶吉士，「歷事六科以備用」。該類僅此一科。

（五）是僅存於正德初年的「傳奉」類。正德三年（1508）戊辰科，不經考選，直接傳奉新進士劉仁等五人爲庶吉士。也僅爲一科，屬劉瑾專權的產物。

（六）是崇禎時期出現的「改革」類，分屬五科共二十八名。

可見，在上述六類庶吉士中，處於常態、占主導地位的只有經「考選」產生的「進學」類，而其他五類僅是明代庶吉士制度的發端、過渡、嘗試甚至「變態」（如傳奉庶吉士）的產物。在明代八十八科八十九榜進士中，已知六十科有庶吉士，占總科數的 68.18%；其中從新進士中直接考選庶吉士的科次占總科數的 57.95%。〔註38〕體制規模頗爲可觀。

自永樂以後，內閣已具雛形，輔臣皆出諸翰林，而翰林之官，則皆出諸首甲與庶吉士。庶吉士三年的文學教習，成爲儲材館閣之地，賢相輔臣多出其間，此例相沿不改。直至嘉靖、隆慶以前，文移關白，猶稱翰林院。此後，明朝的翰林制度基本上無太多變動之處，這項制度延續到清代，歷時五百餘年。

〔註37〕張廷玉，《明史》卷七十，頁 1700。

〔註38〕郭培貴，〈明代庶吉士群體構成及其特點〉，6《歷史研究》（2011 年第 6 期），頁 119～120。

在洪武、建文兩朝，文學之士上承元季，師友講貫，學有本源。翰林院操觚談藝，可謂不可指數，各爭鳴一時。翰林學士有陶安、宋濂、朱升、熊鼎、宋訥、劉三吾……等人；讀、講學士，則有詹同、秦裕伯、魏觀、方孝孺、危素、王時、張以寧、葛均、高巽志……等人；侍讀、侍講，則有王佐、張信、唐愚士、戴彝德……等人。

在詩文上，如張以寧〔註39〕，身處元、明兩朝，工詩，高雅俊逸，稍染元末綺縟之習。劉三吾〔註40〕，習柳宗元、韓愈、蘇軾，並能脫去時文窠臼，自成一家。宋訥〔註41〕，他善於作賦，渾厚醇雅，吟詠間，形成山林之文與館閣之文的各自面貌。吳伯宗〔註42〕，明初開科之始以廷試第一之姿，授禮部員外郎，參與纂修《大明日曆》。是爲元末明初翰林作家中過渡人物。他文思敏捷，援筆立就，詞旨雅潔。應制作品數量眾多，題材開闊、多樣，無萎弱滑順之弊，在明朝翰林作家中反映開國規模的第一人。他們提倡唐宋古文，論述道義，將宋代程、周、張等道學家的文學成就，與歐、曾、蘇、王的創作並論，完美地體現了道義與文章的結合。

在書法上，宋濂（本文第五章有詳載，在此多作不贅述）〔註43〕，以先秦兩漢之文爲尚，其古文風格雄峭、清圓。朝廷郊社、宗廟、山川之典和朝會、宴享、律曆、衣冠之制及四裔貢賦、賞勞之儀，大都出於其手。楷、行、

〔註39〕 張以寧（1301～1370），字志道，古田人。泰定中，以春秋舉進士，官至翰林侍讀學士。明滅元，複授侍講學士，奉使安南，還，卒於道。《明史·卷二百八十五》文苑一，有詳載。

〔註40〕 劉三吾（1313～1400），初名如孫，以字行，湖南茶陵人。洪武十八年（1385），授左贊善，累簽翰林學士，深受朱元璋信任。其爲《明大誥》、《洪範註》作序，敕修《省躬錄》、《書傳會選》、《寰宇通志》、《禮制集要》諸書。與江儼、朱善稱「三老」。《明史》卷一百三十七，有詳載。

〔註41〕 宋訥（1311～1390），字仲敏，號西隱，河南滑獻人。元至正二十三年進士，宋訥個性持重，學問該博。於洪武二年（1369）徵儒是十八人編《禮》、《樂》諸書，洪武十五年（1382）提拔爲翰林學士。《明史》卷一百三十七，有詳載。

〔註42〕 吳伯宗（1334～1384），名祐，字伯宗，以字行。江西金谿人。洪武四年，廷試第一。授禮部員外郎，參與修《大明日曆》。時胡惟庸用事，欲人附己，伯宗不屈，被貶職於鳳陽。後上書彈劾胡惟庸，朱元璋准奏，並召還。洪武十五年（1382），進武英殿大學士。洪武十七年（1384），謫居雲南，暴卒途中。著有《榮進集》四卷等。《明史》卷一百三十七，有詳載。

〔註43〕 宋濂（1310～1381），字景濂，號潛溪，浦江人。自幼好學，與劉基、高啓列爲明初詩文三大家。洪武初，主修《元史》，官至學士承旨、知制誥。因胡惟庸案謫茂州，死於途中。《明史》卷一百二十八，有詳載。

草皆擅，《楷書跋虞世南摹蘭亭卷》，胎息二王、松雪一路，字行間時見逸氣；李日華贊曰：「唐宋名公，俱以行草擅場，昭代精細楷者，宋景濂一人而已。」〔註44〕劉基〔註45〕，以行草行於世，《行書春興詩卷》（附圖五十七），行筆結字清新流麗，得趙孟頫旨趣。書法亦有臺閣體的特徵。高啓〔註46〕，以楷書見長，《題仕女圖詩頁》（附圖五十八），結字寬扁俊麗，撇捺多姿，清朗中頗得趙氏筆意。方孝孺〔註47〕，楷書端重嚴整，《默庵記》時二十八歲書作，筆意蘊藉，兼歐、虞之妙。王世貞云：「希直不以書名，而剛方不折之氣，流溢筆墨間。」〔註48〕

附圖五十七：劉基《行書春興詩卷》

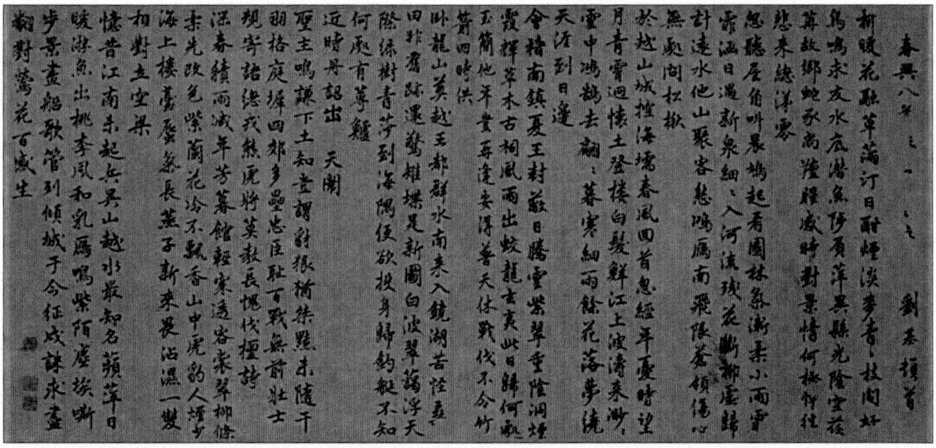

（尺幅：76cm×34.2cm）選自：文物出版社《中國法書全集》12

〔註44〕 馬宗霍，《書林藻鑑》（臺灣商務印書館，1982年5月第二版），頁287。

〔註45〕 劉基（1311～1375），字伯溫，浙江青田人。元末明初軍事家、政治家及詩人，明開國元勳。計畫立定，人莫能測。朱元璋贊其曰：「吾子房也。」《明史》卷一百二十八，有詳載。

〔註46〕 高啓（1336～1373），字季迪，長州人（今江蘇蘇州）。明初受詔入朝修《元史》，受翰林編修，受命教授諸王，擢戶部右侍郎。因蘇州知府魏觀在張士誠宮址改修府治，獲罪被誅，帝見高啓所作《上梁文》，因發怒，腰斬於市，年三十有九。《明史》卷二百八十五，有詳載。

〔註47〕 方孝孺（1357～1402），字希直，又字希古，寧海人（今浙江寧波市）。先後出任翰林侍講與翰林學士，並總裁修纂《明太祖實錄》及《類要》等史集。「靖難之役」期間，拒絕草擬朱棣紀為詔書，慨然就死，株連十族。《明史》卷一百四十一，有詳載。

〔註48〕 王世貞，《弇州四部稿》卷一百三十一，《宋仲珩方希直書》，收錄於《欽定閣四庫全書》集部六，別集類，頁10。

附圖五十八：高啟《行楷書題仕女圖詩頁》

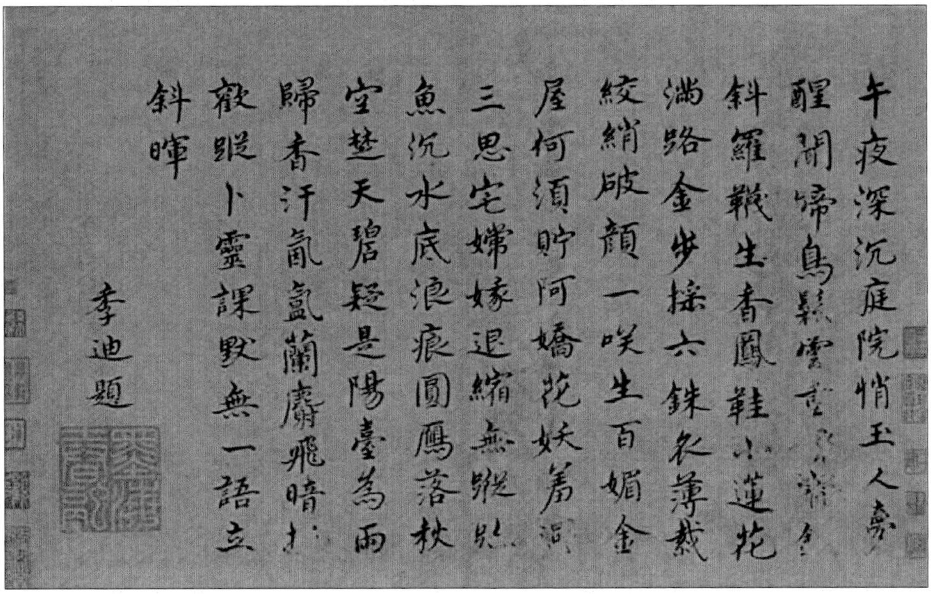

（尺幅：25.9cm×43.4cm）選自：文物出版社《中國法書全集》12

　　綜觀明初內閣輔臣，俱系翰林。在文化修養當是一時翹楚，翰林書風也必定引領時尚；明初臺閣體的興起與書家輩出，實與高級文官選拔和培養制度息息相關。他們既是朝廷肱骨重臣，又是詞林領袖；以端正嚴整之書，敷張神藻，潤飭洪業。就當時斯文之作雖受當代風潮制約，時代嬗衍，亦能承先啓後，可謂臺閣之體，胚胎於此。

第三節　中書舍人與臺閣體

　　「臺閣」一詞，原與中書舍人一職有關。「舍人」一職，《周禮・地官》中已見記載：「舍人，上士二人，中士四人，府二人，史四人，胥四人，徒四十人。舍猶宮也，主平宮中用穀者也。」〔註49〕其職掌：「平宮中之政，分其財守，以法掌其出入。」〔註50〕

　　至秦，舍人的角色已轉爲近內侍從。《史記・秦始皇本紀》載：

〔註49〕孫詒讓撰，《周禮正義》卷十七，《地官》敘官（北京：中華書局 1987 年版），頁 682。

〔註50〕孫詒讓撰，《周禮正義》卷三十一，《地官》舍人，頁 1228。

年十三歲（秦始皇），莊襄王死，政代立爲秦王。……呂不韋爲相，封十萬戶，號曰文信侯。招致賓客遊士，欲以並天下。李斯爲舍人，蒙驁、王齮、麃公等爲將軍。王年少，初即位，委國事大臣。〔註51〕

比至漢，舍人成爲官號，並且，已經有了相應的制度規定。《漢書‧惠帝紀》載：「賜民爵一級。……太子御驂乘賜爵五大夫，舍人滿五歲二級。」〔註52〕此時，舍人已被納入官制當中，並視爲近信。

中書舍人官職初設於西晉初，隸屬於中書省，位在侍郎下。《晉書‧職官志》「中書舍人」案曰：

晉初初置舍人、通事各十人，江左合舍人、通事謂之通事舍人，掌呈奏案章。〔註53〕

南朝宋初，又置中書通事舍人四員，入直閣內，出宣詔命，凡有陳奏，皆舍人持入，參決於中。齊永明初，中書通事舍人四員，各住一省，時謂之「四戶」，權傾天下，與給事中爲一流。後除「通事」，直曰中書舍人，專掌詔誥，兼呈奏之事。〔註54〕

隋煬帝時改稱內書舍人。唐武德三年（620）改內書省爲中書省，內書令爲中書令。龍朔元年（661）改中書省曰西臺，中書令曰右相。光宅元年（684）改中書省曰鳳閣，中書令曰內史。置中書舍人六人，正五品。掌侍進奏，參議表章，凡詔旨制敕、璽書冊命，皆起草進畫。〔註55〕

宋時官職亦設中書舍人四人，掌行命令爲制詞，分治六房（吏、戶、禮、兵、刑、工），職位、品級與唐時相當，承辦各種文書，主行詞命，與學士起草詔令等文書。〔註56〕

元朝入主，不興漢制，併尚書省入中書省，罷給事中、中書舍人、檢正等官，仍設左右司，省六部爲四，改稱中書。〔註57〕

〔註51〕 司馬遷撰，《史記‧秦始皇本紀第六》卷六（三民書局股份有限公司 2008 年初版第一刷），頁 277～278。

〔註52〕 班固撰，顏師古注，《漢書》卷二，《惠帝紀》（北京：中華書局 1962 年版），頁 85。

〔註53〕 《宋書》卷四十，《百官》（下）（漢語大辭典出版社，2004 年版），頁 981。

〔註54〕 宋靖，〈唐宋中書舍人研究〉（東北師範大學博士學位論文），頁 6。

〔註55〕 《新唐書‧百官志》（二）（漢語大辭典出版社，2004 年版），頁 973～974。

〔註56〕 《宋史‧職官志》卷一百六十一（漢語大辭典出版社，2004 年版），頁 3132。

〔註57〕 宋濂、王禕等撰，《元史‧本紀》卷七，頁 15。

朱元璋建立大明王朝，承漢制，於洪武七年（1374），初設直省舍人，秩從八品，隸中書省。洪武九年（1376）改正七品，尋又改從七品。洪武十年（1377），與給事中皆隸承敕監。洪武十三年（1380）廢丞相，撤中書省，置中書科，故「中書省舍人」改為「中書科舍人」，簡稱「中書舍人」。建文年間，革中書舍人一職，改為侍書。永樂時復舊制，尋設中書科署於午門外，定設中書舍人二十人。宣德間，內閣置誥敕、制敕兩房，皆設中書舍人。〔註58〕

從上分析，可一窺中書舍人一職在歷史上的發展軌跡。自其職設立之始，旨在秘書之任。員數眾多，品級低微。在齊時，就因官判四省而稱四戶，權傾一時。唐武德年間，改內書省為中書省，置中書舍人一職，為日後中書舍人的發展奠定基礎。至明初，對中書舍人明定品級與職責，其後不斷發展日臻完善。

中書舍人實分三部分，即中書科中書舍人，文華殿、武英殿中書舍人，和內閣誥敕房、制敕房中書舍人。其職責主要擔任宮中繕寫工作，《明史·職官志》有詳載：

> 中書科中書舍人：以掌書寫誥敕、制詔、銀冊、鐵卷等事。凡草請諸翰林，寶請諸內府，左券及勘籍，歸諸古今通集庫。凡大朝會，則侍班。東宮令節朝賀，則導駕侍班於文華殿。冊封宗室，則充副使。共鄉試、會試、殿試，間有差遣，充授並如科員。大祀南郊，則隨駕一而供事。員無正貳，印用年深者掌之。

> 文華殿舍人：職掌奉旨書寫書籍。武英殿舍人：職掌奉旨篆寫冊寶、圖書、冊頁。

> 內閣誥敕房舍人：掌書辦文官誥敕，翻譯敕書，並外國文書、揭帖，兵部紀功、勘合底簿。制敕房舍人：掌書辦制敕、詔書、誥命、冊表、寶文、玉牒、講章、碑額、題奏、揭帖一應機密文書，各王府敕符底簿。〔註59〕

中書舍人的類別與組成，就當時銓選途徑可說是不盡相同。按《明史·職官志》載：

〔註58〕 張廷玉，《明史·職官制》卷七十四，頁1808。
〔註59〕 張廷玉，《明史·職官志》卷七十四，頁1807～1808。

大約舍人有兩途：由進士部選者，得遷科、道、部屬，其直兩殿、兩房舍人，不必由部選；自甲科、監生、生儒、布衣能書者俱可爲之。〔註60〕

表四　明代中書舍人系統表

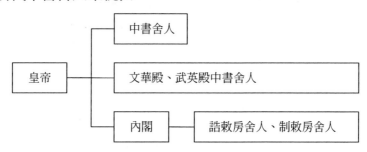

中書科舍人必須由進士中銓選擔任，兩殿、房中書舍人，可從甲科、監生、生儒、布衣中銓選擔任。朱元璋立國之初不興科舉，大多中書舍人皆由非進士中選取；永樂以後，科舉人才輩出，入仕者比重大增，薦舉之風日漸式微。《明史》所載，應爲宣德以後，兩房、兩殿遂成定制，與明初中書舍人的組成應相差甚矣。筆者以爲，應將中書舍人的銓選略分爲五途徑：

（一）經由薦舉授與中書舍人：明代初期，不重科舉，多由薦舉和國子監生中取用人才。朱元璋有諭：

古者人生八歲學禮、樂、射、御、書、數之文，十五學修身齊家治國平天下之道，是以周官選舉之制曰：六德、六行、六藝、文武兼用，賢能並舉，此三代治化所以盛隆也。茲欲上稽古制設文武二科以廣求天下之賢。……此二者必三年有成，有司預爲勸諭民間秀士及智勇之人，以時勉學，俟開舉之歲，充貢京師，其科目等第各有出身。〔註61〕

如：

洪武十七年七月，以國子生淩允等四人爲中書舍人。〔註62〕（《明太祖實錄》）

陳性善，洪武十八年進士，授行人司副，改翰林院檢討。善楷書，

〔註60〕張廷玉，《明史‧職官志》卷七十四，頁1809。
〔註61〕《明太祖實錄》卷二十二，吳元年，春月丁酉，頁6。
〔註62〕《明太祖實錄》卷一六三，洪武十七年，秋七月丁酉朔，頁1。

召書御前，稱上意，賜酒，留禁中竟日，累遷禮部侍郎。〔註63〕（《名
山藏》）

成化六年二月，詔監生獨孤高、胡深爲中書舍人。〔註64〕（《明憲宗
實錄》）

成化十年八月，擢監生嚴能良、金珙爲中書舍人。〔註65〕（《明憲宗
實錄》）

史料中往往可見「以能書薦起」或「以善楷書選入翰林供奉」一類，正可謂
以書取仕。當然其中也有因皇帝的恩寵而擢拔高位的。由於當時大批善書者
被徵召入宮，許多未中進士之才俊之士，亦被政府網羅，內府人才濟濟，促
使書法水準普遍提高，風氣鼎盛。

（二）經由地方官員改任中書舍人：指地方官員因書法表現出色，被徵入朝
廷，改任中書舍人。如：

洪武九年，以翰林編修朱孟辨（芾）、工部照磨盧熊、吏部奏差史靖
爲之。三人俱似博學能書稱，故有是命。〔註66〕（《明會要》）

劉敏，洪武中薦授德清知縣，後以善書徵入翰林，拜中書舍人。
〔註67〕（《六藝之一錄》）

這些因善書而改官者，在明初可說不勝枚舉；永樂以後，隨兩房、兩殿中書
舍人設立。大多都帶有升遷的因素，平級改任者也極爲罕見。

（三）經由庇蔭授與中書舍人：皇帝給予大臣子孫直接授與中書舍人，雖爲
蔭授，但在書法上亦有一定水準。如：

宋璲，字仲珩，善書，尤工書法。洪武九年，以濂故，召爲中書舍
人。〔註68〕（《明史》）

劉素，字太初，理之子。永樂中以正書選入翰林，供俸久之命，繼
父爲中書舍人。〔註69〕（《存徵續集》）

〔註63〕 何喬遠，《名山藏》卷八十二（福建人民出版社，2010 年 1 月），頁 2488。
〔註64〕 《明憲宗實錄》卷七六，成化六年，二月庚戌朔，頁 8。
〔註65〕 《明憲宗實錄》卷一三二，成化十年，八月癸未朔，頁 5。
〔註66〕 龍文彬，《明會要》（中華書局出版社，1956 年版），頁 682。
〔註67〕 倪濤，《六藝之一錄》第八冊，頁 699。
〔註68〕 張廷玉，《明史》卷一百二十八，頁 3788。
〔註69〕 孫岳頒，《御定文佩齋書畫譜》卷四十，收錄於《景印文淵閣四庫全書》子
部，頁 35。

劉良，素之子，亦以能書薦修宣廟實錄。《存徵續集》顧起元客座贅
語云：三世能書，皆官中書舍人。〔註70〕（《存徵續集》）

沈度，自民則。弟沈粲，字民望。松江華亭人。兄弟皆善書，遂由
翰林典籍擢檢討，歷修撰，遷侍講學士。粲自翰林待詔遷中書舍人，
擢侍讀，進階大理少卿。〔註71〕（《明史》）

沈藻，沈藻字凝清，沈度之子。以父任爲中書舍人，遷禮部員外郎，
亦以書名。〔註72〕（《松江府志》）

在特權的蔭授下，中書舍人一職充斥著諸多官宦子弟，至成化時，極爲普
遍。也使中書舍人在書法上未能精進，取法乎下，格亦愈卑，臺閣積弊就在
於此。

（四）經由舉人、進士、庶吉士擇善書者爲中書舍人：洪武十八（1385）年
恢復科舉，爲防欺僞，閱卷採謄錄制度。中書舍人多由科舉中出身，
舉人銓選同監生例，須經一段時日實習才授與中書舍人，置於兩房、
兩殿中。如成化元年（1465），舉人馬紹榮與周浩、汝訥、李應禎、吳
潘試中書選，與修《英廟實錄》，授中書舍人。〔註73〕進士考試在會試
中，則由皇帝親策於廷，觀其學識，品其高下，書法水準一目了然。
被選入一甲二甲者，大多留於翰林院或改庶吉士。

誠如前文，永樂二年，錄取進士四百七十二人，授一甲三人，第二甲擇
文學優等五十人及善書者等十人，俱爲翰林院庶吉士。所選庶吉士學期爲三
年，成績優異者授翰林編修、檢討官等，謂之留館；次者出爲給事中、御史
及地方官等，謂之散館，遂成定制。其目地非在觀政，而意在儲才。使其在
政治、藝文更臻完善。爾後，朝廷官員編制逐漸充足，永樂十年（1412）以
後，以善書庶吉士授中書舍人，逐年漸增，如：

永樂十年三月。庶吉士胡敬爲中書舍人。〔註74〕（《明太宗實錄》）

永樂十六年五月，行在翰林院庶吉士戴覲、王瑛、王觀、潘勤、樊

〔註70〕孫岳頒，《御定文佩齋書畫譜》卷四十，收錄於《景印文淵閣四庫全書》子
部，頁35。

〔註71〕張廷玉，《明史》卷二百八十六，頁7339。

〔註72〕見徐邦達，《古書畫過眼要錄・元明清書法》（貳），頁701。

〔註73〕焦竑，《獻征錄》第一冊《馬紹榮傳》（上海書店出版社，1987年），頁953。

〔註74〕《明太宗實錄》卷一二六，永樂十年，三月乙酉朔，頁4。

教石、慶黎民爲中書舍人。〔註75〕（《明太宗實錄》）

永樂十七年五月，庶吉士張習爲中書舍人。〔註76〕（《明太宗實錄》）

永樂九年二月，庶吉士周崇厚、高穀、宋琰、胡濙、朱昶、章文昭、張益柴蘭，貢士劉鉉爲中書舍人。〔註77〕（《國榷》）

永樂十九七月，庶吉士楊盛、寇厚、衛恕、沈讓、段苺、姚本、陳融、溫良爲中書舍人。〔註78〕（《國榷》）

宣德八年三月，擢庶吉士邢恭爲行在中書舍人。〔註79〕（《明宣宗實錄》）

正統十三年四月，翰林院庶吉士倪讓爲中書舍人。〔註80〕（《國榷》）

成化元年八月，翰林院庶吉士劉淳爲中書舍人。〔註81〕（《國榷》）

隨著科舉的正常推行，科舉人才輩出，入仕者比重大增，制誥陞編皆由進士、舉人爲之，並授予中書舍人職；在永樂年間達空前之盛，之後逐漸減少，至成化時，便罕見以舉人、進士、庶吉士授中書舍人者。成化四年（1468），中書舍人黃琔等奏稱：「中書舍人紀錄綸命，書寫誥敕，在朝廷爲近侍之臣。永樂、宣德兼皆以進士、舉人爲之，升擢亦異。比年來，有由勳舊錄用者，有由技術乞恩者。猾以白丁冒居清秩，名器之濫，莫此爲甚。請自今除中書舍人，一如永樂、宣德間例。」〔註82〕此議終不能行，一來讓滿腹經綸之士從事秘書一職，實爲人力資源的浪費。二來從薦舉獲善書者不斷增多，充斥於殿房中書。終明一代，中書舍人始終是舉人、進士、庶吉士、監生、布衣等並用，能書者俱可爲之。

　　（五）經由布衣授與中書舍人：薦舉布衣善書者授中書舍人，於明初之際既已開始，詹希元、揭樞、朱芾、桂愼、胡廷鉉、周淵、朱吉……等皆非進士出身，實與當時不興科舉有關。隨著兩殿、房中書舍人的增設，只重能

〔註75〕《明太宗實錄》卷二〇〇，永樂十六年，五月庚戌朔，頁3。
〔註76〕《明太宗實錄》卷二一二，永樂十七年，五月乙巳朔，頁1。
〔註77〕談遷，《國榷》卷十七（中華書局出版社，1988年6月第2次印刷），頁1178。
〔註78〕談遷，《國榷》卷十七，頁1184。
〔註79〕《明宣宗實錄》卷一〇〇，宣德八年，三月甲寅朔，頁6。
〔註80〕談遷，《國榷》卷二十七，頁1740。
〔註81〕談遷，《國榷》卷三十四，頁2196。
〔註82〕龍文彬，《明會要》卷三十九，《職官十一》，頁683。

書，不講出身，從布衣中擇選善書者授中書舍人，成爲當時選才取士的重要
管道。黃佐《翰林紀》載：「永樂二年（1404），詔吏部簡世之善書者，儲翰
林，給廩祿，使進其能，用諸內閣，辦文書。」〔註83〕當時，除一小部分善
書布衣直接授任，其餘則須入內閣、中書科、禮部等處，學習書法或抄寫文
件，稱爲翰林習書秀才〔註84〕。如：

> 秀才沈粲、許鳴鶴、王孟端、朱暉、楊本、陳宗淵、龐振舒、章晄
> 如并爲中書舍人。〔註85〕（《明太宗實錄》）

永樂以後，兩房、兩殿中書舍人逐漸備至，被徵辟的善書者，經一定時間歷
練，授與中書舍人一職。如：

> 夏昺，字孟暘，仲昭之兄，官永寧衛後遇太宗，擢授中書舍人，工
> 楷隸。〔註86〕（《續書史會要》）

> 正統程南雲以篆隸顯官至太常卿，自是兩房書辦中書舍人。〔註87〕
> （《翰林記》）

> 黃蒙，字養正，瑞安人。永樂中授中書舍人，累官至太常少卿。
> 〔註88〕（《續書史會要》）

中書舍人一方面爲皇帝近侍之臣，耳目之司，成爲入仕者積極爭取的職位。
成化以後，內閣權力不斷擴張，兩房又日以加貴，地位甚至超越兩殿中書，
兩者相比，有如雲泥涇渭之別。沈德符云：

> 文華殿本主上與東宮講讀之所，視唐之延英，宋之集賢，其地最爲
> 親切，非如武英殿爲雜流窟穴。……其中書房入直者，稱天子近
> 臣，從事翰墨，如閣臣王文通以永樂甲榜翰林修供事文華殿。宣德
> 年間沈度已正拜翰林學士。沈粲已官右春坊右庶子，尚結銜文華殿
> 書辦。李應楨自乙科入官太僕少卿，其稱亦然。至正德嘉靖間，兩

〔註83〕 黃佐，《翰林記》卷十九《眞草篆隸》，收錄於《景印文淵閣四庫全書》史部
　　　　十二，職官類，頁20。
〔註84〕 按此處秀才與可科舉無關，而是指優秀人才，並以善書者選入，後隸屬翰林
　　　　院的統稱。
〔註85〕 《明太宗實錄》卷一二六，永樂十年，三月乙酉朔，頁4。
〔註86〕 朱謀垔，《續書史會要》，收錄於《景印文淵閣四庫全書》，頁22。
〔註87〕 黃佐，《翰林記》卷十九《眞草篆隸》，收錄於《景印文淵閣四庫全書》史部
　　　　十二，職官類，頁21。
〔註88〕 朱謀垔，《續書史會要》，收錄於《景印文淵閣四庫全書》，頁24。

房事寄已踞文華上矣。〔註89〕

加上兩殿、兩房中書選拔不經吏部，以致鬻爵事興，雜流貲郎充塞於兩房、兩殿之間。自是負販廝養傳奉不絕，在朝政不修下，中書舍人地望漸輕，也降低了書法水準，自宣德起至崇禎間中書舍人所書敕諭即可看出端倪（附圖六十至六十三）。繼之而來吳門文風興起，順勢推倒這百年之盛的書風。就連文徵明曾孫文震孟（附圖五十九），秉持家學，於崇禎時授予武英殿中書舍人，也未能重振臺閣書法，時風至此，士林賤之，臺閣體衰落已是意料中事。

附圖五十九：文震孟《金剛般若波羅蜜經》局部

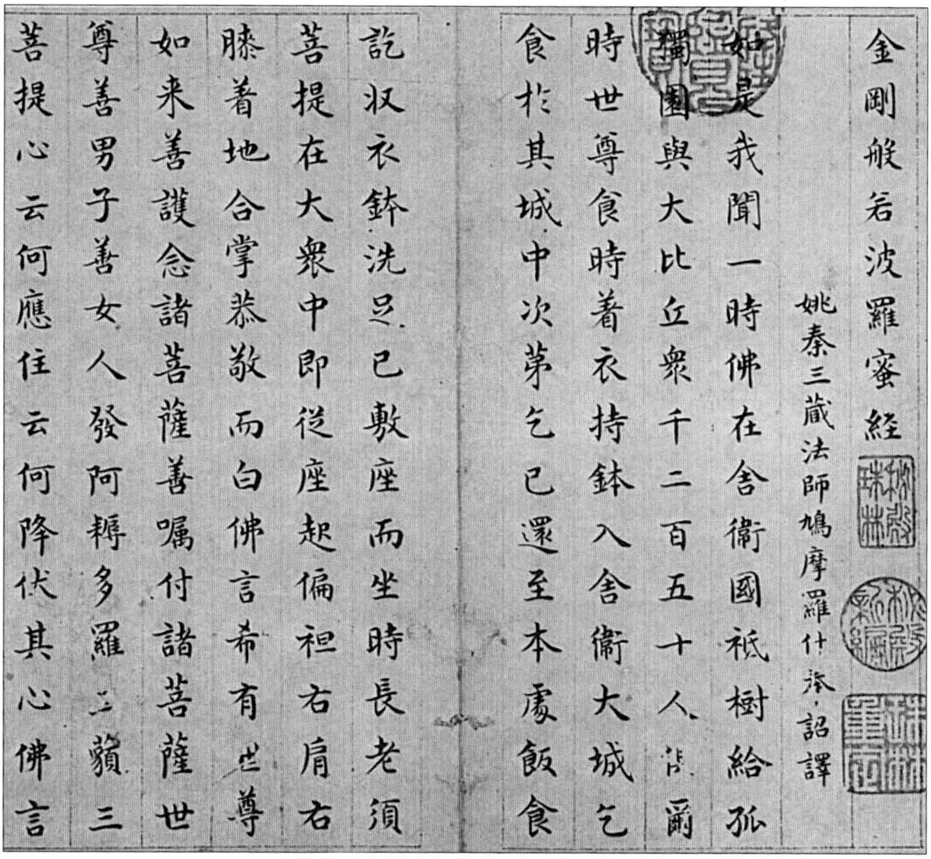

（尺幅：每頁 18.9cm×21cm 共三十頁）
選自：故宮博物院《故宮歷代法書全集》第二十六卷

〔註89〕沈德符，《萬曆野獲編》（中華書局，2007 年第 5 次印刷），頁 247。

附圖六十：宣德時期中書舍人楷書《宣宗敕諭》

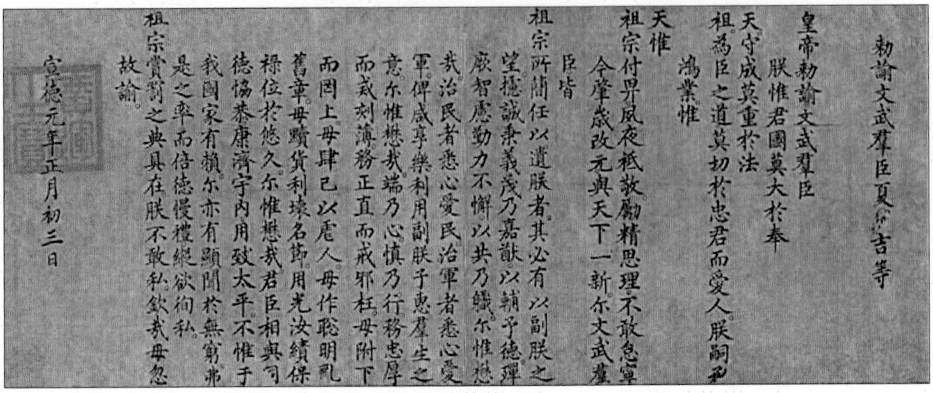
勅諭文武羣臣夏原吉等
皇帝勅諭文武羣臣
朕惟君國莫大於奉
天守成莫重於法
祖爲臣之道莫切於忠君而愛人朕嗣承
鴻業惟
天惟
祖宗付畀夙夜祗敬勵精思理不敢怠寧
今肇歲改元與天下一新尔文武羣
臣皆
祖宗所簡任以遺朕者其必有以副朕之
望德誠秉義茂乃嘉猷以輔予德殫
厥智慮勤力不懈以共乃職尔惟懋
哉治民者悉心愛民治軍者悉心愛
軍俾咸享樂利用副朕子惠羣生之
意尔惟懋哉端乃心慎乃行務忠厚
而戒刻薄務正直而戒邪枉毋附下
而罔上毋肆己以虐人毋作聰明亂
舊章毋黷貨利壞名節用光汝績保
祿位於悠久尔惟懋哉君臣相與同
德協恭康濟宇内用致太平不惟于
我國家有賴尔亦有顯聞於無窮弗
是之率而倍德慢禮縱欲徇私
祖宗賞罰之典具在朕不敢私欽哉毋忽
故諭
宣德元年正月初三日

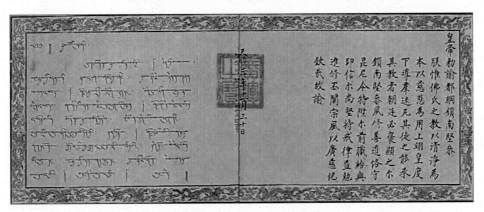

（尺幅：39.3cm×103cm）選自：紫禁城出版社《明代宮廷書畫珍藏》

附圖六十一：天順時期中書舍人楷書《敕諭都網鎮南堅參》卷

皇帝勅諭都綱鎮南堅參
朕惟佛氏之教以清淨爲
本以慈悲爲用上翊皇度
下導羣迷凡其徒之能求
其教者朝廷必優顧之尔
鎮南堅參夙修善道恪守
毘尼今特陞尔前職給與
印信尔尚堅持戒律益勉
進修丕闡宗風以廣慈化
欽哉故諭

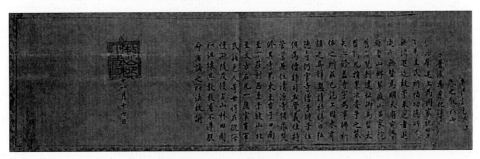

（尺幅：43.1cm×114.5cm）選自：紫禁城出版社《明代宮廷書畫珍藏》

附圖六十二：成化時期中書舍人楷書《敕洪德寺僧子璉子住諭旨》

（尺幅：44.7cm×165cm）選自：紫禁城出版社《明代宮廷書畫珍藏》

附圖六十三：崇禎時期中書舍人楷書《趙琮及妻張氏誥命》

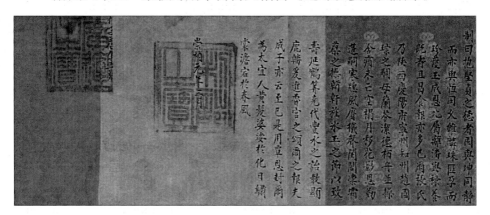

（尺幅：29.5cm×190cm）選自：紫禁城出版社《明代宮廷書畫珍藏》

第五章　臺閣體的興衰

　　明初繼承元末書風，帖學大興，書風乃因循兩個方向發展。一是以趙孟頫清潤俊美爲典範；二是以抒情寫意的個性化發展。加上楷書的成熟，實爲明初臺閣體書法醞釀之前奏。

　　臺閣體書法，洪武年間宋濂、詹希元已露端倪。永樂朝，下詔編修《永樂大典》，圖書典藏與編纂儼然成風，科舉考試及朝中行文，必求精工。一絲不苟，精緻細膩的臺閣書法風靡朝野，簡牘之美幾越唐宋。加上明之諸帝並重帖學，士大夫之咸究心於此也。

　　然書法習尚，代有變遷。書人因厭臺閣而遷怒於三宋二沈之體，以致論及臺閣體皆備受爭議，屢遭聚訟。今人多將臺閣體與清代館閣體相提並論，其實二者迥然有別。

　　所謂「館閣」者，在宋代乃「三館」：史館、集賢院、昭文館，及秘閣、龍圖閣、天章閣之總稱，故館閣之職，大凡在司經籍圖書。但在宋代館閣，尚無一種較爲通行的書體，合乎今人「館閣體」之觀念者。〔註1〕幾經繁衍，時至清代，字畫端楷勻淨，能昭敬謹之意是爲善書的標準。「烏、方、光」成爲時尚，館閣體遂成定制。

　　相對於臺閣體，得益於科舉制度、翰林制度、內閣制度的推波助瀾。金版玉冊，用之朝廷，藏秘府，必命之書，遂多出於翰林學士與閣臣之手；其中不乏入流書家，如二沈、解縉等。更不乏飽學之士，吳伯宗、曾棨、胡廣、彭時、商輅等還是狀元出身。在工整細麗，雍容典雅的制約下，雖不乏歌功頌德，治平景象之作，上乘臺閣體亦有常人難臻之處。絕非千筆一腔，簪筆

〔註1〕　傅申，《書史與書法蹟——傅申書法論文集》（二），頁179。

干祿之體。就臺閣體書法，在眾說紛紜下，本文試將臺閣體作分期，援引前人論述，略抒鄙見。

第一節　臺閣體初起時期（1402～1424）

臺閣體嚴格說來，發蒙於洪武，於永樂朝得以發展，在仁宗、宣宗及英宗前期近二十年時間內廣泛流傳，臺閣初起時期指成祖在位二十餘年間，內閣制度在此時得到具體的發展，君臣關係趨於和緩。

明代閣臣多為科舉出身，窮經皓首，深受儒家文化影響。他們文才優長，皆為文壇之俊秀，為官處事也多能老成持重。成祖即位，特簡解縉、胡廣、楊榮、黃淮、金幼孜、楊士奇、胡儼等七人，入直文淵閣，參預機務，破格升賞，為代言近臣，是為內閣雛形。

明文指出，解縉等大學士的主要職務是為皇帝代寫制誥、命令等公文，官職不高，但深受皇帝信任。當時並無書辦機構，公文往返需以端正楷書書寫，官員必親自操觚，故皆為楷書能手，對於明初臺閣體的發展有著引領的作用。

誠如前文，成祖為了編纂《永樂大典》，從布衣、監生、舉人徵召大量善書者儲翰林，如宋璲、沈度、王紱、解禎期、朱孔暘、滕用亨……等，〔註2〕在此機緣下被徵召參與編修，深受成祖重視，並破格升賞為中書舍人。各地的善書者都帶著先前的書寫經驗進入朝廷，先期的審美觀與文化學養決定了他們作品的取捨方向。鳴己之勝與競技逞才的心態，亦是驅動臺閣體興盛的重要原因。

然而這種特盛於永樂至成化年的書體與詩文，學界間卻一直都持有貶斥漠視的態度。王錫爵《袁文榮公文集》云：

> 錫爵間頗聞世儒之論，欲以軋茁骸骸，微文怒罵，闖然入班、楊、阮、謝之室。故高者至不可句，而下乃如蟲飛蟀鳴，方嘵嘵哆公，以為字至有臺閣體而始衰。嘗試令之述典誥、銘鼎彝，則如野夫閨婦強衣冠揖讓，五色無主，蓋學士家溺其職久矣。〔註3〕

〔註2〕 張金梁，《明代書學銓選制度研究》（上海書畫出版社，2008 年 1 月第一版），頁 114～119。

〔註3〕 王錫爵，《王文肅公文集》卷一，《四庫禁毀書叢刊》集部第七冊（北京出版社，1999 年），頁 50。

強調作者身分與應制特徵，痛指臺閣積弊。又如錢謙益《列朝詩集小傳》云：「爾時課館文字，皆沿襲格套，熟爛如舉子程文，人目為翰林體。」〔註4〕其後，姚之駰《元明事類鈔》、《明史》多引其說，增添臺閣的負面性與模糊性。

　　文字遞嬗，時代之異，其書寫之法必然不同，明初館閣行文，科舉考試皆側重小楷，且必力求精工。就時代氛圍本文以洪武、永樂兩朝，針對楷書的發展，一窺臺閣前期士人鳴頌盛世背後的審美趨向，至於內文人物在第三章《明代前期書風》有所涉及者，本文僅略作交代，此不多贅述。

　　楷書，從文字學的衍化來看，係由漢隸轉變而來，後成熟於東晉。由出土的文物可以看出，楷書於西漢已見雛型；1973 年在湖南長沙馬王堆三號漢墓中出土帛書《老子》甲本、《老子》乙本（附圖六十四），許多字的筆劃已有楷書的筆意。

附圖六十四：《老子》乙本局部

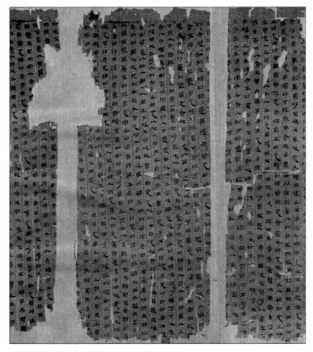

選自：上海書店出版社《馬王堆帛書藝術》

〔註 4〕 錢謙益，《列朝詩集小傳》（上海古籍出版社，1983 年 10 月第一次印刷），頁621。

又如三國時期的《史綽名刺》（附圖六十五）具有明顯的楷書痕跡。吳國的《朱然名刺》（附圖六十六）撇、捺、頓、挫全然俱備，與後世的成熟楷書相距不遠。而名刺是士流之間的用品，其書法反映當時士大夫的書寫規範，也可看出楷書演變的過渡。

附圖六十五：《史綽名刺》　　　附圖六十六：《朱然名刺》

（尺幅：3.3cm×25cm）　　　　（尺幅：24.8cm×3.4cm）
選自：文物出版社《中國法書全集》　選自：文物出版社《中國法書全集》

曹魏時期，鍾、王書法左右了當時審美傾向，朴茂天然，奇險古拙，開創了楷書突出的藝術風格。袁裒《評書》謂：「漢魏以降，書雖不同，大抵皆有分隸餘風，故其體質高古。」〔註5〕當時正值隸楷錯變之際，去古未遠，點

─────────────────

〔註5〕袁裒，《評書》，收錄於《歷代書法論文選續編》（上海書畫出版社 2010 年 4 月第 7 次印刷），頁 200。

化間自然流露出清新質樸，古意盎然之趣。王羲之自謂楷書出於鍾繇，他大膽創新，將鍾繇帶有隸意扁橫體勢轉爲方整而稍長，促使漢魏書風爲之一變，爽朗雅逸取代古雅質樸，也風靡朝野。

　　楷書依書寫需求，有大、中、小之分，從出土棄石銘文來看，多以小楷字形出現。小楷從魏晉以降沿著兩條路線向下發展，一是帝王的愛好和以書取仕的引領下，以鍾繇、二王的書寫風格爲代表；通行於書籍、經卷的傳鈔與朝廷奏表的書寫，被官方視爲正宗，大大提高了小楷的地位；一是以民間不見經傳的書生和經生，他們以抄寫書籍、經卷爲職，其名雖不甚彰顯，其書卻斐然可觀。

　　到了唐朝，書法被列爲六學之一，朝廷以書取仕，加上唐代諸帝都醉心書字，終唐之世，書家之盛，不減於晉。

　　綜觀唐朝楷書，略可分爲三期，初唐太宗篤好右軍書法，崇尚瘦硬，士大夫無不從風，虞世南書學二王及智永，妙得其體，傳世小楷《破邪論序》（附圖六十七）刻本，不露鋒棱圭角，有《黃庭經》遺意。褚遂良初學虞，後則出入鍾、王，楷書遒勁精煉，古雅絕俗。傳世小楷刻本《陰符經》，有山陰遺意。張懷瓘《書斷》評曰：

> 褚遂良善書，眞書甚得其媚趣，在姚臺青璅，窅映春林，美人嬋娟，
> 不任羅綺，增華綽約。〔註6〕

中唐崇尚肥勁，富於創新。顏眞卿雄秀獨出，一變古法，傳世小楷《麻姑仙壇記》（附圖六十八）結法整密，於二王法外別有異趣。馬宗霍云：

> 逮顏魯公出，納古法於新意中，生新法於古意之外，陶鑄萬象，隱
> 括眾長；與少陵之詩，昌黎之文，皆同爲能起八代之衰者，於是始
> 卓然成爲唐代之書。〔註7〕

晚唐則欲矯中唐肥厚之失。柳公權楷法實出於顏，後又學王，極力變右軍之法，遒媚勁健，自出心意，尤以骨力相勝。其小楷傳世刻本《護命經》筆勢往來如鐵絲糾纏，深得古人筆意。

　　唐人小楷，莫不點畫飛動，結體精嚴；虞、歐、褚、顏、柳諸家……，足以立宗開派，逸名者不可勝數，即亂頭粗服間亦自有其風度，亦可謂盛矣。

〔註6〕 張懷瓘，《書斷》卷中，收錄於《景印文淵閣四庫全書》子部八，藝術類，頁
　　　　30〜31。
〔註7〕 馬宗霍，《書林藻鑑》，頁111。

附圖六十七：
虞世南《破邪論》局部

附圖六十八：
顏真卿《麻姑仙壇記》局部

選自：二玄社《原色法帖選》26

選自：二玄社《原色法帖選》26

　　宋興，施以文治，宋太宗趙光義即位，方始留心翰墨，捐善價購法書，聚之御府，命侍書王著刻《淳化閣帖》十卷，惜王著不精鑒別，真偽夾雜；其後《大觀帖》、《紹興監帖》、《臨江戲魚堂帖》及皇佑、嘉佑時潘師旦摹刻的《絳帖》，慶歷時希白和尚摹刻的《潭帖》……等，相繼而出，遂遍天下；自此帖學大盛。然北宋諸家皆博學多才，書法尚意，意在上朔晉唐；特重在行書上，風神迥異，新意時出。至於小楷，不及行書可觀，直至宋四家出，尚可與前人爭勝。馮班云：

　　　　晉人用理，唐人用法，宋人用意。用理則從心所欲不逾矩。因晉人

　　　　之理而立法，法定則字有常格，不及晉人矣。宋人用意，意在學晉

　　　　人也。意不周匝則病生，此時代所壓。〔註8〕

如：蔡襄好顏書，小楷橫逸飄發；蘇東坡少慕二王，晚喜顏書，大小眞行，
皆有可觀之處；黃庭堅善草書，楷法不拘工拙，自成一格；米芾始學顏，復
學李，晚年師法鍾王，早侍內庭，得窺秘跡，家藏亦富，故識見極廣。學二
王小楷，幾可亂眞，陸完云：

　　　　米小楷眞蹟，秀潤圓勁，固足壓倒蘇黃，尤是用筆妙處，極得右軍

　　　　樂毅論法。〔註9〕

儘管如此，馬宗霍《書林藻鑑》列舉宋代書家三百餘人當中，善楷與兼工楷
書者不及六十人，亦說明宋代楷書式微的事實。逮至南宋，古法大壞，士人
開始主張崇尚法古，朱熹於《晦庵論書》力主恢復魏晉楷法。姜夔《續書譜》
側重人品，講古法，以純正魏晉風韻爲旨趣。趙孟堅《論書法》主張由唐入
晉，力矯重意輕法之弊。可惜，時至南宋末期，未能產生較大影響，卻在元
明小楷發展中得到共鳴。

　　元代小楷，雖有康里巎巎、鮮于樞、錢良佑、楊維楨、倪瓚、張雨……
諸家壯其門面，但整個書壇，當爲趙孟頫一人所籠罩。其小楷，根柢鍾王，
出入晉唐，妙得《黃庭》、《洛神賦十三行》筆意。著名的有《千字文》、《黃
庭經》、《道德經》、《洛神賦》、《無逸》、《汲黯傳》（附圖六十九）……等。倪
瓚云：

　　　　子昂小楷，結體妍麗，用筆遒勁，眞無愧隋唐間人。〔註10〕

元代中期的小楷首推是張雨，其小楷初學歐陽詢，復學李邕，得趙孟頫筆法
而能自立，點畫工穩，清峻流麗。元代後期因戰爭四起，文士多隱逸江湖，
藉以書畫自遣。倪瓚以冷逸荒率之姿，能不落趙孟頫藩籬，可謂不失晉人矩
矱。徐渭云：

　　　　瓚書從隸入，輒在鍾繇《薦季直表》中奪舍投胎，古而媚，密而

　　　　疏。〔註11〕

〔註 8〕　馮班，《鈍吟書要》，收錄於《歷代書法論文選》（上海書畫出版社，2004 年 7
　　　　月版），頁 549～550。
〔註 9〕　馬宗霍，《書林藻鑑》，頁 230。
〔註 10〕　馬宗霍，《書林藻鑑》，頁 259。
〔註 11〕　馬宗霍，《書林藻鑑》，頁 278。

趙宧光《寒山帚談》云：

> 小楷世用極博，鍾繇、二王居然立極。鍾逼古，王圓融，自古及今，皆兩家耳孫。唐四大家，雖別立門戶，何嘗出其範圍，具眼者直鑒其脂髓。宋、元或縱或拘，縱則野，拘則俗，皆叛於二子者也。雖然，不有後世名家，無能洞悉古人妙境，去其太無當者。〔註12〕

附圖六十九：
趙孟頫《汲黯傳》局部

（每頁尺幅：17.9cm×17.5cm）
選自：榮寶齋《中國書法全集》44

元代小楷經由趙孟頫以復古之姿追索晉唐，經由康里巎巎、錢良佑、張雨等人的發揚，再到倪瓚以古媚蕭散另闢蹊徑，反映了元人小楷從追求晉唐嚴整清麗轉為鍾繇古雅清勁，並摻入隸意，體現了元人小楷由秀妍到古質的書法風尚。

小楷在書體發展中，長期不為書家所重視。一來，書家往往邁入知命之年後才趨於成熟，礙於視力、腕力的限制，難有佳構，被書寫者視為畏途。二來，小楷書寫範圍不出於方寸之間，至於蠅頭小楷，更是拘泥於窮微測妙間，自然被書家視為末流小道。洪武、永樂兩朝小楷振興，雖不能說是異軍突起，但可謂另闢蹊徑。自魏晉之後，小楷在明代出現了另一次創作高峰，有其脈絡，歸結其因如下：

其一，承趙孟頫復古遺緒：

近溯元代，趙孟頫提倡復古，唯魏晉鍾王是尚，引起明初書家對小楷的重視，如：宋濂、劉基、高啟、張羽、徐賁、危素、宋克、方孝孺……。他

〔註12〕趙宧光，《寒山帚談·金石林緒論》，收錄於《景印文淵閣四庫全書》子部八，藝術類，頁8。

們身處元明易代之際，受其影響者可說是彬彬輩出，其中又以宋濂堪稱一代宗匠，引領明初士人的審美趨向，也關係著臺閣的發展。

宋濂（1310～1381）〔註13〕善小楷，是爲明代開國文臣之首，與劉基、高啓並列爲明初詩文三大家，遂以文名海內。由於宋濂對書法無專門論述，僅在一些散落題跋中出現，以至書名被文名所掩。歷來學者鮮有將宋濂歸爲臺閣書家，筆者以爲，元代以來，對儒學甚爲隔閡，加上科舉久廢，不興禮樂，眾多儒士沉淪下層；士人欲用文學化育天下，故文學復古思潮大興。

明代開國，始創制度，大多倚重於像陶安、詹同、宋濂這樣一批翰臣。據《太祖實錄》載：「乙未年（1355）丁巳，上召陶安、李習，與語時事……由是禮遇安甚厚，事多與議焉。」〔註14〕這些被徵召、薦舉來的儒士皆爲飽讀儒家經典的學者，被授予一定的官職。君臣互相倚重，爲明代初期奠定宏業。朱元璋喜曰：「浙東有二儒者，卿（王禕）與宋濂。學問之博，卿不如濂；才思之雄，濂不如卿。」〔註15〕按《宋濂全集》得其有關書法的論述共六十條，其中題三十八條，跋二十二條。在書法題跋中多次使用「精采」、「氣韻」、「韻度」、「神韻」等詞彙，作爲品評書法之優劣。在題《唐臨重告帖後》中寫道：「今觀劉先生此卷，尤覺精采煥發可玩。」〔註16〕而跋《王獻之保母帖》云：「蓋此帖獻之親手於甎，而又晉工刻之。若蘭亭則馮承素等鉤摹，而又唐工鐫之，所以精神氣韻，敻然不侔也」。〔註17〕在跋《醴泉銘後》云：「此本乃毘陵胡秦公武平故物，神韻生動，其爲初刻無疑。」〔註18〕可了解宋濂崇尚晉唐的審美趣味。如《題太宗哀冊文後》云：「張顛善草書，至其小楷，

〔註13〕宋濂，字景濂，金華潛溪人，幼英敏強記，受業於元末古文大家吳萊、柳貫、黃溍等。洪武二年（1369），奉命主修《元史》。累官至翰林學士承旨、知制誥。濂性誠謹，官內庭久，未嘗嫌訐人過。洪武十三年（1380），因長孫宋慎牽連胡惟庸案，帝本欲殺戮，經皇后太子力救，改全家流放茂州，途中死於夔州（今重慶奉節）。詳見張廷玉，《明史·卷一百二十八》（中華書局出版社，2010年第9次印刷），頁3784～3788。
〔註14〕《明太祖實錄》卷三，洪武元年，四月丁巳朔（北京大學圖書館紅格抄本微捲影印），頁3。
〔註15〕錢謙益，《列朝詩集小傳》（上海古籍出版社，1983年10月第1次印刷），頁80。
〔註16〕羅月霞主編，《宋濂全集》（浙江古集出版社，1999年12月第1次印刷），頁554。
〔註17〕羅月霞主編，《宋濂全集》，頁1251。
〔註18〕羅月霞主編，《宋濂全集》，頁2098。

極端謹有法，傳其學者，唯顏真卿得之爾。」〔註19〕另《跋東坡、穎濱遺墨後》云：「今觀少公字畫，僅平平耳，其視當時擠陷之者，力追羲、獻而姿態橫逸，未嘗無其人。」〔註20〕對神形兼備的美學思想，也展現在其細微小楷之中。傳世作品如：

《跋鮮于樞書杜甫詩卷》（附圖七十），無紀年，內文闡述鮮于樞書學淵源始學孫過庭而終法二王，因「筆意圓而神韻勝」，當為妙品。宋濂楷法與跋文相得益彰，法度嚴謹，書風清古。

《跋虞世南摹蘭亭卷》（附圖七十一），書於洪武十九年（1376），為此卷最後一通題跋，結體工整清麗，字行間時見逸氣。

附圖七十：
宋濂《跋鮮于樞書杜甫詩卷》

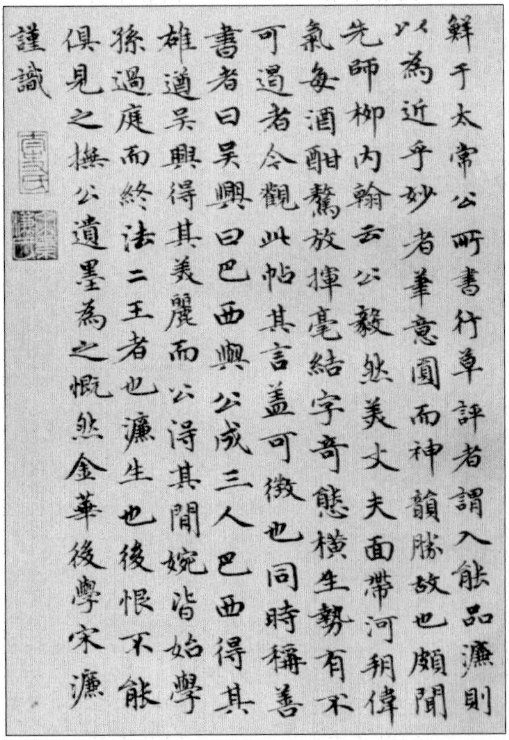

附圖七十一：
宋濂《跋虞世南摹蘭亭卷》

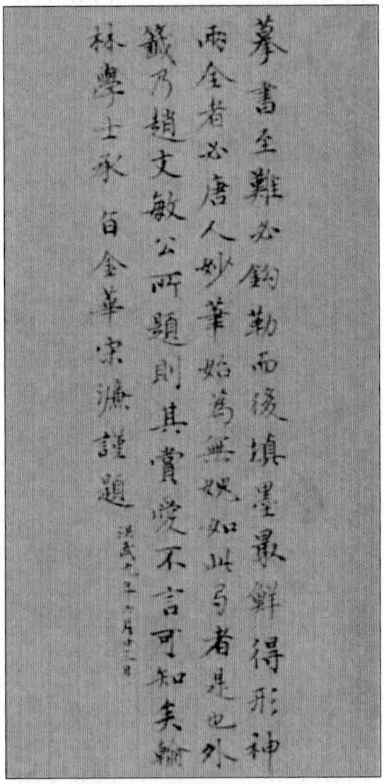

（尺幅：高 32cm）
選自：榮寶齋《中國書法全集》58

選自：文物出版社
《中國法書全集》12

〔註19〕 羅月霞主編，《宋濂全集》，頁 985。
〔註20〕 羅月霞主編，《宋濂全集》，頁 2095。

《題張勝溫畫像卷》（附圖七十二），無紀年，宋時大理國描工張勝溫傳世傑作，後有宋濂題跋，對此畫卷作考證，認為應成於「盛德五年庚子……所為庚子蓋宋理宗嘉熙四年（1240）。」〔註21〕通篇嚴整，筆意圓熟，姿態橫逸。

吳寬云：

> 宋太史書，清古有法。〔註22〕

李日華贊曰：

> 昭代精細楷者，宋景濂一人而已。〔註23〕

宋濂以神、氣、韻為美學思想的核心，並以法為依歸。今觀其諸多跋文中可得印證。他在《重校漢隸字源》序中進一步提出，隸書不始於秦。〔註24〕這些觀點在當時書法史中都是難能可貴的。

此外，宋濂在政治、儒學、文學、史學，對當時和後來都產生了深刻的影響。政治上，他輔佐朱元璋奠定政策走向，延攬人才，制定禮儀、律法等各項制度；儒學上，他融合諸家之說，力求實用；在為文上，他主張在「崇古師心」，且與之俱化，將會心之言形於書，《復古堂記》明確的闡訴：

> 古之人以道德為師者，有孔子焉，有孟氏焉；以政業居輔弼者，有伊尹焉，有周公焉；人而不為孔、孟、伊、周，其學皆苟焉而已。

附圖七十二：
宋濂《題張勝溫畫像卷》

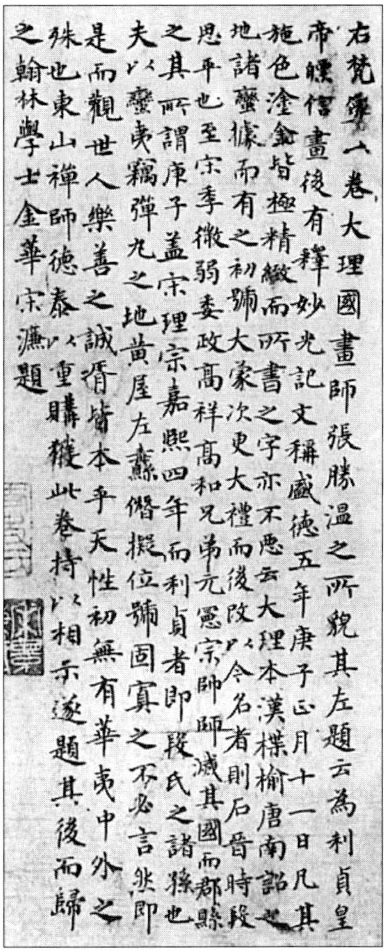

選自：榮寶齋《中國書法全集》58

〔註21〕 近代學者考證，盛德五年應是淳熙七年（1180）。有關此卷成畫年代在徐家瑞《大理國古代文化史稿》，頁365。及楊曉東〈張勝溫梵像卷述考〉，《美術研究》一九九○年二月，頁65。都有提及。

〔註22〕 馬宗霍，《書林藻鑑》，頁287。

〔註23〕 馬宗霍，《書林藻鑑》，頁287。

〔註24〕 羅月霞主編，《宋濂全集》，頁1878。

子將復古必如斯而後可爾。〔註25〕

這種文道合一，取法乎上的思想遂成為當時的審美理念，也在宋濂的學生方孝孺〔註26〕身上得以繼承，其《默庵記》（附圖七十三）遒麗精嚴，望之使人起敬。

附圖七十三：方孝孺《默庵記》

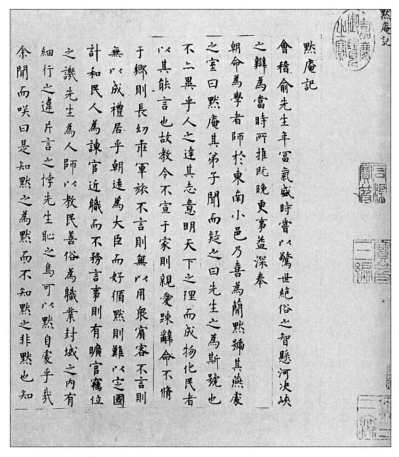

（尺幅：30.6cm×56.3cm）選自：榮寶齋《中國書法全集》58

〔註25〕 羅月霞主編，《宋濂全集》，頁1169。

〔註26〕 方孝孺（1357～1402），自希直，又字希古，浙江寧海人（今浙江寧波）。明建文年間重臣，總裁纂修《明太祖實錄》及《類要》等史籍。後因參與削藩反對並拒絕與朱棣合作，不屈而亡。孝孺之死，宗族親友前後坐誅者數百人。明仁宗朱高熾繼位，為齊泰、黃子澄、方孝孺等建文舊臣平反正名。一生著作甚多，永樂年間，令藏孝孺文集者死罪，門人王稌潛錄為《侯城集》，為現傳世之作。詳見張廷玉，《明史》卷一百四十一，頁4017～4021。

又如劉基〔註27〕《春興八首詩卷》，行筆流麗，結字俊逸多姿，章法錯落亦不失矩度，有趙氏家風。

這些士人，在理性蘊緻背後，有著淵涵的學養，他們將端肅工整的楷書帶入廟堂之上，絕非元末書風的餘波，當是臺閣初起之始。

其二，帖學的風行：

明代集帖學之大成，刻帖之風，尤勝往昔。《東書堂集古帖》為明代官方第一部刻帖，該帖為周憲王朱有燉摹勒上石，取材自《淳化閣帖》，參以《秘閣續帖》，並增入宋、元人書，集帖按時代先後編次，先以帝王之書，次以名臣之書，並將王羲之列於名臣之首卷，以其書妙絕古今，為學者之宗匠。朱有燉於序中云：

> 《周禮》以六藝教小學者，非學之小事也，聖人設教二意、及人之幼真純未散，記識性全，使習六藝而終身可為用。書乃六藝之一，為學者不可不知。〔註28〕

亦說明朝廷對書學的看法，及刻帖的初衷，頗識古人用意之處。然朱有燉為元璋孫，博學，工文詞，善書畫，留心翰墨，卻不樂宋人書。從《東書堂集古帖》序中可詳知其侷限：

> 宋人之書雖無晉唐之風度，若米芾、蔡襄輩亦皆精熟，米之小楷，亦有可觀者。予平生不樂宋人書，止有宋蘇易簡臨楔帖墨跡一本，甚為逸俊，猶太肥耳，其他未收藏一幅。〔註29〕

又云：

> 至趙宋之時，蔡襄、米芾諸人雖號為能書，其實魏晉之法蕩然不存矣。元有鮮于伯機、趙孟頫、始變其法飄逸可愛，自此能書者疊疊而興，較之於晉唐雖有後先，而優於宋人之書遠矣。〔註30〕

加上明人少見六朝墨跡，僅能以世傳晉唐小楷求鍾王法，從所集法帖十卷，摒棄宋代轉而推崇元人書家，肯定者僅蔡襄一人，使宋代尚意的文人情趣受

〔註27〕劉基，字伯溫，浙江青田人。元末明初軍事家、政治家及詩人。基博通經史，於書無不窺，由精象緯之學，輔佐明太祖朱元璋完成帝業，而馳名天下。朱元璋多次稱劉基：「吾之子房也。」授資善大夫、上護軍，封誠意伯。正德時追贈太師，諡文成。詳見張廷玉，《明史》卷一百二十八，頁3777～3782。

〔註28〕容庚，《叢帖目》卷三（華正書局有限公司，1984年2月初版），頁190。

〔註29〕容庚，《叢帖目》卷三，頁191。

〔註30〕容庚，《叢帖目》卷三，頁190。

到壓制；反映在程朱理學籠罩下，皇家的審美取向，與當時朝廷所崇尙的臺閣體相呼應。

《東書堂集古帖》既稱摹古，卻又將己書與古人相雜，導致使古人之迹屈從其手，點畫謬誤處，不勝枚舉。雖前弊固在，墨本流傳，四方皆視爲玩寶，緊隨其後《寶賢堂集古法帖》勘刻成書，無問古今，凡字之佳者兼收並蓄；自此，官方、民間刻帖之風尤熾，帖學大盛，小楷藝術得以發揚。

其三，徵集民間善書者參與編纂與文書等職：

《漢書·藝文志》亦謂：「太史試學童，能諷九千字以上，乃得爲史。又以六體試之，課最者以爲尙書御史史書令史。吏民上書，字或不正，輒舉劾。」〔註31〕由此可知，在科舉制度尙未創發以前，基層文字官吏大都用此方法選拔而來。

洪武朝，不興科舉，從布衣擇善書授中書舍人一職，爲當時取才的管道。永樂朝編修《永樂大典》，由解縉總理其事，從民間引入善書者進內府參與編纂。本文分別於第四章第三節〈中書舍人與臺閣體〉。及第四章第一節〈《永樂大典》的編纂〉。有專文論述，在此不多贅述。

明初之際，詹希元、揭樞、朱芾、桂愼、胡廷鉉、周淵、朱吉……等人以布衣授中書舍人，其中又以詹希元最活躍於明初書壇。

詹希元（生卒不詳），身爲布衣，深得帝王器重，重要題署、碑文等多出其手。在當朝名重天下，被譽爲「國朝第一手」。地位之彰顯，勢必引領朝野，作爲明初第一代中書舍人，無疑允爲明代臺閣體書法開啓的重要人物。

解縉於《春雨雜述》陳及書學脈絡：

> 吳興趙文敏公孟頫，始事張即之，得南宮之傳，而天資英邁，積學功深，盡掩前人，超人魏晉，當時翕然師之。康里平章子山得其奇偉……。子山在南臺時，臨川危太樸、饒介之得其傳授，而太樸以教宋璲仲珩、杜環叔循、詹希元孟舉。孟舉少親受業子山之門，介之以教宋克仲溫。而在至正初，揭文安公亦以楷法得名，傳其子法，其孫樞，在洪武中仕爲中書舍人，與仲珩、叔循聲名相埒云。〔註32〕

解縉認爲從趙孟頫、康里子山，到明代宋克，再加上其師詹希元，直到其本

〔註31〕《漢書·藝文志》卷三十（漢語大辭典出版社，2004 年版），頁 780。

〔註32〕解縉，《春雨雜述》，收錄於《明人書學論述》，頁 5。

人，當爲書法正脈。解縉身爲臺閣砥柱中流，詹希元當爲臺閣先導，應是無須爭議的。詹希元善大書，以歐陽詢爲主，兼取虞世南、顏眞卿、柳公權諸家筆法。凡宮殿城門方匾，皆爲詹希元所書。楊士奇云：「國朝大字，希元爲第一，蓋兼歐虞顏柳之法，而有冠冕佩玉之風者也。」〔註33〕因得帝王宸眷，時人爭相效仿，如當朝中書舍人許鳴鶴、王敬、朱孔暘等人，甚至連宮中皇親、嬪妃亦隨希元學書。歐顏虞柳諸家成爲臨習不二法門，也成爲臺閣體書風形成的引導。

　　永樂朝，臺閣體書風風靡朝野，在遞相宗習下書風漸趨媚俗。後世許多書家對詹希元提出了批評，如晚明學者謝肇淛認爲：

> 國初能手，多粘俗筆，如詹孟舉、宋仲溫、沈民則、劉廷美、李昌
>
> 棋之輩，遞相模仿，而氣格逾下。〔註34〕

謝肇淛嘗使意勝於法，楊士奇則法勝於意。平心而論，臺閣體的興起由詹希元肇其啓端，翰苑相傳的結果非他所能預料，詹希元恪守唐格，雖趨於平正、嫻熟，卻無庸俗之氣。誠如詹景鳳所言：「希元署書，於端重嚴整中，寓蒼勁雅秀之趣，是爲難能耳。」〔註35〕當爲中肯。

　　臺閣體雖在詹希元、宋璲、杜環已初見端倪，直至二沈出，一反師法鍾王小楷的古樸深沉，以一絲不苟，精緻細膩爲矩度，一時翰林善書者相繼仿效，宮廷書家在質與量上皆爲歷代之冠。臺閣體最終形成，並風靡朝野。

其四，科舉制度主導小楷的發展：

　　《明太祖實錄》載，吳元年（1367），朱元璋下令設文武科取士。令曰：

> 茲欲上稽古制，設文武二科，以廣求天下之賢。其應文舉者，察其
>
> 言行，以觀其德；考之經術，以觀其業；試之書算、騎射，以觀其
>
> 能；策之經史時務，以觀其政事。〔註36〕

並於洪武三年（1370）特設科舉，以取懷材抱德之士，觀其學識，品其高下，而任之以官，使中外文武，皆由科舉而選，非科舉，毋得與官。〔註37〕但其

〔註33〕馬宗霍，《書林藻鑑》，頁289。
〔註34〕孫岳頒，《佩文齋書畫譜》卷十，收錄於《景印文淵閣四庫全書》子部八，藝術類，頁52。
〔註35〕馬宗霍，《書林藻鑑》，頁289。
〔註36〕《明太祖實錄》卷二二，吳元年，春正月戊寅朔（北京大學圖書館紅格抄本微捲影印），頁6。
〔註37〕張廷玉，《明史·選舉二》卷七十，頁1695～1696。

結果卻令人失望，原因是科舉考試所取多後生少年，能以所學措諸行事者寡。〔註38〕洪武六年（1373）遂罷科舉。

　　洪武十五年（1382）朱元璋復行科舉，科舉制度逐漸取代薦舉制度。洪武十七年（1384），頒行「科舉成式」，確立了明代科舉制度的三級考選之制，即由地方鄉試到全國會試再到皇帝親自主考殿試的入仕三階段，此後相沿不變，達五百餘年。直至天順年間，已形成「非進士不入翰林，非翰林不入內閣」〔註39〕的局面。科舉必由學校，而學校起家可不由科舉。而其教之之法，規定：「每日習書二百餘字，以二王、智永、歐、虞、顏、柳諸帖為法。」〔註40〕「生員專治一經，以禮、樂、射、御、書、數設科分教。務求實才，頑不率者黜之。」〔註41〕科舉生員如不專習於此，也就意味著與科舉仕進無緣。

　　明初三帝的科舉取士，與清代館閣有著承上啓下的關係，卻不盡相同。明初科舉具有鮮明綜合考試的色彩，與後來專以八股取士極為不同。既有經書文字的文化考試，又有騎射書算的技能考查，務求文武兼備的合格人才。未深入洞察者常將臺閣體與館閣體相提並論。

　　洪武二十四年又定文字格式，規定：「凡出題，或經或史，所問須要含蓄不顯，使答者自詳問意，以觀才識。……凡作四書經義，破承之下，便入大講，不許重寫官題。」〔註42〕在這樣的文字成式下，將書法與儒家經學結合，經學的好壞直接會影響到干祿求仕的成敗。對書法的普及與風格的走向起了決定的影響。三尺之童，十室之社，莫有不揮毫染翰者，習風如此，也造就臺閣之盛。

第二節　臺閣體鼎盛時期（1425～1449）

　　臺閣體的鼎盛時期泛指洪熙（1424～1425）、宣德（1426～1435）、正統（1436～1449）的二十五年間。此時社會得以安定，君臣關係融洽，閣臣心態和平自得，他們彼此唱和，在雍容典雅的氣象中，訴說著臺閣體的鼎盛。

〔註38〕　張廷玉，《明史・選舉二》卷七十，頁1696。

〔註39〕　張廷玉，《明史・選舉二》卷七十，頁1703。

〔註40〕　張廷玉，《明史・選舉一》卷六十九，頁1676。

〔註41〕　張廷玉，《明史・選舉一》卷六十九，頁1686。

〔註42〕　徐溥《明會典》卷七十七，收錄於《景印文淵閣四庫全書》史部十三，政書類，頁5。

　　明太祖在位三十一年，在政治、賦稅、教育、衛所等制度各方面，都立下恢弘的規模。但其誅戮功臣，以重典馭下，又以胡惟庸、藍玉兩案殺人最慘。同時頒布《明律》、《大誥》等諸多峻法以箝制人民，波及文士，極為恐怖。

　　朱棣即位，施以威猛治國，大肆封賞靖難功臣，對於堅決反對他的人，則採取極其殘酷的鎮壓手段。士大夫在戒慎恐懼下無不如履薄冰。

　　與政治相應的，在文治上，「惟才是與」是為明初二帝取才的標準，在不拘一格、不限出身、地域、民族的取士思想下，薦舉與科舉為當時取才主要管道。朱元璋以理學治國，令學者非五經、孔孟之書不讀，非濂、洛、關、閩之學不講。〔註43〕進而與科舉制度相結合，士子能釋孔孟之心傳、闡程朱之理解，以應科舉之文。

　　成祖登極後，為消弭民怨，以博得文治美名，遂編修《永樂大典》，朝野宿學文士相繼投入，書寫依規矩進行，力求工整、勻稱與實用。

　　永樂十五年，命楊榮等人修纂《四書大全》、《五經大全》、《性理大全》行之於家，用之於國，成為士子舉業必讀之書。此後相繼頒布《為善陰陟》、《孝順事實》等書，意在強化儒家正統的思想，與對朱元璋「祖制」闡述，以求得政治上的一脈相承。

　　仁宣致治，力求社會安定的守成治世，採取一系列寬仁政策，以紓緩洪武、永樂兩朝專制嚴整之風。朱高熾重新設置三公（太師、太傅、太保，官階正一品），三孤（少師、少傅、少保，官階從一品），釋放了前戶部尚書夏原吉和右春坊大學士黃淮兩人出獄，升任黃淮為通政使（正三品）兼武英殿大學士，又提升文淵閣大學士楊榮兼太常寺卿（正三品），文淵閣大學士金幼孜為戶部右侍郎（正三品），左春坊大學士楊士奇為禮部左侍郎（正三品）兼華蓋殿大學士。當時朱高熾還特別明令指出：「榮、幼孜、士奇、淮，俱掌內制，不預所升職務。」〔註44〕這裡所謂掌內制，不預所升職務。就是說他們四人只做皇帝的侍從之臣，不到所升的六部衙門任職。自此以後，殿閣大學士所兼六部職務，都是不到任的榮銜，可以領取所升職務的薪俸，但不能理事。

〔註43〕陳鼎，《東林列傳》卷二，收錄於《景印文淵閣四庫全書》史部七，傳記類，頁14。

〔註44〕《明仁宗實錄》卷一（下），永樂二十二年，八月戊午朔（北京大學圖書館紅格抄本微捲影印），頁2。

　　隨著政權穩定，統治者崇尚文治，重用儒生，大開科舉。在館閣儒士的倡導下，歌詠帝載，以鳴國家之盛的社會氛圍充斥其間。

　　徐一夔在《陶尚書文集序》云：

> 國家之興必有魁人碩士乘維新之運，以雄辭鉅筆出而敷張神藻，潤飾洪業，鏗乎有聲，炳乎有光，聳世德於漢唐之上，使郡國聞之，知朝廷之大；四夷聞之，知中國之尊；後世聞之，知今日之盛；然後見文章之用爲非末技也。〔註45〕

「三楊」就在這樣一個承平治世下，引領臺閣書法與文學。李東陽云：「永樂以後至於正統，楊文貞公實主文柄，鄉郡之彥每以屬諸先生文貞之文，亦所自擇，世服其精。」〔註46〕更進一步指出楊士奇文壇盟主地位，當爲世之楷模，影響之大足可見矣。楚默更進一步指出，眞正臺閣體書法應源於三楊：

> 現在常說臺閣體以沈度兩兄弟爲始祖，這是不確切的。沈度是永樂初以善書召入宮內，適應了那時抄書等實際需要。而此時，楊士奇、楊榮已是翰林編修，是朱棣信任的七近臣之一，早在那裏書寫各種重要文件了。沈度以抄寫各種文書起家，獲得朱棣稱讚，但其最高官職不過是翰林學士（正五品），遠不能與「三楊」的高位相比。〔註47〕

綜上所述，「三楊」爲臺閣之宗，本文試以其書法、詩文取向入手，一窺臺閣鼎盛的氣象，至於第三章第三節〈二沈與解縉〉已有專文論述，在此不多作贅述。

一、婉麗端雅，臺閣典型——楊士奇

　　楊士奇（1364～1444）〔註48〕，名寓，以字行，號東里，江西泰和人。以寒素之士薦舉而入翰林、內閣，歷仕成祖、仁宗、宣宗、英宗四朝。善行

〔註45〕徐一夔，《始豐稿》卷五《陶尚書文集序》，收錄於《景印文淵閣四庫全書》集部，別集類，頁22。

〔註46〕李東陽，《明文海》卷二百三十五《呆齋先生文集序》，收錄於《欽定閣四庫全書》集部八，總集類，頁7。

〔註47〕楚默，《明初書法概論》，收錄於《中國書法全集58‧明代名家一》（北京：榮寶齋出版社，2007年10月第一版），頁19。

〔註48〕楊士奇，字寓，字士奇，以字行，號東袒，泰和人（今江西省泰和縣）。官至禮部侍郎間華蓋殿大學士，兼兵部尚書，歷五朝，在位內閣輔臣四十餘年，首輔二十一年，廉能冠天下，並以學行見長。《明史》卷一百四十八有詳載。

草，筆法古雅，以文采盛譽於明初，為文壇領袖，其詩作被譽為臺閣體，廣為傳揚。楊士奇著有《東里全集》九十七卷，《別集》四卷，《續編》三十四卷；《東里詩集》三卷，《續編》九卷；編有《三朝聖諭錄》、《奏對錄》、《文淵閣書目》、《歷代明臣奏議》等十數種。

　　楊士奇為人寬厚，能薦人之長，容人之短。臨事審慎，深知民瘼，在紛雜的政治環境中而能恪守封建綱常之道，被稱為三楊之首。永樂時，楊榮、楊士奇，因在靖難之役中未參預其事，與建文朝政治無太多牽連，因而受朱棣委以重用。明史載：

> 士奇奉職甚謹，私居不言公事，雖至親厚不得聞。在帝前，舉止恭慎，善應對，言事輒中。〔註49〕

他自述生平時說：

> 越自授官，所凱行道，心存國體，志在濟人。惟理無窮而學植未充，事有至難而智慮弗逮，故進慕陳善，退勤省躬，而施以公，而守以約。始終一意，夙夜不忘。〔註50〕

成祖雖重用「三楊」，但在政治上卻非一路順遂；楊士奇在皇子間奪儲鬥爭中多被牽連，期間曾兩下詔獄，一次是在永樂十二年（1414）因太子「書奏失辭」下獄，另一次在永樂二十年（1422），因輔導太子有不足之處，再次繫獄，十日後獲釋。朱棣在第五次北征的歸途中病逝於榆木川（今內蒙古白治區多倫西北），遺命皇太子朱高熾繼承帝位。仁宗上臺即官復原職。特賜蹇義、楊士奇、楊榮、金幼孜四人「繩愆糾繆」銀章各一枚，得密封言事。對楊士奇、楊榮、金幼孜和蹇義、夏原吉兩位尚書說：「卿皆先帝親任舊臣，朕方倚自輔，凡朕所行，卿等朝夕共見，有未盡善，當盡言。」〔註51〕由此可知楊士奇是為朱高熾最親信的輔佐大臣之一。

　　明英宗即位，時年九歲，國家大事由太后作主。太后推心楊士奇、楊榮、楊溥三人。楊士奇首請練士卒，嚴邊防，又請以次蠲租稅，慎刑獄，核百司，都獲得允行。楊士奇受薦而起，職任清華，入直文淵閣前後四十餘年，佐東宮、安內外、察民情、舉賢能，在內閣中起了重要的核心的作用，對明初政治穩定與經濟繁榮做出了傑出貢獻。故洪熙、宣德及正統初海內晏

〔註49〕張廷玉，《明史》卷一百四十八，頁4131。
〔註50〕《明英宗實錄》卷一一四，正統九年，三月辛亥朔（北京大學圖書館紅格抄本微捲影印），頁8。
〔註51〕《明仁宗實錄》卷四下（北京大學圖書館紅格抄本微捲影印），頁3。

安，號稱太平，實乃楊士奇等之力。

在明永樂至正統時期，文壇上出現了一種以楊士奇、楊榮、楊溥「三楊」為代表的臺閣體。其中又以楊士奇為首，他繼承唐宋古文，師法韓愈、歐陽修，得其髣髴，雜錄敘事，無浮泛之病；又融入周敦頤、二程、朱熹的理學思想，言行得以相合；書法以唐楷為宗，兼融趙孟頫筆意；翰林院多沿襲其體，遂成為臺閣盟主，實有開宗立派之功。《東里集》提要稱：「明初三楊並稱，而士奇文筆特優，制誥碑版多出其手。」〔註52〕錢謙益《列朝詩集小傳》乙集《楊少師士奇》云：「國初相業稱三楊，公（楊士奇）為之首，其詩文號臺閣體。」〔註53〕從上述評價皆可看出，楊士奇對明代臺閣體的鼎盛起到了居功厥偉的作用。

楊士奇作為臺閣體的代表，在他的作品裡充滿了大量的聖諭、代言、應制、頌聖之作，以及墓誌銘、神道碑、題跋等應酬的作品。就其內容他提倡通達政務，紀事輔經，要求文以載道，不故作艱深；在諸多文體中又以題跋最能展現其審美取向。楊士奇題跋相當豐富，共有十一卷，五百八十八篇，是散文中為數最多的文體，題跋的對象有為詩文、書法、圖畫、金石、碑帖、墓表……等。如《題詹孟舉千文》云：「蓋兼歐顏虞柳之法，而有冠冕佩玉之風者也。」〔註54〕《跋干祿字書》云：「右顏魯公干祿字書，辨別字之正俗及通用，亦間有析其義者云，干祿者，蓋唐以書取士也，而公真書小字之傳於後者，亦獨見此耳。」〔註55〕《跋張旭草書》云：「旭書雄勁飛動，神妙叵測，而規矩故在；凡今之慕旭者，不免效杜季良之弊矣。」〔註56〕《書孔子廟堂碑後》云：「論者率愛世南書，飄逸蘊藉，然其從容規矩準繩之中，學者須心得也。」〔註57〕《跋趙松雪書鄧文原》云：「文肅當時自有能書名，文敏此書

〔註52〕 楊士奇，《東里文集》，收錄於《景印文淵閣四庫全書》集部六，別集類五，頁1。

〔註53〕 錢謙益，《列朝詩集小傳》乙集（上海古籍出版社，1983年10月第一次印刷），頁162。

〔註54〕 楊士奇，《東里文集》卷十，收錄於《景印文淵閣四庫全書》集部六，別集類五，頁10。

〔註55〕 楊士奇，《東里文集》卷十，收錄於《景印文淵閣四庫全書》集部六，別集類五，頁11。

〔註56〕 楊士奇，《東里文集》卷十，收錄於《景印文淵閣四庫全書》集部六，別集類五，頁24。

〔註57〕 楊士奇，《東里文集》卷十一，收錄於《景印文淵閣四庫全書》集部六，別集類五，頁12。

尤爲得意，有翩翩鷗鵬雲海之勢，但學書者當沂其上求之可也。」〔註58〕言簡意賅，令後學者知宗晉唐。

楊士奇文翰知名海內，以閣臣之尊，一呼百應影響廣泛，執永樂至正統間文壇之牛耳。他遍閱歷代筆法，以唐楷爲宗，清秀溫潤中不減古人筆意。傳世作品：《致頤菴先生尺牘》，無紀年，通篇行筆疏秀清朗，不激不厲，大小錯落，婀娜間愈見剛健。

《鄉仰帖、敕祭韓公茂文題跋》合一卷，前帖是給胡儼的手札，稱「賓客相公」，帖中說：「弟念去鄉三十餘年，欲一展桑梓。」按《明史》載，楊士奇在建文初年召入翰林，時約三十四歲；到宣德三年（1428）恰好爲官三十年；正統四年（1439）乞退休不允。〔註59〕由此可推算，此帖應爲宣德至正統年間之作。後帖楷書於永樂九年九月敕祭太醫院使韓公茂文，界烏絲欄。兩帖原非一物，因合裝已久，所以不予分錄。小楷正書，婉麗端雅，不失古格，當爲臺閣典型。

《跋夢奠帖》（附圖七十四），書於正統八年（1443）。凡八行，計一〇九字，此帖爲歐陽詢流傳至今四件墨跡之一。此跋點畫嚴謹端肅，矩度雍容，含蓄蘊藉中亦見唐人風致。

仁、宣時期，海內晏安，政治穩定，天子雅好文藝，君臣關係融洽，更有利於臺閣的發展。

《列朝詩集小傳》載：

> 仁宗在東宮久，聖學最爲淵博，酷好宋歐陽文，乙夜翻閱，每至達旦。楊士奇，歐之鄉人，熟於歐文，帝以之深契。〔註60〕

記宣宗曰：

> 帝天縱神敏，遜志經史。長篇短歌，援筆立就。每試進士，輒自撰程文曰：「我不當會元及第耶！」萬機之暇，遊戲翰墨，點染寫生，遂與宣和爭勝；而運際雍熙，治隆文景，君臣同遊，賡歌繼作，則尤千古帝王所希遘也。〔註61〕

這種一君臣同遊，賡歌繼作的融洽關係，使閣臣們不再擔驚受怕，因而有

〔註58〕楊士奇，《東里文集》卷十一，收錄於《景印文淵閣四庫全書》集部六，別集類五，頁21。

〔註59〕張廷玉，《明史》卷一百四十八，頁4131～4137。

〔註60〕錢謙益，《列朝詩集小傳》，頁3。

〔註61〕錢謙益，《列朝詩集小傳》，頁3。

較爲寬鬆的書寫環境與心境，以和平之心發爲治世之音，爲臺閣之宗當之無愧。

附圖七十四：楊士奇《跋夢奠帖》

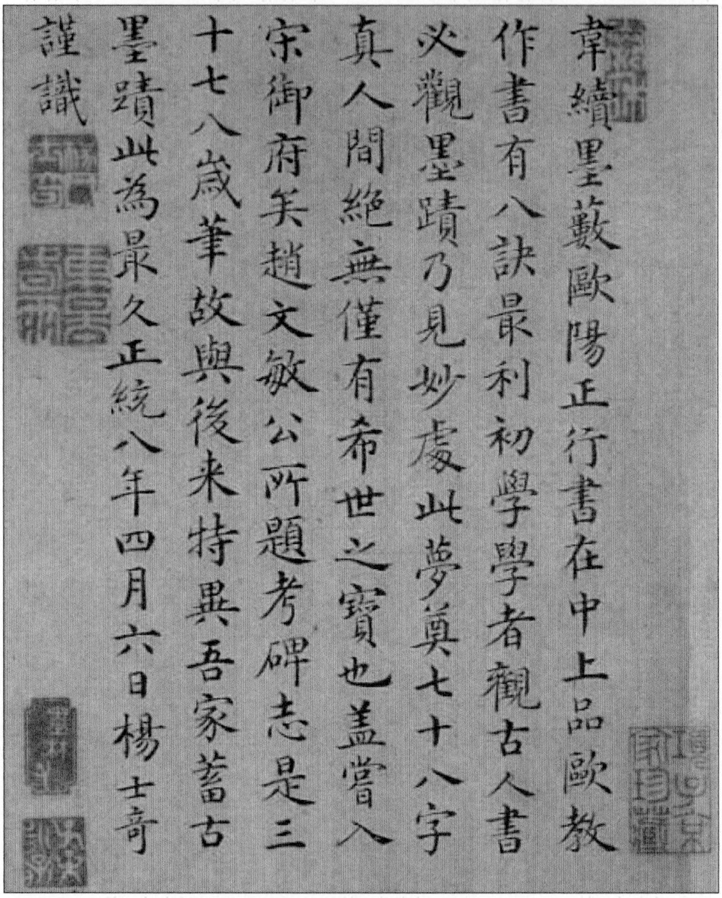

韋續墨藪歐陽正行書在中上品歐教
作書有八訣最利初學學者觀古人書
必觀墨蹟乃見妙處此夢奠七十八字
真人間絕無僅有希世之寶也盖嘗入
宗御府矣趙文敏公所題考碑志是三
十七八歲筆故與後來特異吾家蓄古
墨蹟此爲最久正統八年四月六日楊士奇
謹識

選自：《名家翰墨》3

二、宗法漢魏，姿媚動人 —— 楊榮

楊榮（1371～1440）〔註62〕，字勉仁，初名子榮，建安人。於建文二年（1400）進士，被授予翰林院編修，歷任侍講、右諭德、右庶子，進文淵閣

〔註62〕楊榮，初名子榮，字勉仁，號東楊，建安人（今福建建甌縣）。官至內閣首輔、工部尚書兼謹身殿大學士。在文淵閣治事三十八年，謀而能斷，老成持重，尤擅謀劃邊防事務。因持才自傲，難容他人之過，往往遭人議論。《明史》卷一百四十八有詳載。

大學士，累遷太常卿、工部尚書、尚書大學士，是明朝著名的「三楊」內閣之一。楊榮在文淵閣治事有三十八年，謀而能斷，老成持重，《明史》稱其「處國家大事，不愧唐姚崇。」〔註63〕著有《訓子編》一卷、《北征紀》一卷、《楊文敏集》、《玉堂遺稿》十二卷等。

楊榮見事敏捷，有才識，歷仕四朝，恩禮始終；靖難之變後，建文帝下落不明，燕王朱棣入京之初，楊榮攔馬建議道：「殿下先拜謁陵呢？先即位乎？」朱棣旋即恍然大悟，便先赴陵拜謁。朱棣即位後，建置文淵閣以備顧問，楊榮便被選中入閣辦事，成為閣僚中年齡最小的一位。

楊榮事主有體，進諫有方，能揣度人心。如胡儼因性格耿介而被調離、黃淮也因朱棣持事偏執而身陷囹圄、解縉因論事無所避忌而被貶殺，即便是老成持重，論事謹慎的楊士奇也遭到嚴密監視，汲汲於自保，獨楊榮得安然無事。

朱棣在位期間，楊榮常利用隨駕之機，多次緩解皇儲之爭。永樂二十二年（1424）七月，朱棣病逝於榆木川，為防高煦以乘機起事之機，榮斂如禮，不發喪，整軍旅，嚴於令，使外無知者，一切如常，並在京內楊士奇的配合下，促使高熾得以順利即位。至此後，君臣感情更加深厚，使得三楊得以在朝臣中享有很高的威望。也恰好是在這政治氛圍中，楊榮主持內閣，進而主持文柄。臺閣體雍容婉麗的風格，在他手上得以確立，一掃韓、蘇奇崛生姿，轉而以歐陽文風蔚為大宗。至為文章，見於詔誥命令、訓飭臣工、誓戒軍旅、撫諭四夷、播告萬姓，莫不嚴正詳雅。又如碑銘、志記、贊頌，應酬往來之作，皆富麗溫純。亦善書，其楷書姿媚動人。詩文備及諸體，清遠俊麗，趣味不凡。《楊文敏集》云：

> 發為文章，具有富貴福澤之氣。應制諸作，渢渢雅音。其他詩文，
> 亦皆雍容平易，肖其為人。雖無深湛幽渺之思，縱橫馳驟之才，足
> 以震耀一世，而逶迤有度，醇實無疵。〔註64〕

楊榮《文敏集》中，詩歌有七卷，其中包括應制詩、四言古詩、五言古詩、五言絕句、五言律詩、五言排律、歌行、七言絕句、七言律詩、七言排律等。因其在朝廷，朝夕侍左右，常受皇帝之命，作詩吟賦。在「三楊」中，

〔註63〕　張廷玉，《明史》卷一百四十八，頁4141。
〔註64〕　楊榮，《楊文敏集》提要，收錄於《景印文淵閣四庫全書》集部六，別集類五，頁2。

尤屬楊榮最具富貴福澤之氣。如《甘露詩》：

> 聖皇車駕出九重，狩獵屢駐鍾山東。龍旗黃幄照晴空，羽林猛士氣
> 如虹。經丘越壑上龍巑，是時霜清十月中。木葉脫落鳴天鳳，黃金
> 羈絡玉花驄。萬騎雜遝紛紜從，錦袍羽劍控琱弓。戈甲照日晴光
> 融，豪鷹健鶻筋骨雄。勁翮直上摩蒼穹，斲豻殪兕射麋熊。妖狐狡
> 兔無遺蹤，駕鵝鷺鶴勢蹙窮。墮羽灑血相橫縱，懽呼得雋意氣濃。
> 乃知聖祖致世隆，不以既治忘武功。因時順動習兵戎，為苗驅害慰
> 三農。四郊自此樂年豐，上天降祥福聖躬。瀼瀼甘露凝柏松，飴甘
> 肪白體酪醲。珠璣駢聯綴芳藂，粲粲不受杲日烘。靈氣煜煜氣沖
> 融，呈祥現瑞何所鍾。袞衣垂拱蓬萊宮，梯航玉帛俱來同。小臣叼
> 祿愧才庸，但願萬歲歌時雍。〔註65〕

行文流暢，字句豐盈，字裡行間無不讚頌四方統一，藉由神瑞之應，皇考之德，以示國朝之興。此類盛世昭然的主題，在《文敏集》比比皆是，在此不多贅述。

楊榮在書法上並無專門論述，《續書史會要》贊其：「楷書姿媚動人」，〔註66〕從傳世作品可一窺端倪：

《題祭韓公茂文楷書札》（附圖七十五），此卷書於永樂十六年（1418）。韓公茂是御醫，生前竭忠盡職，死後，皇上念其辛勞特加哀恤，親製文敕，禮部以三品祭之。韓公茂子將所賜祭文泥金書之，裝池成卷，請楊榮題識。通篇用筆工麗遒勁，點畫一絲不苟，具唐人法度，是典型的臺閣體書法。

《致頤庵札》，此卷書於正統元年（1436），是楊榮給頤庵的信札，頤庵即胡儼。成祖即位後，胡儼與解縉等值文淵閣。因持論切直，為同官不容，於洪熙元年（1425）致仕。胡儼身為館閣宿儒，詩文俱佳。曾請楊榮為其集作序，此札即是回覆書信。此時楊榮已六十五歲，胡儼七十五歲，詞意謙恭，筆法疏朗，得趙文敏正書神髓。

楊榮身處大明平治，熙洽之世，被受仁、宣榮寵，位高德隆；遂以臺閣之尊，影響著臺閣體百年的風行。縱觀楊榮的詩文諸體必備，他宗法漢魏，有時融入晉宋，以盛唐為主，高詞爾雅，氣象雍容。其書法出入規矩，師法

〔註65〕 楊榮，《楊文敏集》卷一，收錄於《景印文淵閣四庫全書》集部六，別集類五，頁4。

〔註66〕 朱謀垔，《續書史會要》，收錄於《景印文淵閣四庫全書》子部八，藝術類一，頁29。

晉唐，書寫不疾不徐，講究「和而平，溫而厚，怨而不飭。」雍容有餘間亦顯臺閣大臣的氣度。筆者以爲，上乘臺閣書作絕非那些兩殿書辦人員的端肅、工整所能比擬，世人觀其秀麗，多以「千筆一腔，無何創新」評論，蓋迫於俗論所尚也。

附圖七十五：楊榮《題祭韓公茂文楷書札》

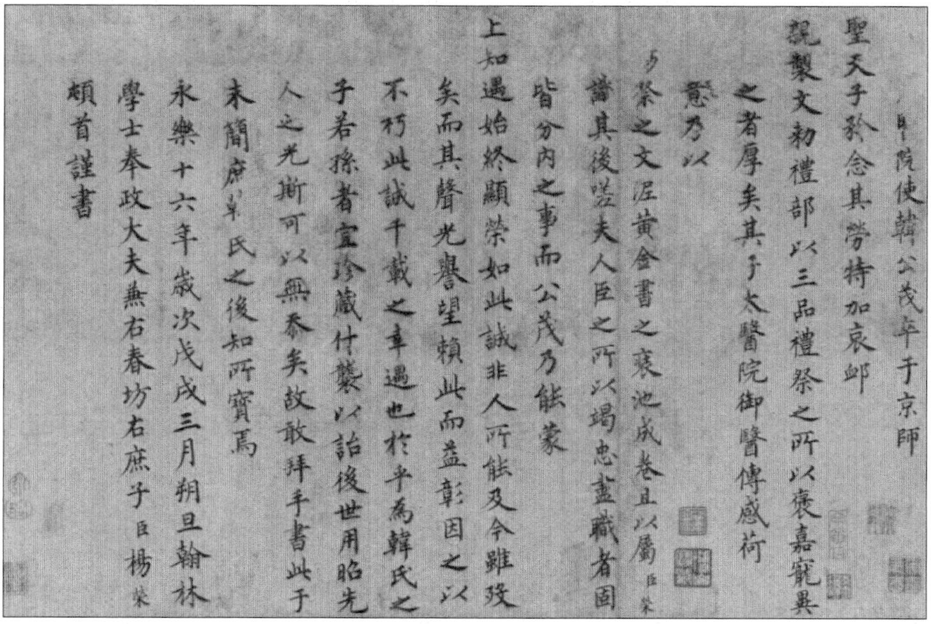
院使韓公茂卒于京師
聖天子矜念其勞特加哀卹
親製文勅禮部以三品禮祭之所以褒嘉寵異
之者厚矣其子太醫院御醫傳感荷
恩意乃以
御祭之文泥黃金書之裝池成卷且以屬 臣榮
譜其後嗟夫人臣之所以竭忠盡職者固
皆分內之事而公茂乃能蒙
上知遇始終顯榮如此誠非人所能及今雖歿
矣而其聲光譽望賴此而益彰因之以
不朽此誠千載之幸遇也於乎為韓氏之
子若孫者宜珍藏什襲以詒後世用昭先
人之光斯可以無忝矣故敢拜手書此于
末簡庶韓氏之後知所寶焉
永樂十六年歲次戊戌三月朔旦翰林
學士奉政大夫兼右春坊右庶子 臣楊榮
頓首謹書

（尺幅：29.5cm×46.5cm）選自：紫禁城出版社《明代宮廷書畫珍藏》

三、嚴於律己，德高望隆——楊溥

楊溥（1372～1446），字弘濟，號南楊，謚文定，石首人。自幼端重，有雅操；因跟隨成祖北征爲永樂朝近臣，恩禮始終無間。加上他嚴於律己，史載「質直廉靜，無城府。性恭謹，每入朝，循牆而走。」〔註 67〕時謂「士奇有學行，榮有才識，溥有雅操，皆人所不及」云。〔註 68〕與諸大臣朝中議事論事爭可否，或治違言，皆能平心處之，諸大臣皆嘆服。

永樂十二年（1414），因太子朱高熾與漢王朱高煦因奪嫡鬥爭，他與黃淮相繼入詔獄。在獄中，發奮攻讀經史。仁宗即位，釋出獄，擢翰林學士；建

〔註 67〕張廷玉，《明史》卷一百四十八，頁 4144。
〔註 68〕張廷玉，《明史》卷一百四十八，頁 4144。

弘文閣，選諸臣有學行者待值，命楊溥掌閣事。宣宗朝撤銷弘文閣，讓楊溥
入文淵閣參預機務，至此，三楊得以共事。三人雖同在閣中，楊士奇和楊榮
都是建文四年（1402）入閣，楊溥入閣比兩人晚了二十三年，地位並不相當。
正統三年（1438），《宣宗實錄》修成，預修人員各有升賞。楊溥進少保、武
英殿大學士；至此，楊溥才與俱為少師和大學士的二楊真正同列。〔註 69〕時
稱三楊學士，泰和為西楊，建安東楊，石首南楊。三楊相繼走向臺閣，把持
文炳，各領風騷，由卑微之位佐中樞，親近帝扆，為仁宣所信任和重用。君
臣融洽合作，形成一定的權力氛圍，也是臺閣興盛的主因。

　　楊溥著有《禪玄顯教編》、《文集》十二卷、《楊文定公詩集》七卷。為文
力摹韓愈。有意矜練。題材大致可分為應制詩、題物詩、贈別詩、詠懷詩、
寫景詩等。如《瑞應騶虞詩》：

　　　皇帝以天地之德為德，人民愛物之心達之禮樂，刑政施之於天下。
　　　故霜露所墜，日月所照，天地所覆載，咸囿於生成。騶虞之見，可
　　　以昭皇上好生之德……。〔註 70〕

用語和平雅正，無雕琢之嫌，充滿盛世之音。彭時於序中寫道：「溫厚疏暢而
不雕刻，平易正大而不險怪，雍雍乎足以鳴國家之盛。」〔註 71〕

　　《題畫》中寫道：

　　　巖谷窈窈，雲林蒼蒼。有隱君子，厥德聿章。厥德聿章，遠之四窗。
　　　丹書玉節，申致微庸。君德增輝，士望丕著。景星慶雲，萬目爭
　　　覩……。〔註 72〕

簡淡雅緻間，亦見福澤之氣。

　　又如《秋景》詩：

　　　涼風度西嶺，溪水散微陰。興來理孤棹，林外訪知音。但見霜落晚，
　　　不知秋已深。〔註 73〕

筆觸輕盈閒雅，有超然物外之感。

〔註 69〕張廷玉，《明史》卷一百四十八，頁 4142～4143。
〔註 70〕楊溥，《楊文定公詩集》卷一，《瑞應騶虞詩》，收錄於續修四庫全書》，別集
　　　　類，頁 467。
〔註 71〕楊溥，《楊文定公詩集》卷一，收錄於《續修四庫全書》，別集類，頁 463。
〔註 72〕楊溥，《楊文定公詩集》卷一〈巖谷十二章章四句〉，收錄於《續修四庫全書》，
　　　　別集類，頁 468。
〔註 73〕楊溥，《楊文定公詩集》卷二《秋景》，收錄於《續修四庫全書》，別集類，頁
　　　　471。

　　楊溥工書，好佛老。《續書史會要》云：「行楷皆俱，法趙文敏公。」〔註74〕
鮮見傳世作品，從《跋淳化閣帖》游相本（附圖七十六），此卷書於永樂十五
年（1417），文中對淳化與大觀二帖有所評論：「大觀絳州諸刻，世稱佳本，
雖極精工，秀媚有餘，魄力遠遜；欲求晉唐清韵渾厚兼全者，觀此止矣。」
〔註75〕下筆圓滑純熟，得趙吳興筆意，不失晉人風韵。

附圖七十六：楊溥《跋淳化閣帖》局部

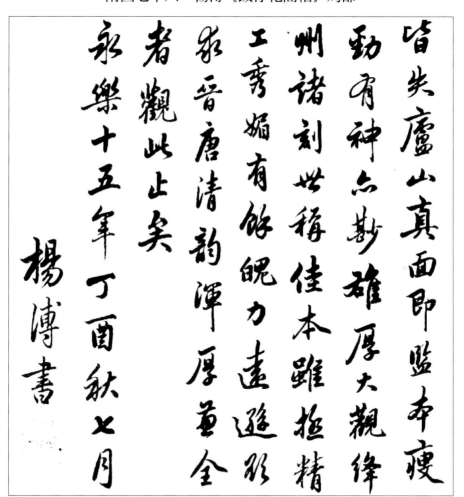

選自：《跋淳化閣帖》游相本

〔註74〕朱謀垔，《續書史會要》，收錄於《景印文淵閣四庫全書》子部八，藝術類一，
　　　　頁 29。

〔註75〕王著，《淳化閣帖》下卷（天津古籍出版社 2011 年 6 月第 2 次印刷），頁 581。

　　明初之際，學風崇唐抑宋，臺閣士人亦沾染其風，古體宗漢魏晉、近體宗盛唐，兼工書法，極力鍾元常、王逸少父子。金幼孜《吟室記》云：

　　　　夫詩自三百篇以降，變而爲漢魏，爲六朝，各自成家，而其體亦隨以變。其後極盛於唐，颿颿乎追古作者，故至於今，言詩者以爲古作不可及，而唐人之音調尚有可以模仿，下此未足論矣。〔註76〕

標示出臺閣士人崇古是尚的傾向。所不同的，宋濂、王禕強調「文道合一」，「三楊」崇尚「施政教、適性情」。

　　綜觀楊溥詩文，在歌功頌德，利於政教之餘不乏眞摯之作。書法上，他手握晉唐機軸，行筆間穠纖折衷，整飭勻稱中毫無呆板迫塞之態。楊士奇値內閣四十三年，同値者，金幼孜三十年，楊榮三十七年，楊溥二十二年；他們不僅諳熟國事，君臣之間相互投合，及「三楊」自身的修養，可謂德高望隆，古來所未有。與之同時，名聲相埒者如：

　　胡儼（1361～1443），字若思，號頤庵，南昌人，官至國子監祭酒，進太子賓客。少識學，通天文、地理、曆律、醫卜，充《太祖實錄》、《永樂大典》、《天下圖志》等總裁官。〔註77〕擅書法，精草書。傳世作品：

　　《題洪崖山房水圖詩札》（附圖七十七），洪崖山位於江西南昌西山中，峰巒秀拔、林壑深窅。胡儼欲結廬於此，因南北宦游，未能如願，故請陳宗淵繪《洪崖山房圖》，胡儼題詩三首，取諸懷抱以寄託平生之志。此卷書於永樂十四年（1416），時年五十五歲。通篇行筆矯健流暢，使轉靈

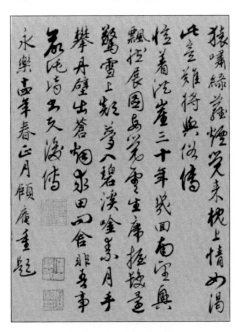

附圖七十七：
胡儼《題洪崖山房水圖詩札》局部

（尺幅：27.3cm×45.5cm）
選自：榮寶齋《中國書法全集》58

〔註76〕 金幼孜，《金文靖集》卷八，收錄於《景印文淵閣四庫全書》集部六，別集類，頁38。

〔註77〕 張廷玉，《明史》卷一百四十七，頁4127～4129。

活，俊爽雄放，絕無絲毫懈怠之筆。詹景鳳評曰：「儼行書矯健而蒼，楷書精熟而整。」亦見其風度。

　　王紱（1362～1416），字孟端，號九龍山人，無錫人。洪武中，坐累戍朔州。永樂初，以善書供事文淵閣。久之，除中書舍人。性高介絕俗，博學，工歌詩，能書，動以古人自期。善畫山木竹石，又以墨竹名天下，得文同、吳鎮遺法，絕妙一時。〔註78〕著有《王舍人詩集》五卷。傳世作品：

　　《自書重過慶壽寺等詩帖頁》（附圖七十八），書於永樂九年（1411），書自作《重過慶壽寺》〔註79〕等詩四首，為沈度而書。時王紱五十歲，與沈度為內廷同僚。此帖書體方扁，端勁清雅，似《黃庭經》、《樂毅論》楷法，別具古意。

　　胡廣（1370～1418），字光大，吉水人（今江西）。明建文二年（1400）廷試第一，賜名靖，授翰林修撰。永樂時復名廣。累官翰林學士兼左春坊大

附圖七十八：王紱《自書重過慶壽寺等詩帖頁》

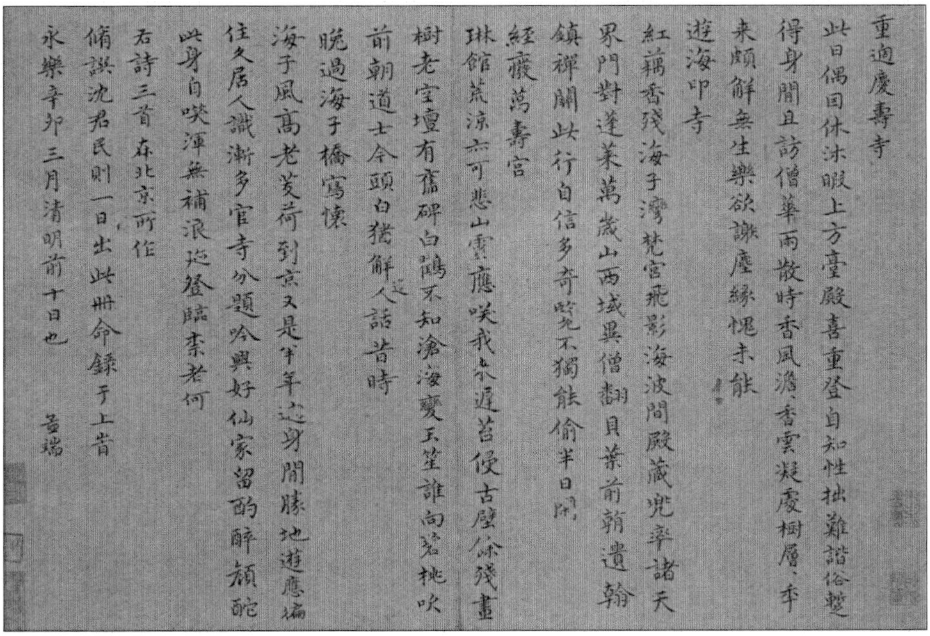

（尺幅：26.8cm×41.2cm）選自：文物出版社《中國法書全集》12

〔註78〕錢謙益，《列朝詩集小傳》，頁199。

〔註79〕慶壽寺即雙塔寺，在西長安街，創於金章宗時，明正統中重修，易名曰興隆寺。

學士、文淵閣大學士等。諡文穆。善眞、行、草書。永樂皇帝北征，每勒石，皆命胡廣書之。〔註80〕明人楊士奇評：「光大行草，跌宕雄偉，獨步當世。」〔註81〕傳世作品：

《題洪崖山房水圖詩札》（附圖七十九），是當時畫家陳宗淵爲胡儼而畫。此畫一出，臺閣諸老紛紛題詩。胡廣爲其中一。書作於永樂十三年（1415），時年四十五歲，甚至略早於胡儼所題三首詩作。此書結體扁方，字距緊密，勁健開張，具東坡體勢。

附圖七十九：胡廣《題洪崖山房水圖詩札》

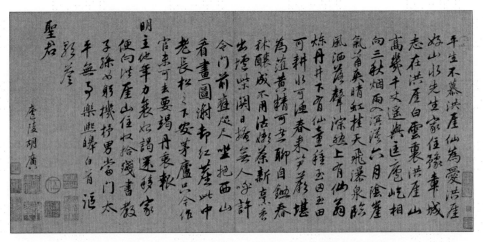

（尺幅：27.4cm×57.1cm）　選自：文物出版社《中國法書全集》12

《題祭韓公茂文楷書札》（附圖八十），根據楊士奇的題跋，知道敕祭在永樂九年九月。祭文是成祖朱棣所作，此書札成書於永樂十六年（1418）時年四十八歲。此書結體寬扁，婉麗端雅，清媚可觀。王世貞稱：「胡文穆善眞行草，名不及解大紳，而遇過之。」〔註82〕足見胡廣書法在臺閣中占有重要地位。其他如，解縉、金幼孜、曾棨、陳璉、沈度、沈粲……等皆是一時翹楚，並在他們的引領下臺閣體達空前之盛，也鼓舞了這一文體的百年之盛。

正統後期，楊榮、楊士奇相繼去逝，在閣者馬愉、高穀、曹鼐皆後進望

〔註80〕　張廷玉，《明史》卷一百四十七，頁4124～4125。
〔註81〕　馬宗霍，《書林藻鑑》，頁296。
〔註82〕　馬宗霍，《書林藻鑑》，頁296。

輕，宦官王振用事，楊溥於朝中亦顯孤立；楊溥去世後，朝廷日漸腐敗，正統十四年（1449）發生「土木堡之變」，後又於景泰八年（1457）發生「奪門之變」，明朝由盛轉衰，文風崇尚趨於駁雜，在物窮則變的情勢下，姜立綱，李東陽繼起，也爲臺閣體畫下句點。

附圖八十：胡廣《題祭韓公茂文楷書札》

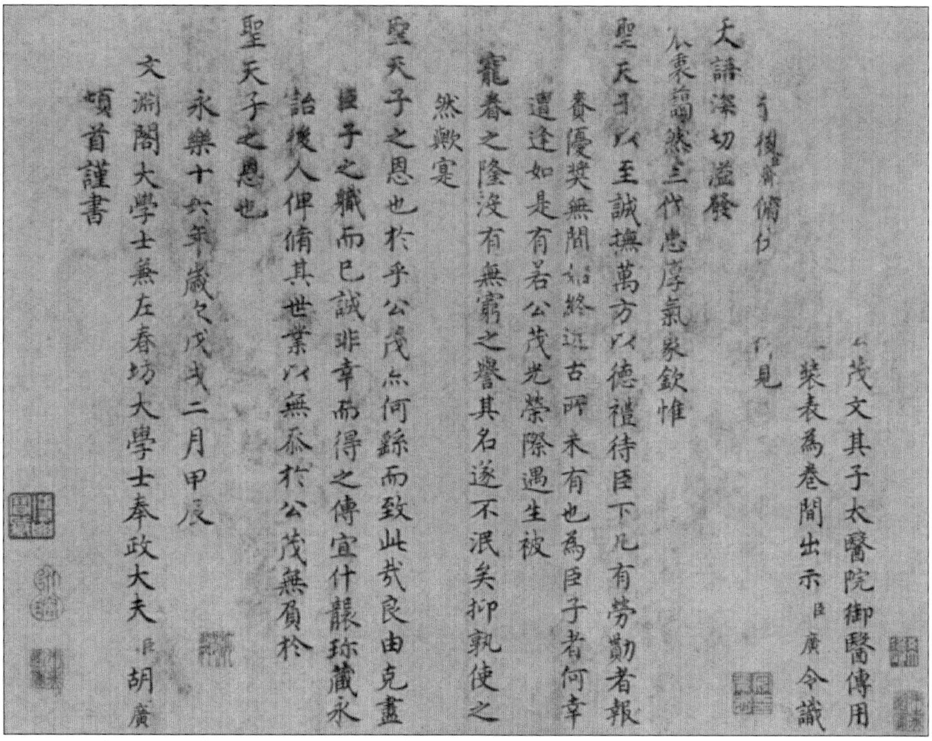

（尺幅：29.4cm×38.4cm）選自：文物出版社《中國法書全集》12

第三節　臺閣體衰落時期（1450～1516）

臺閣體衰落，象徵著明朝政治的腐化。誠如上述，英宗即位，建翰林院衙署，將內閣與翰林院分開，加快了文淵閣的制敕與誥敕兩房的誕生。太監王振專權，導童稚之君以重典馭下，權力高出閣臣，內閣與宦官矛盾不斷。

三楊相繼亡故，王振擅權納賄，藉邊功以鞏固權勢，進而誘導英宗親征瓦刺；於正統十四年（1449）七月，英宗率大軍五十萬倉促就道，行至土木

堡（今河北省懷來縣西南）受瓦刺軍合圍，水源斷絕，明軍大潰，英宗被俘，釀成「土木堡之變」。敗訊至京，舉朝震怖，在孫太后主持下，立英宗弟祁鈺為帝，是為景帝，尊英宗為太上皇。在兵部尚書于謙力籌戰守下，瓦刺屢次寇邊俱不得逞；遂於景泰元年（1450），將英宗釋回。後景帝與上皇（英宗）猜忌日深，適景帝病，在石亨、徐有貞及太監曹吉祥合謀下，發動政變，英宗復位，史稱「奪門之變」。

英宗去世後，太子見深繼位，是為憲宗。憲宗在位二十三年間，西廠專橫，屢興大獄，宦官擅權，朋比為奸，朝臣如坐針氈，繼任閣臣均鄉愿依違。〔註83〕致使宦官汪直等人奸欺國政，君臣關係遠非昔比。臺閣體的衰敗皆源於此。

成化、弘治兩朝書風萎靡，李東陽、姜立綱為趨時之吏手，以書法獲得讚譽，成為臺閣體末期中知名人物，此後再無名家出現。臺閣之體，漸成嘽緩之音，實乃時勢所趨；本文就李、姜二人，管窺臺閣末流的過渡與變革，蠡測這百年書體的盛衰興替。

一、瘦硬遒逸，自成一格——姜立綱

姜立綱（1444～1499），字廷憲，號東溪，浙江瑞安人（今浙江永嘉）。因天資聰穎，七歲時因能書召為翰林院秀才，天順七年（1463）授中書舍人，為內閣制敕房書辦。成化二十一年（1485），升吏部郎中，弘治四年（1491）升太僕寺少卿。歷事三朝謙恭勤慎，職任清華，布素如寒士。書法尤為一時所重，小楷尤精，清勁方正，凡進諸書及大制詔，多其手錄。今中書科寫制誥，悉宗之。〔註84〕《六藝之一錄》載曰：

> 立綱書體自成一家，宮殿碑額多出其筆。日本國門高十三丈，遣使求匾，立綱為書之，其國人每自誇曰：「此中國惠我至寶也。」……
> 法書行於天下，稱曰姜字。〔註85〕

身處臺閣殿軍，姜立綱在書法史上不為人所重。筆者以為，其一，姜立綱傳世作品不多，論者多輕描淡寫帶過；其二，因師二沈，難逃吏手之譏。姜立

〔註83〕詳見呂世朋，《明代史》（國立空中大學印行，2006年12月），頁95～96。
〔註84〕朱謀垔，《續書史會要》，收錄於《景印文淵閣四庫全書》子部八，藝術類一，頁35。
〔註85〕倪濤，《六藝之一錄》卷三百六十四，收錄於《景印文淵閣四庫全書》子部八，藝術類，頁21。

綱自幼學書，初師黃蒙，轉習趙孟頫以繼法鍾王；〔註86〕自小以善書入朝，書風自然受沈度等臺閣前輩薰染，但姜氏小變二沈之風，化圓潤柔美爲方整勁健，小楷風格與子昂《道德經卷》、《洛神賦》、《汲黯傳》等頗爲形似。如王世貞《藝苑卮言》云：

> 故姜太僕立綱書此四子全文，句讀各有圈，甚精富，是先朝春宮進讀本也。結法圓熟端勁，妙不可言；初見絕以爲沈度學士書，徐覺其波磔處小露鋒鍛，乃敢定爲姜筆。〔註87〕

從傳世作品：

《小楷七言詩冊》，無紀年，筆法平穩端正，點畫雅健，體度圓活。書風與「三楊」（楊士奇、楊榮、楊溥）一脈相承，符合臺閣體的審美趨向。姜立綱小楷爲時所重，從此可見。姜立綱中、大楷則經由趙孟頫上溯顏、柳。永樂以來臺閣士人無不取法唐楷，然時代風尙，崇尙典雅工巧，平正端莊，視爲當時典型，視險絕奇異爲異端。也因此，姜氏弱化顏、柳體勢上的力度，轉爲追求勻、齊、平、整之風，不同於臺閣前期的韻度風姿。

《節錄張載東銘楷書冊》（附圖八十一），無名款，末行下鈐「廷憲」，後幅有明代東廬題記一段。此

附圖八十一：
姜立綱《節錄張載東銘楷書冊》局部

（尺幅：28.7cm×14.8cm 八開）
選自：文物出版社《中國法書全集》12

〔註86〕 陵迪知，《萬姓統譜》卷五十，收錄於《景印文淵閣四庫全書》子部，類書類，頁5。

〔註87〕 王世貞，《藝苑卮言》附錄三，收錄於《歷代筆記書論彙編》（江蘇教育出版社，1996年），頁184。

書是姜立綱錄宋張載《正蒙》篇中之一，用筆嚴謹，結體清秀方正，出入於率更、誠懸之間。

《楷書千字文》，作於弘治元年（1488）十月。該書作筆劃結體嚴謹雅正，一絲不苟。師法歐、顏，有《多寶塔》氣息。與之不同，姜氏《千字文》淡化了顏楷筆劃粗細對比，力求均衡、平穩字勢。可一窺臺閣末期宮廷規範、制約下的時風。

《行書朱熹咏易詩二首》（附圖八十二）扇面，書於成化十六年（1480），筆力勁健，秀潤清麗，清勁峻美，深得晉唐韻味。

附圖八十二：姜立綱《行書朱熹咏易詩二首》

（尺幅：18.6cm×48.3cm）選自：文物出版社《中國法書全集》12

綜上所述，殆可略知姜氏書學出處，及當時審美趨向。因擅長楷書，其字體度渾厚，清勁方正，在天順、成化、弘治三代名噪一時。《圖繪寶鑑》載：「能文，善書字畫，楷正，人得片紙，爭以爲法。」〔註88〕姜立綱楷書曾師明初諸家，也包括沈度，以致一度近似沈楷。湯臨初評其書：

> 本朝沈氏兄弟，學古而失之，遂成淺俗。姜永嘉學沈而不得其流麗
> 處，輒復摻入顏、柳二家。永嘉不足深辯，作法於涼，祇可爲顏、

〔註88〕夏文彥，《圖繪寶鑑》卷五，收錄於《景印文淵閣四庫全書》子部，藝術類，頁7。

柳惜耳。〔註89〕

孫能傳《剡溪漫筆》更進一步指出：

> 國朝正德中（按，應爲成、弘時），姜太僕立綱以楷書供奉西省，字
> 體端重，但近於俗。一時殿閣諸君及諸司吏胥皆翕然宗之，迄今不
> 改，謂之中書體。〔註90〕

筆者以爲，孫能傳所言當爲中肯，姜立綱楷書風行朝野，行於天下，這與沈
度在永樂、宣德、正統時期廣受歡迎頗爲相似。但姜氏與二沈視爲一路則流
於偏頗，檢視姜氏楷書，他的小、中、大楷並非千筆一腔，而是有各自技法
及特色。姜氏書法貴在四平八穩，在繁規縟矩中微存變化而來。他將二沈溫
潤婉麗轉變爲方正清勁，在臺閣中標樹了謹飭嚴整的另一流派，遂爲官樣書
風。同期書家也沾染其風。如張駿、馬紹榮、周文通、劉楘、張電等，無不
硬健骨立；卻在千篇一律下，導致疵纇畢陳。

　　臺閣體自解縉、二沈、三楊至姜立綱後走向僵化、刻板。直至成、弘年
間，宮廷書家絕大多爲兩浙、江蘇人士。松江地區爲全國殷庶之地，加上政
局的變化與科舉的式微，帶動臺閣士人的覺醒，草書的興起即是書壇變化的
一種體現。李東陽、王鏊、梁儲、楊一清等，雖爲臺閣大臣，卻顯現出不同
於臺閣體的個性追求，當爲臺閣體末期的迴光返照吧。

二、不主故常，不落俗套 —— 李東陽

　　李東陽（1447～1516）字賓之，號西涯，壽村逸叟等，世稱「李長沙」，
茶陵人（今湖南茶陵），以戍籍居京師。自幼聰慧，四歲輒能作徑尺書，景皇
帝召見，親抱膝上，命給紙筆書，賜果鈔送歸，中外稱之神童。

　　天順八年（1464），年十七歲，中進士，弘治八年（1495）入文淵閣參預
機務，後進太子太保、禮部尚書兼文淵閣大學士，正德八年（1513）致仕居
家，歷五十載，經景泰、天順、成化、弘治、正德五朝，爲官清正，稱賢
相。〔註91〕曾著有《懷麓堂集》、《懷麓堂詩話》、《燕對錄》等。

　　明孝宗弘治五年（1492）大旱，孝宗敕群臣言天災事，東陽條摘孟子七

〔註89〕湯臨初，《書旨》，收錄於《明代書論》（湖南美術出版社，2002 年 11 月第 1
　　　版），頁 307。

〔註90〕孫能傳，《剡溪漫筆》，收錄於《歷代筆記書論彙編》（江蘇教育出版社，1996
　　　年版），頁 341。

〔註91〕張廷玉，《明史》卷一百四十七，頁 4820～4821。

篇大義，附以時政得失，受孝宗稱賞。弘治八年（1495），值文淵閣，進入內閣參與機要，內閣疏草多出自其手。時內閣大學士劉健、謝遷頗有剛直之名，劉健善斷，謝遷善論，而東陽性溫而多智謀，一時有「李公謀、劉公斷、謝公尤侃侃。」之贊。孝宗駕崩，李東陽與劉健、謝遷同為顧命大臣。

　　武宗繼位，寵太監劉瑾，任其專橫妄為，荼毒朝臣。閣臣劉健、謝遷、李東陽上疏乞休。劉瑾以司禮監地位矯詔，去劉健、謝遷而獨留李東陽。李東陽未堅決求去，論史者常譏笑其戀棧。然東陽在內閣首輔期間，委蛇避禍，依附周旋，潛移默奪，亦保存善類，天下廕受其庇。劉健、謝遷、劉大夏、楊一清與陳熊，幾得危禍，皆賴東陽而解。《明實錄》評曰：

> 劉瑾威權日盛，狎視公卿，惟見東陽則改容起敬。時焦芳與東陽同官，又助瑾煽虐，東陽隨事彌縫，去太去甚，或論廷辯，無所避忌，所以解紓調劑潛消默奪之功居多。否則，衣冠之禍不知何所極也。〔註92〕

李東陽廉謹和厚，為官清廉，兩袖清風。《國榷》載：「公仕宦五十餘年，柄國且十有八年，鄭端簡謂：公卒之日，不能治喪，門人故吏，釀金錢賻之，乃克葬。」〔註93〕其風操如此，在惡劣政治環境中忍辱負重，清節不渝，若一味以清高之議責難，實不公允。

　　誠如前文，臺閣體於成化、弘治年間，內容貧弱冗贅，文運極衰。當時翰林作家在創作中改寫宋人名篇的做法，異常流行，創作繁榮。李東陽身為臺閣大臣，身居高位，權傾一時，門生群集其家，出入者皆海內名流。作為政壇與文壇的雙重領袖，加之自身處於臺閣之中，他看到了臺閣的萎靡，進而提出了「詩學漢唐」的復古觀點，反對模擬，主張獨創性。其思想迅速被大眾接受，也帶動茶陵詩派，成為臺閣體向前後七子復古運動之間的過渡。楊一清《懷麓堂稿序》：

> 弱冠入翰林，已負文學重名，金梓所刻，卷帙所錄，幾遍海內，大夫士得其片言以為至寶。後進之士，凡及門經指授，輒有時名。〔註94〕

李東陽身為內閣首輔，四十年不出國門，其詩多是題贈和詠史之作，內容大體不出宮廷、館閣的生活。始終未脫臺閣藩籬；正因此，筆者將李東陽歸於

〔註92〕 《明武宗實錄》卷一三九，正德十一年，秋七月庚辰朔，頁7。
〔註93〕 談遷，《國榷》，頁3110。
〔註94〕 李東陽，《懷麓堂集》，收錄於《景印文淵閣四庫全書》集部，別集類，頁1～2。

臺閣體衰落期，原由在此。

茶陵派的興起普遍認爲，臺閣體形式典雅工麗，膚廓空疏，李東陽洞悉時弊，茶陵派應運而生。四庫總目《倪文僖集》提要：

> 三楊臺閣之體，至弘、正之間而極弊，冗闒膚廓，幾于萬喙一音。
> 謙當有明盛時，去前輩典型未遠。故其文步驟謹嚴，樸而不俚，簡
> 而不陋，體近三楊而無其末流之失。雖不及李陽之籠罩一時，然有
> 質有文，亦彬彬然自成一家矣。〔註95〕

《襄毅文集》提要：

> 明自正統以後，正德以前，金華、青田流風漸遠，而茶陵、震澤猶
> 未奮興。數十年間，惟相沿臺閣之體，漸就膚膚。雍當其時，雖咸
> 行兩廣，以武略雄一世，不屑屑以雕章繪句爲工，而英多磊落之氣，
> 時時發見於文章。故雖未變體裁，而時饒風骨。〔註96〕

皆直指時弊，然世易時移，茶陵派興起攸關時代之升降。正統以前，翰林院庶吉士多在內閣教習，旨在究竟名理，熟習政事爲本；爲文則以宣揚程朱理學、歌功頌德爲能事；正統以後，庶吉士改在翰林院內教習，君臣關係不復以往，在朝政日非之下，庶吉士們大都從事辭章，道德政事則忽棄焉。士大夫由臺閣返歸山林，成爲輿情所向。李東陽身爲茶陵派的主盟者，一方面不免沾染臺閣習氣；另一方面又對臺閣習氣發出不滿之聲，他徘徊於廟堂與山林之間，並逐漸走向山林，也就不難想像了。李東陽《懷麓堂詩話》有云：

> 作山林詩易，作臺閣詩難。山林詩或失之野，臺閣詩或失之俗。野
> 可犯，俗不可犯也。蓋惟李杜能兼二者之妙，若貫浪仙之山林則野
> 矣，白樂天之臺閣則近乎俗矣，況其下者乎。〔註97〕

東陽藉白樂天乃自況政治境遇，他提倡格調，主張詩的音樂性，意將臺閣從硬殼中脫穎出來。他曾說：

> 今之爲詩者能軼宋窺唐已爲極致，兩漢之體已不復講。而或者又
> 曰，必爲唐，必爲宋，規規焉俯首縮步，至不敢易一辭、出一語，
> 縱使似之，亦不足貴矣，況未必似乎。……豈必模某家，效某代，
> 然後謂之詩哉！〔註98〕

〔註95〕倪謙，《倪文僖集》，收錄於《景印文淵閣四庫全書》集部，別集類，頁2。
〔註96〕韓雍，《襄毅文集》，收錄於《景印文淵閣四庫全書》集部六，別集類，頁1。
〔註97〕李慶立，《懷麓堂詩話校釋》（人民文學出版社，2009年），頁225。
〔註98〕李東陽，《懷麓堂集》卷二十八，收錄於《景印文淵閣四庫全書》集部，別集

他的文學觀亦反映在書學審美上，論書法必窮漢晉之源，論文章必極馬韓之趣。〔註99〕李東陽書學發蒙於父親李淳，在父親的影響下，李東陽四歲時就能書一尺大字，名聲鵲起，被譽爲「神童」。他主持文柄，是當時書壇領袖。在書學思想上，主張崇尚古韻，重抒情，反模擬，自然影響到後來的一些書家，例如：張弼、楊慎……等。從書《趙松雪十七帖》後中提到：

> 古之名能家者，未使不有所師法。世傳松雪翁臨右軍《十七帖》，不啻數十本，他可知已。學書以晉爲正，松雪書雖骨骼有可議，而得其風韻最多，正坐是哉。此帖充道宮諭所藏，遇所得意，往往有咄咄逼人之勢。較之其所自書，難妥帖未逮，而奇拔過之亦豈非述法之易，而創制之難乎？後之學松雪者失其風韻而規規骨骼之間，是宜其弗逮遠矣。〔註100〕

文中強調以晉爲正，反對刻意爲勢，並對當時臺閣體書家，只學到了趙孟頫書法的形，卻未得其風韻，做了評價。並認爲，宋代除了像蘇東坡、黃庭堅等書法大家外，其餘寥寥無幾，與晉唐時期書家輩出相比，就顯得微不足道：

> 宋人書法近古，蘇黃諸大家外，如劉原父雖不以書自名，而意格亦自得其梗概矣。後人鋪置點畫如布棋算，雖窮歲極力，安能有所得哉！連日閱晉帖撫此又不覺其三歎也。成化丁未夏六月廿七日，長沙李東陽識。〔註101〕

李東陽雖爲茶陵派的領導人物，但久任內閣，對通行於朝廷的臺閣體，是不能免俗的。在書法上，他主張宗法晉唐，與臺閣諸家相去不遠。所不同的，他反對一味模擬，追隨時代風氣，終能跳脫趙體的藩籬。從所剩不多的作品來看，李東陽篆、隸、楷、行、草皆擅，其中又以篆、隸爲最。今所能見到的大多是題署、引首一類，如：《草亭詩意圖卷》引首「草亭詩意」、《趙孟頫煙江疊嶂詩卷》引首「松雪眞跡」、《宋人馬遠畫卷》引首「馬遠山水」、《懷素自敘帖》引首「藏眞自序」（附圖八十三）、《陸柬之書陸機文賦卷》引首

　　類，頁15。

〔註99〕岳正，《類博稿》附錄，收錄於《景印文淵閣四庫全書》集部，別集類，頁91。

〔註100〕李東陽，《懷麓堂集》卷七十四，收錄於《景印文淵閣四庫全書》集部，別集類，頁2。

〔註101〕張丑，《清河書畫舫》卷七上，收錄於《景印文淵閣四庫全書》子部八，藝術類一，頁5。

「二陸文翰」（附圖八十四），《大字結構八十四法》引首「憩庵府君自法手稿」等。李日華《六研齋筆記》評曰：

> 昭代篆法，惟李西涯擅長。觀其收元周伯溫、危太樸、趙期頤諸家篆跡，惟推期頤為最，惜其流傳之少。余細玩味期頤，渾樸高古，純以禹碑、周鼓為宗，無一筆陽冰、擇木，所以深當涯翁之意也。
> 〔註102〕

明代書壇行草盛行，以篆隸名者甚少，李東陽能借鑒前朝篆書名家，從古帖入手，取法乎上，渾樸高古中自成一格，在明初書家中可謂獨具隻眼。

附圖八十三：李東陽《懷素自敘帖》引首「藏真自序」

選自：《名家翰墨》14

附圖八十四：李東陽《陸柬之書陸機文賦卷》引首「二陸文翰」

選自：《故宮法書新編》4

李東陽行草書大抵從顏真卿中得來，結體開闊，筆力矯健，行筆中融入篆隸筆意，渾厚樸茂，迥然不同於明代其他書家。邵寶論李東陽行草：「西涯公真、行、草書皆自古篆中來，晉以下特兼取而時出之耳。」〔註103〕詹景鳳評道：「東陽草書，筆力矯健成一家，小篆清勁入妙。」〔註104〕傳世作品：

〔註102〕李日華，《六研齋筆記》卷一（鳳凰出版社，2010年3月第1版），頁85。
〔註103〕馬宗霍，《書林藻鑑》，頁307。
〔註104〕馬宗霍，《書林藻鑑》，頁307。

《甘露寺詩草書軸》（附圖八十五），無紀年，凡四行，計六十字，款下鈐「賓之」朱文。通篇連綿不絕，線條清新剛健，筆墨舒展，行筆穩健。按《懷麓堂集・南行稿》載，李東陽於成化壬辰（1472 時年二十五歲），告歸茶陵，編修祖墳。此行南下經武昌、洞庭、長沙、南昌、浙江，並行經甘露寺。留有《遊金山寺》、《與趙夢麟諸人遊甘露寺》、《登雨花臺》、《洞庭曲》五首、《長沙道中》……等詩作，並載於《懷麓堂集》卷九十一。據推算，此書作應爲當時書寫，爲早期作品。

《爲孟清書草書詩卷》（附圖八十六），無紀年，七絕三首，凡三十五行，計一百一十一字。第一首「人間何事不相容」，藉由鶴、芍藥不能相容，隱喻閣臣與宦官的鬥爭。第二首「啄花湌草太傷情」，寄託閣臣和諧相處的願望。第三「休教得失太分明」，對名利得失，淡如浮雲。本幅結體縱長，多枯澀之筆，連綿大草筆勢亦顯拘謹，當爲心情寫照。按楚默考其書作，李東陽曾有《春園雜詩十四首》。其中一首寫鶴的「野鶴昂昂不受馴，家鶴依依鳴向人。應悔城中食煙火，不如天外離風塵。」詩意與本卷相近。李東陽寫此詩時爲弘治辛酉（1501），時年五十四歲。此時官至太子少保禮部尙書兼文淵閣大學士，也正是宦官猖獗之時。李東陽兩次辭位，但未被批准。以此推算，當屬晚年之作。〔註105〕在楷書上，他以顏體爲根柢，融

附圖八十五：
李東陽《甘露寺詩草書軸》

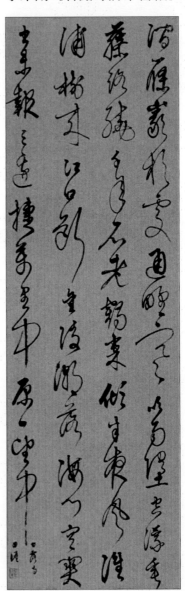

（尺幅：111.5cm×35.5cm）
選自：文物出版社
《中國法書全集》12

〔註105〕楚默，《作品考釋》，收錄於劉正成，《中國書法全集・第 59 卷明代名家二》，頁 306。

附圖八十六：李東陽《為孟清書草書詩卷》局部

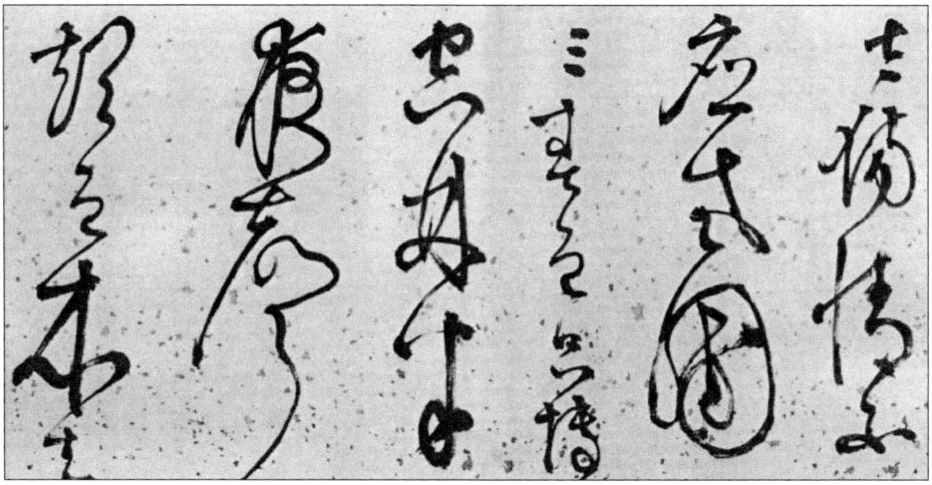

（尺幅：32.4cm×435.4cm）選自：榮寶齋《中國書法全集》59

合趙孟頫等諸家楷法，楷法端嚴，一筆不苟，結體開張，雄強勁健。李東陽
對顏眞卿推崇備至。在《書顏魯公祭文》中云：

> 魯公楷法端嚴，一筆不苟，書家者流，或頗疑其局滯。或其屬草之
> 際，流動飛越，莫知端倪。〔註106〕

《跋城南唱和詩卷》，原爲朱熹奉同敬夫兄城南之作，敬夫即張拭。引首李東
陽篆書「晦翁手澤」。卷後有明司馬垔跋，另紙元干文傳、黃溍、干淵，明李
東陽、吳寬、周木、陸簡、何喬新、董越、李士實、張元禎、費宏諸家題
跋。李東陽分兩次題跋，九行，一百○三字。前幅書於弘治癸丑（1493）春
正月十七日。後幅無紀年，結體寬扁雄厚，雄秀獨出，盡得顏魯公筆意。

　　明初，臺閣書家多師法趙孟頫、三宋、二沈，所以絕出流輩。至李東陽
出，他以晉唐書帖爲師，大興學顏之風，後世書家起而效法，孫鑛《書畫跋
跋》載：

> 二沈氏弘治以前天下慕之，弘治末年，語曰：「杜詩顏字金華酒，海
> 味圍棋《左傳》文。」蓋是時始變顏也。〔註107〕

從李東陽學書歷程來看，幼時隨父親學歐書，復學於岳正，又娶正女。岳正

〔註106〕李東陽，《懷麓堂集》卷七十四，收錄於《景印文淵閣四庫全書》集部，別集
　　　　類，頁16。
〔註107〕孫鑛，《書畫跋跋》，收錄於《歷代書法論文選續編》，頁261。

書法雄偉俊逸，自顏字中來。東陽對顏字推崇備至，無疑是受岳正的影響。他與古爲徒又不守故常，鮮明地提出了「晉帖唐書飽探索」、「不主故常」、「在意不在形」的書法理論。從傳世作品來看，字行間充滿篆籀之氣，正如楊一清在《李東陽墓誌銘》中評價：「眞行草隸俱有法，而篆書一劃近習，復古之功爲大。」卻因缺少精緻，也爲人詬病。由於身爲臺閣重臣，應酬往來間依舊染有臺閣體書風痕跡。不過李東陽提倡不主故常、不落俗套的創新精神，門生如：邵寶、李夢陽、何景明、楊愼……皆受其薰染，開啓了明中期書壇中興之先河，也爲臺閣體畫下句點。

第六章　結　論

明初洪武年間，厲行專制統治，君臣關係緊張，文人士子小心翼翼、如履薄冰。明代初年，恢復舊制，摒棄蒙元舊習，推行程朱理學，恢復科舉，以八股取士，沿唐宋之舊，而稍變其試仕之法，主導著文人的思想。在謹守朱程之說的氛圍下，躬行實踐，無敢改錯，幾經繁衍，日趨僵化保守。士大夫帶著對理學的疑問，開始進行探索，影響著明代中後期的思想意識，心學開始與理學一爭高下，進而成爲主流。

在文學上，松江地處吳越兩地，鴻儒碩彥多避居此地。其文人交流互動頻繁，吳派作家以高啓、楊基等爲代表，強調自我性情的抒發；越派作家以劉基、宋濂等爲代表，強調文學的社會功用，樹立了雅正、雍容、平和的文風走向。永樂朝後，江右文學取代浙東文學，楊士奇歷仕成祖、仁宗、宣宗、英宗四朝，同時館閣文風也得到鞏固。英宗朝，閹宦亂政，臺閣體直急遽落，妍媚至極。弘治間，李東陽以「渾雅正大」的新詩學觀，陳獻章以「吾信自吾」、「天地我立、萬化出我」的心學觀，力矯臺閣體「雍容華貴」的積弊，啓發了吳門、雲間、浙江、廣東等書家，承先啓後，也宣示新時代的來臨。

有鑒於此，筆者就洪武至天順年間，流行於當時的行草，與因編纂《永樂大典》孕育而生的臺閣體小楷作研究，力矯明初書風等同於元末的刻板印象。

明初上承元末餘緒，在書法藝苑中行草當推主要成就。在研究中，筆者先就元代書風之升降簡略概述，以了解明初大部分書家都直接或間接地受到趙孟頫、康里巎巎的影響。明初帝王崇尚帖學，天下翕然從之，在人才輩出

的時代，可謂名作迭見：宋克的章草樸茂沖和，幾可入晉人之室，從《急就章》中可窺其脈絡；宋廣草法精鍊，觀者如走龍蛇，《虞集贈柯九思風入松詩》跌宕生姿，有別晉人風韻；陳璧將今草與狂草融於一格，《草書臨張旭深秋帖軸》連綿起伏，奔放快意；沈粲行筆圓熟，章法尤精，足稱米南宮入室，《書應制詩》是爲代表之作；解縉草書出入羲、獻、旭、素之門牆，上下連屬，遒放縱蕩，《遊七星岩詩》、《自抒詩卷》自成體段，不爲牢籠所囿；張弼以書貴自得的審美觀，一改元人蘊藉爲放縱，《草書蝶戀花詩軸》雄偉俊逸，自成一家；陳獻章以茅龍草作書，奇譎險勁，獨樹一格，《大頭蝦說》、《種蓖麻詩卷》在亂頭粗服間直見本性，堪稱佳作。他們經由趙孟頫上窺晉唐堂奧，各自代表明初書法的高度，雖未有大破大立的創新，卻能謹守法度，故操觚染翰，亦有可觀之處。

永樂年間，編纂《永樂大典》，臺閣書風應運而生。本文於第四章，針對《永樂大典》的成書經過、版本及散佚，援引諸家論述進行考究，在解縉統領其事下，考其當時參與編纂之重要人物，以了解永樂朝的審美趨向。並進一步就內閣制度與翰林院的形成，庶吉士與中書舍人的發端簡約說明，以了解明初文官制度與人才選拔對臺閣體的影響。

在第五章中，筆者試圖將臺閣體做分期，考其小楷的演變，在帖學昌熾的時代下，士人承趙孟頫復古遺緒上窺晉唐，更促使自魏晉以後，小楷在明初出現另一次創作高峰。「三楊」主柄國政，海內晏安，君臣關係融洽，文學以唐宋古文爲宗，書法上藉唐楷兼容趙體，翰林多沿其體，臺閣體達空前之盛。影響範圍之廣，幾越唐宋時代院體書法，對後代書法發展產生極大影響。

成化、弘治兩朝，宦官擅權，社會矛盾空前激化，在士風衰薄下，書風逐漸萎靡，姜立綱成爲臺閣體殿軍。李東陽出，深知臺閣體積弊，身爲茶陵派領袖，一方面提出不平之聲，雖身處廟堂，不免沾染臺閣習氣，但因不主故常、不落俗套的創作理念，也爲臺閣體畫下句點。

此外，筆者在此欲澄清一事：臺閣非等同於館閣。「臺閣」一詞，在明代以前，泛指亭臺樓閣或朝廷所設置的政府機構，與三公宰相之類的高級官員。逮至有明一代，雖有用其本義指「臺閣」爲亭臺樓閣等設施，如《殿閣詞林記》載：

> 聖祖制大誥，首以君臣同遊爲言，故當時儒臣每侍上游，觀禁苑，

凡亭樓臺閣，靡不登眺，以通上下之情，成地天交也。〔註1〕

但廣泛所指的是三公宰相一類的權臣。關於此點，本文於第四章〈《永樂大典》與內閣制度對臺閣體的影響〉有專文論述。

臺閣重臣楊士奇、楊榮、王直、黃淮、王鏊等，他們的文章中也經常使用「館閣」一詞。如楊士奇《東里文集》卷六《送王編修南歸序》：

余不能無情者，蓋在館閣，家同郡，生同年。〔註2〕

《東里集續集》卷二《聚奎堂記》云：

既成會上，臨軒策士其第一甲三人，皆授職翰林。馬愉修撰，杜甯、謝璉皆編修，於是館閣諸賢，相與置酒堂中，為三人賀。〔註3〕

楊榮《文敏集》卷十二《送知縣黃時懋赴東陽序》中云：

吾郡黃仲芳時懋，始由永樂乙未進士，詔入翰林，為庶吉士，讀書館閣有年。〔註4〕

在在說明，明初臺閣士人口中的「館閣」絕非後人所認知的清代館閣。直至清代，「館閣體」和「臺閣體」這兩個概念相互混淆，在漸成慣性下淪為共識。

筆者以為，清代的館閣體書法當為宋代院體、明代臺閣體書法之延續，但絕不能混為一談，就館閣而言它具備如下要點：

（一）清代帝王多熱衷於翰墨，對書法藝術的理解多從政治教化出發，視書法為封建禮教的附庸，和平中正、溫柔敦厚是為審美趨向。隨著王室的變遷，館閣體書法亦隨當政者更迭，在不同的時期呈現出不同的特點。如歐陽兆熊《水窗春囈》云：

館閣書逐時而變，皆窺上意所在。國初聖祖喜董（董其昌）書，一時文臣皆從之，其最著者為查聲山（查昇）、姜西溟（姜宸英）。雍正、乾隆皆以顏（顏真卿）字為根底而趙（趙孟頫）、米（米芾）間之，俗語所謂墨圓光方也。然福澤氣息，無不雄厚。嘉慶一變而歐（歐陽詢），則成親王（永瑆）始之。道光再變為柳（柳公權），如

〔註1〕 廖道南、黃佐，《殿閣詞林記》收錄於《景印文淵閣四庫全書》史部七，傳記類，頁11。

〔註2〕 楊士奇，《東里文集》收錄於《景印文淵閣四庫全書》集部六，別集類（臺灣商務印書館，1986年），頁10。

〔註3〕 楊士奇，《東里續集》收錄於《景印文淵閣四庫全書》集部六，別集類，頁12。

〔註4〕 楊榮，《文敏集》，頁14。

祁壽陽（祁寯藻）其稱首者也。成豐以後則不歐（歐陽詢）不柳（柳
公權）不顏（顏眞卿），近且多學北魏，取逕愈高，成家愈難，易流
於險怪，千篇一律矣。然白摺小楷仍取其勻秀。近日奏摺，皆機取
士法不宜專尚試帖小楷。其實嘉慶以前，即有此二事，而不礙其人
才輩出。此語眞因噎廢食矣。〔註5〕

（二）館閣體系於公文往返，或圖書典籍之傳鈔，書寫形式極爲工整嚴
格；易於辨識是爲首要。印刷術雖發端於宋代，但直至清代仍未普及，主要
原因是費用太高，因此諸多典籍更有賴於抄寫，從故宮現有藏書如：《四庫全
書》《四庫全書會要》或歷朝《會典》玉牒等。這些書大多以「歐字」或「軟
字」書寫，字雖出於雜家之手，卻仿如一人筆意。

（三）清代教育制度與館閣體息息相關，清代教育沿襲明制，主要以學
校與書院兩種形式，學校課程皆以士子進身之階作準備。與明代同，監生每
日必須臨摹晉、唐法帖數百字。《清史稿・選舉一》載：

> 常課外，月試一等與一分，二等半分，二等以下無分。有五經兼通，
> 全史精熟，或善摹鍾、王諸帖，雖文不及格，亦與一分。〔註6〕

明確規定書法佳者也能作爲積分，由此可見，館閣體書法成爲了讀書人從小
必須學習和掌握的基本課程。

（四）科舉考試，確立書寫格式，清代科舉主要內容爲八股文與試帖詩。
由於內容十分成式化，其枯燥乏味常讓閱卷大臣難以卒讀；清代殿試的一個
重要特點是不用謄錄。因此，常以書法好壞來定其等第，爲此清高宗不得不
降旨：

> 廷試士子爲掄才大典，向來讀卷諸臣率多偏重書法，而於策文則惟
> 取其中無疵纇不礙充選而已。敷奏以言特爲拜獻，先資而就文，與
> 字較則對策自重於書法，衡文尚待觀人，而閱卷時竟先抑文重字可
> 乎等因，欽此。〔註7〕

康有爲《廣藝舟雙揖・干祿》云：

> 百餘年來，斯風大扇，童子之試，已係去取。〔註8〕

〔註5〕 歐陽兆熊，《水窗春囈》（中華書局，1997 年 12 月出版），頁 48。
〔註6〕 趙爾巽等撰，《清史稿》（中華書局出版社，1970 年 7 月第一次印刷），頁
3101。
〔註7〕 盛康，皇朝經世文續編（光緒思補樓本）卷十六，頁 14。
〔註8〕 《歷代書法論文選》（上海書畫出版社，2004 年 7 月第 6 次印刷），頁 862。

又云：

> 其中學古之士，尚或擇精一家，自余購得高第之卷，相承臨仿。坊
> 賈翻變，靡壞益甚，轉相師效，自爲精秘，謬種相傳，涓涓不絕，
> 人習家摹，蕩蕩無涯。院體極壞，良由於此。〔註9〕

在科舉盛行且朝廷極重楷法的時代傾向裡，說明館閣體所乘載的功能與積
弊。

就臺閣體與館閣體書法，皆是一種實用性書體，所不同的，臺閣體爲朝
臣中流通的一種廣泛書體，是自操威柄下的廟堂產物，所散發的是端穩莊重，
雍容典雅的氣象。館閣體則發端於童蒙、科舉、文書、圖書……等；務求整
齊易識，烏、方、光是審美標準，更是手寫與印刷相抗衡的大總結。在學而
優則仕的價值觀下，館閣體小楷更是士子躍登龍門的必備條件，在陳陳相因
下導致一字萬同。臺閣體與館閣體兩者區別應不難辨別。

此外，臺閣大臣多是進士出身，他們托之毫翰圖不朽之業，雖躡步於松
雪亦通其他諸體；其中如曾棨、胡廣、彭時、商輅等還是狀元，寬闊的視野
與深厚的學養支撐著這百年之盛。臺閣與館閣間，高下應可立判。

就藝術創作而言，臺閣體與館閣體書法有臍帶般的聯繫，是特定時代下
的產物，皆強調以法馭筆，卻肩負著不同的使命。歷來惡臺閣者，認爲「以
庸爲工，亦但宜簪筆干祿耳」；喜臺閣者則認爲「婉麗飄逸，雍容矩度」。這
正是書法可玩味之處，既是缺點，也是優點。米南宮云：「時代壓之，不能高
古。」若然，則臺閣體不僅爲帝王歌功頌德的造型，亦是書家對自己功成名
就的抒發，爲時代精神的展現，當非妄測。

〔註9〕 《歷代書法論文選》，頁 863。

參考文獻

一、專書

1. 卞永裕纂集，《式古堂寄畫彙考》（一）卷二，台北：正中書局，1958年。

2. 卞永譽，《式古堂書畫匯考》卷二十三《解大紳解禎期合卷》，收錄於《欽定四庫全書》子部八，台北：臺灣商務印書館，1986年。

3. 方孝孺，《遜志齋集》，寧波出版社，2000年。

4. 王天有、高壽仙，《明史・一個多重性格的時代》，台北：三民書局，2008年。

5. 王明蓀，《元代的士人與政治》，台北：臺灣學生書局，1992年。

6. 王世貞，《弇州山人題跋》，杭州：浙江人民美術出版社，2012年。

7. 王世貞，《藝苑巵言論畫》，《明代畫論》，長沙：湖南美術出版社，2002年。

8. 王世貞，《弇州續稿》卷一百五十七，收錄於《欽定四庫全書》集部六，台北：臺灣商務印書館，1986年。

9. 王世貞，《弇州四部稿》卷一百五十四，收錄於《欽定閣四庫全書》集部，台北：臺灣商務印書館，1986年。

10. 王直，《抑庵文集》卷十，《故德清令張君墓碣銘》，收錄於《景印文淵閣四庫全書》集部，台北：臺灣商務印書館，1986年。

11. 王錫爵，《王文肅公文集》卷一，《四庫禁毀書叢刊》集部第七冊，北京：北京出版社，1999年。

12. 王著，《淳化閣帖》下卷（天津古籍出版社，2011年6月第2次印刷）。

13. 文金祥，《皇家新風——大明朱氏家族的書畫藝術》，台北：石頭出版股份有限公司，2011年。

14. 司馬遷撰，《史記》，台北：三民書局，2008 年。

15. 全祖望著，朱鑄禹彙校集注，《全祖望集彙校集注》中冊，鈔《永樂大典》記，上海：上海古籍出版社，2000 年。

16. 朱元璋撰、胡士萼點校，《明太祖集·卷二十》（合肥：黃山書社，1991年）。

17. 朱謀垔，《續書史會要》，《景印文淵閣四庫全書》，台北：臺灣商務印書館，1986 年。

18. 安岐，《墨緣匯觀》卷一，收錄於法書上《中國書畫全書》第 10 冊，上海：上海書畫出版社，1993～1999 年。

19. 谷應泰，《明史紀事本末》（台北：臺灣商務印書館印行，1968 年）。

20. 呂世朋，《明代史》（台北：國立空中大學印行，2006 年 12 月）。

21. 李諍，《中國書法全集第 12 卷·明 1》，北京：文物出版社，2009 年。

22. 李諍，《中國法書全集第 12 卷·明 1》，北京：文物出版社，2009 年。

23. 李慶立，《懷麓堂詩話校釋》（人民文學出版社，2009 年）。

24. 李日華，《六研齋筆記》，南京：鳳凰出版社，2010 年。

25. 何良俊，《四友齋叢談》，香港：中華書局，1997 年。

26. 何三畏，《雲間志略》，台北：學生書局，1987 年。

27. 何喬遠，《名山藏》，福州：福建人民出版社，2010 年。

28. 余繼登，《典故紀聞》，香港：中華書局，2011 年。

29. 宋濂、王禕，《元史》，臺北：台灣商務印書館，2010 年。

30. 周道振輯校，《文徵明集》，上海：上海古籍出版社，1987 年。

31. 周星蓮，《臨池管見》，收錄於《歷代書法論文選》，1997 年 4 月）。

32. 岳正，《類博稿》附錄，收錄於《景印文淵閣四庫全書》集部，別集類（臺灣商務印書館，1986 年）。

33. 金幼孜，《金文靖集》卷八，收錄於《景印文淵閣四庫全書》集部六，別集類（臺灣商務印書館，1986 年）。

34. 沈德符，《萬曆野獲編》（香港：中華書局，2007 年第 5 次印刷）。

35. 吳榮光，《辛醜銷夏記》卷一《唐臨右軍二帖》，收錄於《中國書畫全書》第 13 冊（上海書畫出版社，1993～1999 年）。

36. 吳廷彙刻，《餘清齋法帖》（安徽美術出版社，1992 年 10 月）。

37. 明宣宗，《大明宣宗皇帝御制集》卷四十二觀羲之法帖，收錄於《四庫全書存目叢書集部二十四》（上海古籍出版社，2003 年）。

38. 明宣宗，《大明宣宗皇帝御制集》，收錄於《四庫全書存目叢書集部二十四》（上海古籍出版社，2003 年）。

39. 《明仁宗實錄》卷四下（北京大學圖書館紅格抄本微捲影印）。

40. 沈約等人著，《宋書》（漢語大辭典出版社，2004 年版）。

41. 屈大均，《廣東新語》（香港：中華書局，1997 年 12 月第二次印刷）。

42. 姜夔，《續書譜》（江蘇美術出版社，2008 年 1 月）。

43. 姜一涵，《元代奎章閣及奎章人物》（聯經出版事業公司，1981 年 4 月）。

44. 姜紹書，《無聲詩史》（上海人民美術出版社，1963 年）。

45. 秋鳳玉，《清宮珍密別藏圖錄》（倦勤齋藝術有限公司，1997 年 7 月初版）。

46. （清）紀昀等編纂，《欽定四庫全書》，影印《文淵閣四庫全書》第 1459 冊（台灣商務印書館，1983 年初版）。

47. 查繼佐，《罪惟錄・職官志》（浙江古籍出版社，1986 年 5 月第一次印刷）。

48. 倪濤，《六藝之一錄》（上海古籍出版社，1991 年版）。

49. 倪濤，《六藝之一錄》卷三百六十三，收錄於《景印文淵閣四庫全書》子部八（臺灣商務印書館，1986 年）。

50. 倪瓚，《清閟閣遺稿》（四庫全書本卷二）。

51. 倪謙，《倪文僖集》，收錄於《景印文淵閣四庫全書》集部，別集類（臺灣商務印書館，1986 年。

52. 孫詒讓撰，《周禮正義》（北京中華書局 1987 年版）。

53. 孫鑛，《書畫跋跋》，收錄於潘遠告主編《明代書論》（湖南美術出版社，2002 年 11 月第一版）。

54. 孫鑛，《書畫跋跋》，見《歷代書法論文選續編》，上海：上海書畫出版社，2010 年 4 月第七次印刷）。

55. 孫岳頌，《御定文佩齋書畫譜》卷四十，收錄於《景印文淵閣四庫全書》子部（台北：臺灣商務印書館，1986 年）。

56. 孫承澤，《春明夢餘錄》（北京古籍出版社，1992 年 12 月第一次印刷）。

57. 孫能傳，《剡溪漫筆》，收錄於《歷代筆記書論彙編》（江蘇教育出版社，1996 年版）。

58. 容庚，《叢帖目》，台北：1984 年。

59. 馬宗霍，《書林藻鑑》，台北：臺灣商務印書館，1982 年。

60. 班固撰，顏師古注，《漢書》，北京：中華書局，1962 年。

61. 徐利明，《中國書法風格史》，鄭州：河南美術出版社，2009 年。

62. 徐溥，《謙齋文錄》卷四《采石李氏先塋碑銘》，收錄於《景印文淵閣四庫全書》集部，台北：臺灣商務印書館，1986 年。

63. 徐邦達,《古書畫過眼要錄・元明清書法》(紫禁城出版社,2006 年 2 月第一版)。

64. 徐一夔,《始豐稿》卷五《陶尚書文集序》,收錄於《景印文淵閣四庫全書》集部,別集類,台北:臺灣商務印書館,1986 年。

65. (清) 永瑢等撰,《四庫全書總目題要》(中華書局,1965 年)。

66. 祝允明,《書述》,收錄於《明清書法論文選》(上海:上海書店,1995 年)。

67. 高居翰,《隔江山色》(石頭出版股份有限公司,1994 年 8 月初版第一刷)。

68. 高居翰,《江岸送別》(石頭出版股份有限公司,1997 年 6 月第一版)。

69. 夏文彥,《圖繪寶鑑》卷五,收錄於《景印文淵閣四庫全書》子部,藝術類 (臺灣商務印書館,1986 年)。

70. 袁裒,《評書》,收錄於《歷代書法論文選續編》(上海書畫出版社,2010 年 4 月第 7 次印刷)。

71. 啓功,《論書絕句》(莊嚴出版社,1991 年 12 月第二版)。

72. 張升,《永樂大典流傳與輯佚研究》,北京:北京師範大學出版社,2010 年。

73. 張丑,《清河書畫舫》卷七上,收錄於《景印文淵閣四庫全書》子部八,藝術類一,台北:臺灣商務印書館。

74. 張金榮,《明代書學銓選制度研究》(上海文藝出版社,2008 年 1 月)。

75. 張金梁,《明代書學銓選制度研究》(上海書畫出版社,2008 年 1 月第一版)。

76. 張廷玉,《明史・列傳第一百八十六》(中華書局出版社,2010 年第 9 次印刷)。

77. 張弼,《張東海文集、詩集》(康熙刊本南京圖書館古籍部藏)。

78. 許慎著、段玉裁注,《說文解字注》(上海書店,1992 年版)。

79. 盛康,皇朝經世文續編 (光緒思補樓本) 卷十六。

80. 黃仁宇,《中國大歷史》(聯經出版社,2002 年 8 月初版第四十一刷)。

81. 黃惇,《中國書法史・元明卷》(江蘇教育出版社,2002 年 11 月第一版)。

82. 黃苗子、郝家林,《倪瓚年譜》(人名美術出版社,2009 年 8 月)。

83. 黃佐,《翰林記》卷一,《官制因革》,收錄於《欽定閣四庫全書》史部十二,職官類 (台北:臺灣商務印書館,1986 年)。

84. 黃佐,《翰林記》卷十二《纂修》,收錄於《景印文淵閣四庫全書》史部,職官類 (台北:臺灣商務印書館,1986 年)。

85. 黃宗義,《明儒學案・崇仁學案》(中華書局,1985 年 10 月第一版)。

86. 崔爾平，《歷代書法論文選續編》（上海書畫出版社，2010 年 4 月第 7 次印刷）。

87. 章培恒、駱玉明編，《中國文學史》（上海：復旦大學出版社，1996 年版）。

88. 馮班，《鈍吟書要》，收錄於《歷代書法論文選》下冊（台北：華正書局有限公司，1997 年 4 月版）。

89. 焦竑，《獻征錄》《馬紹榮傳》（上海書店出版社，1987 年）。

90. 項穆，《書法雅言》（江蘇美術出版社 2008 年 1 月第 1 版）。

91. 傅紅展，《明代宮廷書畫珍賞》（紫禁城出版社，2009 年 5 月）。

92. 傅申，《書史與書法蹟——傅申書法論文集（二）》（台北：國立歷史博物館，2004 年 7 月）。

93. 湛若水，《湛甘泉先生文集》卷二十一，《跋周氏家藏先師石翁初年墨蹟後》，收錄於《四庫全書存目叢書》集部，別集類（齊魯書社，1997 年 7 月第一次印刷）。

94. 楚默，《元代書法的復興與新變》，收錄於《中國書法全集·47 元代名家》（北京：榮寶齋出版社，2001 年 9 月第一版）。

95. 楚默，《倪雲林書風的分期及特徵》，收錄於《中國書法全集·46》（北京：榮寶齋出版社，2000 年 12 月第一版）。

96. 楚默，《明初書法概論》，收錄於《中國書法全集 58·明代名家一》（北京：榮寶齋出版社，2007 年 10 月第一版）。

97. 湯臨初，《書旨》，收錄於《明代書論》（湖南美術出版社 2002 年 11 月第 1 版）。

98. 吳哲夫等，《中華五千年文物集刊——法書篇·八》（臺北：中華五千年文物集刊編輯委員會，1986 年）。

99. 楊士奇，《東里文集》（中華書局，1998 年 1 月）。

100. 楊士奇，《東里集》，收錄於《御定佩文齋書畫譜》，《欽定四庫全書》第 820 冊，卷 40（台北：臺灣商務印書館，1986 年）。

101. 楊慎，《墨池瑣錄》，收錄於潘遠告主編《明代書論》（湖南美術出版社，2002 年 11 月第一版）。

102. 楊溥，《楊文定公詩集》卷一《瑞應騶虞詩》，收錄於續修四庫全書》（上海古籍出版社），別集類，頁 467。

103. 楊榮，《楊文敏集》提要，收錄於《景印文淵閣四庫全書》集部六，別集類五（台北：臺灣商務印書館，1986 年）。

104. 游潛，《夢蕉詩話》，收錄於蔡鎮楚編，《中國詩話珍本叢書》第三冊之六（北京圖書館出版社，2004 年）。

105. 解縉等撰，《春雨雜述》，收錄於《明人書學論著》（臺北：世界書局股份有限公司，2010 年 7 月第四版）。

106. 解縉，《文毅集》，收錄於《欽定四庫全書》集部六，別集類（台北：臺灣商務印書館，1986 年）。

107. 解縉等，《永樂大典》第十冊《永樂大典目錄·明成祖文皇帝御制永樂大典序》（中華書局出版社，1986 年 6 月版）。

108. 趙孟頫，《哀鮮于伯機》，收錄於《松雪齋文集》（臺灣學生書局，1970 年 6 月）。

109. 趙孟頫，《與王芝書》，收錄於遼寧省博物館：《宋代名人詩箋冊》第一期（北京文物出版社，1992 年）。

110. 趙宧光，《寒山帚談·金石林緒論》，收錄於《景印文淵閣四庫全書》子部八，藝術類（台北：臺灣商務印書館，1986 年）。

111. 趙爾巽等撰，《清史稿》（中華書局出版社，1970 年）。

112. 華寧，《書藝珍品賞析·楊維楨》（台北：石頭出版股份有限公司，2006 年 9 月）。

113. 《歷代書法論文選·上冊》（台北）。

114. 《歷代書法論文選·下冊》（台北）。

115. 虞集，《道園學古錄》（台北：台灣商務印書館，1968 年）。

116. 虞集，《道園學古錄（四部叢刊本）。

117. 虞集，《道園學古錄》在朝稿六《題朱侯所臨智永千文》（臺灣華文書局）。

118. 廖道南、黃佐，《殿閣詞林記》，收錄於《景印文淵閣四庫全書》史部七，傳記類（台北：臺灣商務印書館，1986 年。

119. 葉盛，《水東日紀》（中華書局出版，1997 年 12 月第二次印刷）。

120. 劉正成，《中國書法全集 47·元代名家》（北京：榮寶齋出版社，2001 年 9 月第一版）。

121. 劉正成，《中國書法全集·46 元代　康裡巎巎、楊維楨、倪瓚》（北京：榮寶齋出版社，2000 年 12 月第一版）。

122. 劉長春，《書家列傳》（香港三聯書店有限公司，2006 年 5 月）。

123. 董其昌，《容臺別集》（台北：國立中央圖書館，1968 年 6 月初版）。

124. 談遷，《國榷》（中華書局出版社，1988 年 6 月第 2 次印刷）。

125. 郭芳忠，《明代書法風格研究》（高雄：汶采有限公司，2000 年 5 月）。

126. 潘遠告，《明代畫論》（湖南美術出版社，2002 年 11 月第一次印刷）。

127. 陵迪知，《萬姓統譜》卷五十，收錄於《景印文淵閣四庫全書》子部，類書類（台北：臺灣商務印書館，1986 年）。

128. 歐陽兆熊，《水窗春囈》（中華書局，1997 年）。

129. 陶宗儀，《書史會要》卷七（上海出版社，1984 年 11 月）。

130. 陶宗儀，《輟耕錄》（北京：文化藝術出版社，1998 年 8 月）。

131. 陳雨陽，《中國書法家全集·倪瓚》（河北教育出版社，2003 年 6 月第一版）。

132. 陳欽忠，《法書格式與時代書風之研究》（台北：華正書局有限公司，1997 年 9 月增訂一版）。

133. 陳德馨，《宋克、沈度、沈粲在書史上的地位》，收錄於《書藝珍品賞析·宋克、沈度、沈粲》（台北：石頭出版社股份有限公司，2006 年 10 月）。

134. 陳獻章，《陳獻章集》（中華書局，1987 年 7 月第一版）。

135. 陳獻章，《陳白沙集》卷九附錄，收錄於《欽定四庫全書》集部六，別集類（台北：臺灣商務印書館，1986 年）。

136. 陳鼎，《東林列傳》卷二，收錄於《景印文淵閣四庫全書》史部七，傳記類（台北：臺灣商務印書館，1986 年）。

137. 歐陽修、宋祈、範鎮、呂夏卿等，《新唐書》（漢語大辭典出版社，2004 年版）。

138. 歐陽修，《謝賜〈漢書〉表》，見《歐陽修全集》下冊（北京中國書店，1986 年版）。

139. 錢毅，《吳都文粹續集》卷四十二，吳寬《福建提刑按察司陳公墓表》，收錄於《欽定四庫全書》集部，總集類（台北：臺灣商務印書館，1986 年）。

140. 錢謙益，《列朝詩集小傳》（上海古籍出版社，1983 年 10 月第一次印刷）。

141. 錢謙益，《列朝詩集小傳》（上海古籍出版社，1983 年 10 月新 1 版）。

142. 韓雍，《襄毅文集》，收錄於《景印文淵閣四庫全書》集部六，別集類（台北：臺灣商務印書館，1986 年。

143. 龍文彬，《明會要》（中華書局出版社，1956 年版）。

144. 豐坊，《書訣》，見《明人書學論著》（世界書局，2010 年 7 月四版五刷）。

145. 譚國亮，《虞集書學思想及書法實踐研究》。

146. 譚天興，《明代內閣政治》（中國社會科學出版社，1996 年第 1 次印刷）。

147. 薛瑄，《讀書錄》卷三，收錄於《欽定四庫全書》子部，儒家類（台北：臺灣商務印書館，1986 年）。

148. 羅月霞主編，《宋濂全集》（浙江古集出版社，1999 年 12 月第 1 次印刷）。

149. 蕭燕翼，《中國法書全集·12》（文物出版社，2009 年 5 月第一版）。

150. 《明代史》（國立空中大學印行，〈2006 年 12 月）。

151. 《御刻三希堂石渠寶笈法帖》，上海：上海中華圖書館印行。

152. 《宋史》（漢語大辭典出版社，2004 年版）。

153. 四庫禁毀書叢刊編纂委員會，《四庫禁毀書叢刊》集部第七冊（北京出版社，1999 年）。

154. 《元代書雲林論畫》畫論（湖南美術出版社，2002 年 11 月第一次印刷）。

155. 《中國法書全集》（文物出版社，2009 年 5 月第一版）。

156. 《五字損本蘭亭》，據（明）鬱逢慶，《書畫題跋記——續題跋記》卷三，（景印文淵閣四庫全書・子部 816 冊）。

157. （明）吳寬，《家藏集》卷五十《跋宋仲溫墨跡》。

158. 《明代院畫體制考索》。

159. 《晉書・職官志》（上海古籍出版社，1991 年版）。

160. 《新唐書・百官志》（上海古籍出版社，1991 年版）。

161. 《宋史・職官志》（上海古籍出版社，1991 年版）。

162. 《漢書・藝文志》（漢語大辭典出版社，2004 年版）。

163. 《明太祖實錄》（北京大學圖書館紅格抄本微捲影印）。

二、論文

1. 王凱旋，《明代科舉制度研究》，吉林大學博士論文，2005 年。

2. 王昊，《仁宣致治下的臺閣標本——對楊士奇詩歌的解讀》，山東師範大學碩士論文，2006 年。

3. 王麗瑄，《明人小楷研究》，暨南大學碩士論文，2007 年。

4. 朱瑞，《陳獻章心學思想研究》，山東大學碩士論文，2010 年。

5. 宋黎黎，《明代前期詩壇宗唐思想下格調論與性情論對前七子的影響》，四川師範大學碩士論文，2011 年。

6. 李麗穎，《科舉制度對書法藝術的影響》，河北大學碩士論文，2009 年。

7. 林沖城，《陳白沙之「曾點傳統」的美學診釋》，暨南大學碩士學位論文，2010 年。

8. 武萍，《明代的內閣制度》，中國政法大學碩士論文，2009 年。

9. 周慧，《明代的科舉與社會流動——以蘇州地區為核心的一個地域考察》，東北師範大學學碩士論文，2002 年。

10. 孫建，《從士人心理變化看明代書法的發展脈絡》，遼寧師範大學美術學院碩士論文，2004 年。

11. 孫超，《張弼書法研究》，南京藝術學院碩士論文，2004 年。

12. 馬琳，《簡論明清時期主要書法美學思想的邏輯發展》，山東大學碩論

文，2006 年。

13. 馬俊，《二宋研究》，揚州大學中國古代文學所碩士論文，2005 年。

14. 馬亞芳，《李東陽文學理論研究》，廈門：廈門大學碩士論文，2009 年。

15. 張典友，《宋代翰林禦書院及其書法研究》，首都師範大學碩士學位論文，2006 年。

16. 張維紅，《明代書壇對蘇軾書法的接受研究──以吳門書家爲例》，首都師範大學碩士論文，2007 年。

17. 許林如，《三楊與明初政治》，山西大學碩士學位論文，2007 年。

18. 梁思立，《明代翰林院制度研究》，中國人民大學碩士論文，2008 年。

19. 程渤，明《餘清齋帖》研究，南京師範大學美術學院碩士論文，2004 年。

20. 程軍，《明代閣臣述論》，青海師範大學碩士論文，2008 年。

21. 馮廣賀，《端雅正宜書制誥──清代館閣體書法官方實用性研究》，首都師範大學碩士論文，2003 年。

22. 楊國，《明代尺牘書法研究》，河南大學碩士論文，2009 年。

23. 郝敏，《陳獻章「自得之學」思想研究》，曲阜師範大學碩士論文，2011 年。

24. 陳玉東，《宋濂交遊及文學思想考論》，廣東師範大學碩士論文，2007 年。

25. 魏婧姝，《李東陽書學研究》，華東師範大學，2011 年。

26. 籍芳麗，《明代文壇「三楊」的研究》，上海師範大學碩士研究，2006 年。

三、期刊

1. 王曉光，〈姜立綱與明前期臺閣體書法略論──兼論明中期書風的轉變〉，《榮寶齋》，7（北京，2011）。

2. 王守民，〈資質秀穎才識通敏──論姜立剛書法〉，《榮寶齋》，5（北京，2008）。

3. 王浩，〈翰林院與明代政治探究〉，《牡丹江師範學院學報》，4（2012）。

4. 王廣軍，〈試析明朝內閣制的政治效能〉，《遼寧大學學報》，4（1999）。

5. 王尊旺，〈明代庶吉士考論〉，《史學月刊》，8（2006）。

6. 公羽，〈簡評《明成祖傳》〉，《岳論叢》，4（1994）。

7. 冬利庚莘〈明朝宮廷書法家沈度與永樂大佛鐘〉，《中央民族大學學報哲學社會科學版》，6（2009）。

8. 司馬周，〈明中期文壇茶陵派與吳中派關係研究〉，《江西社會科學》，7（2011）。

9. 左東齡，〈臺閣體與仁宣士風之關係〉，《湖南社會科學》，2（2002）。

10. 朱以撒，〈明代書法創作論〉，《福建師範大學學報》，2（1994）。

11. 朱友舟，〈明代茅筆製作與書法美學特色〉，《榮寶齋》，7（2012）。

12. 李雙華，〈論明代臺閣體的政治文化基礎〉，《黑龍江史志》，24（2009）。

13. 李渡，〈論明代閣權〉，《文史哲》，6（1995）。

14. 李精耕，〈明代臺閣體的相關問題淺探〉，《甘肅社會科學》，6（2008）。

15. 宋丹，〈論明代翰林院制度起始與發展〉，《合作經濟與科技》，354（2008）。

16. 何坤翁，〈明代臺閣體詩派的消歇〉，《學術交流》，12（2011）。

17. 何詩海，〈明代庶吉士與臺閣體〉，《文學評論》，4（2012）。

18. 何坤翁，〈臺閣體「三楊」二題〉，《古代文學理論發微》，12（2011）。

19. 杜志明，〈明代內閣制度的宰相化及其終結〉，《歷史長廊》，8（2011）。

20. 松振松，〈明代臺閣體芻議〉，《歷史長廊》，11（2007）。

21. 周曉聰〈《永樂大典》與《四庫全書》編纂的比較〉，《天水師範學院學報》，1（2006）。

22. 周春玲、張洪鋼〈《永樂大典》的流散與回歸歷程〉，《圖書館學刊》，10（2010）。

23. 姜德成，〈明代內閣制淺議〉，《蘭州大學學報》，4（1998）。

24. 吳琦、唐金英，〈明代翰林院的政治功能〉，《華中師範大學學報》，1（2006）。

25. 吳澤順、李義敏，〈宋濂的書法美學思想〉，《浙江師範大學學報》，4（2011）。

26. 孫大江，〈明代的內閣〉，《玉溪師專學報》，5（1994）。

27. 孫力楠，〈論明代翰林院〉，《東北師大學報》，6（1998）。

28. 徐文平，〈宋濂《龍淵義塾碑》考——兼談宋濂的書法藝術〉，《藝術理論》，6（2009）。

29. 徐茜，〈淺析明成祖朱棣的用人之道〉，《淮南師範學院學報》，6（2010）。

30. 徐伯鴻，〈臺閣體不能等同館閣體辨析〉，《海南師範大學學報》，5（2010）。

31. 孫超，〈李東陽和陳獻章對張弼草書的影響〉，《淮陰工學院學報》，2（2004）。

32. 孫超，〈論張弼的書學理念及其成因〉，《山東理工大學學報》，2（2008）第2期。

33. 孫學堂，〈從台閣體到復古派〉，收錄於《陝西師範大學學報》，4（2002）。

34. 崔文印，〈《永樂大典》概說〉，《史學史研究》，3（1995）。

35. 張仲謀，〈明代永樂詞壇三體論〉，《泰安師專學報》，1（2001）。

36. 張紹鋒，〈明初翰林院沿革考〉，《牡丹江教育學院學報》，3（2008）。

37. 張金梁，〈《永樂大典》纂修人研究〉，《文獻季刊》，1（2009）。

38. 張金梁，〈明沈度敬齋箴考〉，《中國歷史文物》，6（2005）。

39. 張升，〈關於《永樂大典》正本下落之謎〉，《北京師範大學學報》，2（2010）。

40. 張佃新，〈從館閣體看書法的繼承與創新〉，《書法導報》，6（2001）。

41. 海國林，〈簡論陳獻章的書法藝術〉，《新美術》，7（2011）。

42. 胡凡，〈明代洪武永樂時期殿試制策之背景因素初探〉，《求是學刊》，5（2011）。

43. 傅如明、常栓懷，〈魏晉時期小楷書法之形成與發展〉，《延安大學學報》，2（2011）。

44. 賀雯睛，〈論易代文人高啟的複雜心態〉，《青海民族研究》，1（2013）。

45. 黃榮祥，〈解縉與《永樂大典》〉，《江西圖書館學刊》，2（1997）。

46. 黃佩君，〈淺析臺閣體與楊士奇詩歌——楊士奇詩歌所展現的台閣風貌〉，《安徽文學》，8（2008）。

47. 程軍，〈淺議明代的閣臣〉，《科教導刊》，6（2011）。

48. 湯志波，〈臺閣體新辯〉，中國文學研究，第 18 期。

49. 湯志波，〈鳴己之盛與競技逞才——從翰林文人心態看臺閣體興盛〉，《楚雄師範學院學報》，7（2012）。

50. 楊肖春，〈論明代內閣的文書檔案工作〉，《蘭臺世界》，12（2009）。

51. 趙毅、劉國輝，〈略論明初「三楊權勢」與「仁宣之治」〉，《東北師大學報》，1（1997）第 1 期。

52. 趙璨，〈淺談明朝內閣的建立、形成及其地位〉，《山西廣播電視大學學報》，1（2007）。

53. 趙彥昌、徐麗麗，〈《票擬批紅制度》考〉，《檔案學研究》，3（2011）。

54. 趙伯陶，〈李東陽《懷麓堂詩話》的融通意識〉，《社會科學輯刊》，4（2011）。

55. 虞萬里，〈有關《永樂大典》幾個問題的辨證〉，《史林》，6（2005）。

56. 葉梅，〈從明人批評看張弼書法〉，《書法世界》，10（2004）。

57. 劉寶石，〈試論明代的閣權〉，《現代企業教育》，1 下（2007）。

58. 劉國輝，〈略論明仁宗的寬仁政策〉，《大慶高等專科學校學報》，4（2000）。

59. 劉俊昌，〈文治武功可比漢唐——明朝第三位皇帝明成祖朱棣〉，《史地長廊》，12（2008）。

60. 陳文新，〈從臺閣體到茶陵派——論山林詩的特徵及其在明詩發展史上的意義〉，《文學遺產》，3（2008）。

61. 陳奇，〈明朝前期吳與弼的兼采朱陸之學〉，《貴州師範大學學報》，2（2003）。

62. 陳奇，〈陳獻章心學簡論〉，《貴州師範大學學報》，3（1996）。

63. 陳文新、郭皓政，〈從狀元文風看明代臺閣體的興衰演變〉，《文學遺產》，6（2010）。

64. 郭培貴，〈明代文官蔭敘制度考論〉，《歷史研究》，2（2005）。

65. 郭萬金，〈臺閣體新論〉，《文學遺產》，5（2008）。

66. 郭培貴，〈明代庶吉士群體構成及其特點〉，《歷史研究》，6（2011）。

67. 鄒長清，〈明代庶吉士制度探微〉，《廣西師範大學學報》，2（1998）。

68. 陽桃，〈略論明代的內閣制度〉，《黑龍江史志》，252（2011）。

69. 應愛萍，〈心畫與心學——論陳獻章的茅筆書及其心學思想〉，《新美術》，6（2009）。

70. 關漢華，〈明代翰林院始置時間考辨〉，《廣東社會科學》，1（2006）。

71. 魏婧姝，〈李東陽的書學思想探究〉，《文學界》，1（2010）。

72. 顏廣文，〈明代中書舍人制度考〉，《華南師範大學學報》，6（2010）。

73. 鄭禮炬，〈明代洪武年間翰林院作家的文風研究〉，《福建師範大學學報哲學社會科學版》，3（2006）。

74. 鄭禮炬，〈明代成化、弘治年間翰林院作家追隨宋代詩歌略論〉，《廣西社會科學》，4（2008）。

75. 鄭禮炬，〈明代翰林院作家詩歌創作的豔體傾向〉，《徐州工程學院學報》，1（2008）。

76. 鄭禮炬，〈李東陽詩歌宗宋研究——在臺閣體與前七子之間的轉變〉，《中國韻文學刊》，4（2008）。

77. 鄭克晟，〈論高啓與魏觀：再論元末明初江南士人之境遇〉，《南開學報哲學社會科學版》，4（2009）。

78. 蕭立軍，〈明代內閣的設立、職掌及地位〉，《歷史教學》，1（2005）。

79. 羅琳楊華，〈《四庫全書總目》《永樂大典本》與《文淵閣四庫全書》考〉，《中國典籍與文化》，3（2012）。

附錄　明初洪武至弘治年間大事年表

中國紀元	西元	大　　　　　　事
洪武元年	1368	正月，朱元璋即帝位，國號大明，定都應天。八月，明軍克大都，元順帝棄城北逃，元朝滅亡。
二年	1369	翰林院獲得定制，詔天下郡縣設立學校。定分封諸王之制。
三年	1370	定科舉取士之制，首開科舉。
六年	1373	頒行《大明律》。停罷科舉。
八年	1375	空印案發。立鈔法，發行大明寶鈔，禁止民間以金銀交易。
九年	1376	改行中書省為承宣布政使司。
十三年	1380	胡惟庸案發，廢中書省及丞相制度，改大都督府為五軍都督府。
十五年	1382	平定雲南。設都察院。設殿閣大學士。復行科舉。設錦衣衛，專司緝捕。
十八年	1385	郭桓案發。頒《御制大誥》。
十九年	1386	頒《御制大誥續編》、《御制大誥三編》。
二十五年	1392	皇太子朱標死，立長孫朱允炆為皇太孫。
二十六年	1393	藍玉案發。
二十八年	1395	頒佈《黃明祖訓》條章。
三十一年	1398	太祖朱元璋卒，孫朱允炆繼位。定議削藩。
建文元年	1399	燕王朱棣發動「靖難之役」。
四年	1402	朱棣兵入南京，即帝位，朱允炆不知所蹤。
永樂元年	1403	改北平為北京。

三年	1405	鄭和首次下西洋。
四年	1406	出兵安南。
五年	1407	平安南,設交阯布政司。《永樂大典》纂成。
八年	1410	成祖首次征討漠北。
十八年	1420	設立東廠,鎮壓山東唐賽兒起事。
十九年	1421	遷都北京。
二十二年	1424	成祖第五次北征,還至榆木川卒,子朱高熾即位。
洪熙元年	1425	仁宗朱高熾卒,子朱瞻基繼位。
二年	1427	從安南撤軍,罷交阯布政司。
五年	1430	鄭和第七次出使西洋。
十年	1435	宣宗朱瞻基卒,子朱祁鎮繼位。
正統元年	1436	始征金花銀。
六年	1441	大舉征麓川。正式定都北京。
九年	1444	葉宗留起事。
十三年	1448	鄧茂七起事。
十四年	1449	土木之變。英宗被俘,弟郕王朱祁鈺即帝位。
景泰元年	1450	英宗回還,被幽於南宮。
三年	1452	組建團營。
天順元年	1457	「奪門之變」英宗復辟,景帝朱祁鈺廢為郕王,旋死。殺害于謙。
五年	1461	曹吉祥、石亨叛亂。
八年	1464	英宗朱祁鎮卒,子朱見深繼位。
成化元年	1465	荊襄流民起事。
十二年	1476	開設鄖陽府,撫治流民。
十三年	1477	設西場。
十八年	1482	罷西場。
二十三年	1487	憲宗朱見深卒,子朱祐樘繼位。
弘治十三年	1500	頒佈《問刑條例》
十八年	1505	孝宗朱祐樘卒,子朱厚照繼位。